TRATADO DE NICE

Todos os exemplares são numerados

1629

JOSÉ LUÍS DA CRUZ VILAÇA
MIGUEL GORJÃO-HENRIQUES

TRATADO DE NICE

3.ª Edição

INCLUI:
- TRATADO DE ROMA
- TRATADO DE MAASTRICHT
- TRATADO DE AMESTERDÃO
- TRATADO DE NICE
- PROTOCOLOS SOBRE:
  — Schengen
  — Cooperação Reforçada
  — Novo Estatuto do Tribunal de Justiça
  — Declaração sobre o futuro da União Europeia
- ALTERAÇÕES AO TRATADO DA C.E.C.A
- ALTERAÇÕES AO TRATADO EURATOM

TRATADO DE NICE

AUTORES
JOSÉ LUÍS VILAÇA
MIGUEL GORJÃO-HENRIQUES

EDITOR
EDIÇÕES ALMEDINA, SA
Rua da Estrela, n.º 6
3000-161 Coimbra
Telef.: 239 851 905
Fax: 239 851 901
www.almedina.net
editora@almedina.net

EXECUÇÃO GRÁFICA
G.C. – GRÁFICA DE COIMBRA, LDA.
Palheira – Assafarge
3001-453 Coimbra
producao@graficadecoimbra.pt

Fevereiro 2006

DEPÓSITO LEGAL
238834/06

Os dados e as opiniões inseridos na presente publicação
são da exclusiva responsabilidade do(s) seu(s) autor(es).

Toda a reprodução desta obra, por fotocópia ou outro qualquer processo,
sem prévia autotização escrita do Editor,
é ilícita e passível de procedimento judicial contra o infractor.

PREFÁCIO

Ratificado, em referendo, pelos irlandeses, o Tratado de Nice pode, finalmente, entrar em vigor. É, pois, com redobrada satisfação que oferecemos ao público interessado pelos passos que dá a construção da Europa comunitária e, em particular, aos estudantes de direito e de integração europeia, a primeira reimpressão do texto oficial do tratado após a entrada em vigor.

Tal como o desenrolar dos trabalhos da Convenção para reforma dos Tratados deixa antever, a arquitectura institucional da União Europeia está longe de ter atingido o seu vértice. O avanço para uma estrutura de tipo constitucional desenha-se com cada vez mais nitidez e, decerto, novas etapas na evolução da União nos esperam num horizonte de alguns anos.

O certo é, porém, que, com todas as suas insuficiências, Nice representou um passo fundamental nesta evolução, sem o qual o alargamento da União a mais dez ou doze membros não seria possível. Com efeito, o Tratado veio prever o essencial (tanto no plano dos mecanismos de decisão e dos direitos de voto, como no da composição das instituições e no dos mecanismos de flexibilidade) para que a Comunidade pudesse alargar-se a um importante número de novos Estados-membros da Europa central e de leste sem sucumbir na paralisia institucional.

O alargamento torna-se, pois, institucionalmente possível, mas apesar disso, mal preparada, mal conduzida e mal negociada, não parece que a CIG-2000 venha a ficar na História.

Daí o debate sobre o futuro que logo se abriu. Daí o anúncio de nova CIG para 2004. Temos de estar preparados para eles.

Mas, entretanto, e por mais alguns anos, este é o direito vigente. Como na edição anterior, apresentam-se em itálico as novidades introduzidas em Nice relativamente aos textos aprovados em Amesterdão.

Temos a esperança fundada de poder continuar a contribuir, por esta forma, para ir tornando acessíveis a todos, em Portugal, os textos fundamentais da construção europeia e para que cada um possa melhor conhecer as condicionantes da nossa inserção na Europa a que pertencemos.

Novembro de 2002

Os Autores

APRESENTAÇÃO

A presente publicação visa oferecer, em primeira mão, o texto futuro dos tratados da União Europeia e da Comunidade Europeia, resultante da assinatura do tratado de Nice, no passado dia 26 de Fevereiro de 2001.

Criticada de modo feroz, como aconteceu com a reforma de Amesterdão, a revisão concluída em Nice não deixou de produzir importantes modificações destinadas a permitir, com realismo, concretizar o próximo alargamento da União Europeia aos Estados da Europa central e de leste.

Significativas são as alterações na organização interna e repartição de poderes entre os órgãos de direcção e os Estados membros, para lá dos importantes passos dados no sentido de reforma do sistema jurisdicional.

A importância das transformações a operar justifica que, mais uma vez, nos preocupemos em oferecer aos juristas e, genericamente, a todos os cidadãos interessados nesta *aventura* da integração europeia, os textos dos novos tratados. E esta tarefa é ainda acompanhada da natural expectativa de assim contribuir para o lançamento do necessário debate que na sociedade portuguesa deverá realizar-se acerca do sentido e futuro da União Europeia (e do papel de Portugal neste processo de integração).

Para tornar mais evidentes as novidades introduzidas por Nice, estas ficarão realçadas em *itálico*, para que o leitor facilmente as identifique, ao mesmo tempo que, em nota, é reproduzido o texto actual das mesmas normas (para que o tratado continue a ser um instrumento de trabalho útil e actual).

Insistimos em reproduzir os protocolos, declarações e tabelas de correspondência adoptados em Amesterdão, alguns dos quais são ainda de extrema actualidade. Mas são aditados os textos igualmente fundamentais aprovados pela conferência intergovernamental que culminou em Nice, de que nos permitimos destacar o (futuro e) novo Estatuto do Tribunal de Justiça ou a declaração sobre o futuro da União

Europeia, que lança já as raízes da próxima revisão dos tratados (em 2004).

É este nosso propósito de continuar a contribuir – complementando o que vimos fazendo com o *Código da União Europeia* e com o *Tratado de Amesterdão* – para a divulgação da realidade jurídica da nossa incontornável inserção europeia que hoje nos faz oferecer ao público esta nova «ferramenta para o desenvolvimento de uma consciência crítica acerca do futuro da construção da Europa unida».

Coimbra, 17 de Março de 2001

Os Autores

TRATADO DA UNIÃO EUROPEIA [1]

PREÂMBULO

Sua Majestade o Rei dos Belgas, Sua Majestade a Rainha da Dinamarca, o Presidente da República Federal da Alemanha, o Presidente da República Helénica, Sua Majestade o Rei de Espanha, o Presidente da República Francesa, o Presidente da Irlanda, o Presidente da República Italiana, Sua Alteza Real o Grão-Duque do Luxemburgo, Sua Majestade a Rainha dos Países Baixos, o Presidente da República Portuguesa, Sua Majestade a Rainha do Reino Unido da Grã-Bretanha e Irlanda do Norte:

Resolvidos a assinalar uma nova fase no processo de integração europeia iniciado com a instituição das Comunidades Europeias;

Recordando a importância história do fim da divisão do Continente Europeu e a necessidade da criação de bases sólidas para a construção da futura Europa;

Confirmando o seu apego aos princípios da liberdade, da democracia, do respeito pelos direitos do Homem e liberdades fundamentais e do Estado de direito;

Confirmando o seu apego aos direitos sociais fundamentais, tal como definidos na Carta Social Europeia, assinada em Turim, em

---

[1] Com as alterações que resultam do Tratado de Nice e do Acto de Adesão, de 16 de Abril de 2003, da República Checa, da Estónia, de Chipre, da Letónia, da Lituânia, da Hungria, de Malta, da Polónia, da Eslovénia e da Eslováquia, ratificado por Decreto do P.R. n.º 4-A/2004, de 15 de Janeiro de 2004, e em vigor desde 1 de Maio de 2004. As alterações introduzidas pelo Tratado de Nice estão identificadas através da colocação do texto em itálico. As alterações resultantes do Acto de Adesão de 16 de Abril de 2003 estão individualmente identificadas.

18 de Outubro de 1961, e na Carta Comunitária dos Direitos Sociais Fundamentais dos Trabalhadores, de 1989;

Desejando aprofundar a solidariedade entre os seus povos, respeitando a sua História, cultura e tradições;

Desejando reforçar o carácter democrático e a eficácia do funcionamento das instituições, a fim de lhes permitir melhor desempenhar, num quadro institucional único, as tarefas que lhes estão confiadas;

Resolvidos a conseguir o reforço e a convergência das suas economias e a instituir uma União Económica e Monetária, incluindo, nos termos das disposições do presente Tratado, uma moeda única e estável;

Determinados a promover o progresso económico e social dos seus povos, tomando em consideração o princípio do desenvolvimento sustentável e no contexto da realização do mercado interno e do reforço da coesão e da protecção do ambiente, e a aplicar políticas que garantam que os progressos na integração económica sejam acompanhados de progressos paralelos noutras áreas;

Resolvidos a instituir uma cidadania comum aos nacionais dos seus países;

Resolvidos a executar uma política externa e de segurança que inclua a definição gradual de uma política de defesa comum que poderá conduzir a uma defesa comum, de acordo com as disposições do artigo 17.º, fortalecendo assim a identidade europeia e a sua independência, em ordem a promover a paz, a segurança e o progresso na Europa e no mundo;

Resolvidos a facilitar a livre circulação de pessoas, sem deixar de garantir a segurança dos seus povos, através da criação de um espaço de liberdade, de segurança e de justiça, nos termos das disposições do presente Tratado;

Resolvidos a continuar o processo de criação de uma união cada vez mais estreita entre os povos da Europa, em que as decisões sejam tomadas ao nível mais próximo possível dos cidadãos, de acordo com o princípio da subsidiariedade;

Na perspectiva das etapas ulteriores a transpor para fazer progredir a integração europeia;

Decidiram instituir uma União Europeia e, para o efeito, designaram como plenipotenciários:

TÍTULO I
Disposições comuns

Artigo 1.º

Pelo presente Tratado, as Altas Partes Contratantes instituem entre si uma União Europeia, adiante designada por "União".

O presente Tratado assinala uma nova etapa no processo de criação de uma união cada vez mais estreita entre os povos da Europa, em que as decisões serão tomadas de uma forma tão aberta quanto possível e ao nível mais próximo possível dos cidadãos.

A União funda-se nas Comunidades Europeias, completadas pelas políticas e formas de cooperação instituídas pelo presente Tratado. A União tem por missão organizar de forma coerente e solidária as relações entre os Estados-Membros e entre os respectivos povos.

Artigo 2.º

A União atribui-se os seguintes objectivos:

– a promoção do progresso económico e social e de um elevado nível de emprego e a realização de um desenvolvimento equilibrado e sustentável, nomeadamente mediante a criação de um espaço sem fronteiras internas, o reforço da coesão económica e social e o estabelecimento de uma união económica e monetária, que incluirá, a prazo, a adopção de uma moeda única, de acordo com as disposições do presente Tratado;

– a afirmação da sua identidade na cena internacional, nomeadamente através da execução de uma política externa e de segurança comum, que inclua a definição gradual de uma política de defesa comum, que poderá conduzir a uma defesa comum, nos termos do disposto no artigo 17.º;

– o reforço da defesa dos direitos e dos interesses dos nacionais dos seus Estados-Membros, mediante a instituição de uma cidadania da União;

– A manutenção e o desenvolvimento da União enquanto espaço de liberdade, de segurança e de justiça, em que seja assegurada a livre circulação de pessoas, em conjugação com medidas adequadas em matéria de controlos na fronteira externa, asilo e imigração, bem como de prevenção e combate à criminalidade;

– a manutenção da integralidade do acervo comunitário e o seu desenvolvimento, a fim de analisar em que medida pode ser necessário rever as políticas e formas de cooperação instituídas pelo presente Tratado, com o objectivo de garantir a eficácia dos mecanismos e das instituições da Comunidade.

Os objectivos da União serão alcançados de acordo com as disposições do presente Tratado e nas condições e segundo o calendário nele previsto, respeitando o princípio da subsidiariedade, tal como definido no artigo 5.º do Tratado que institui a Comunidade Europeia.

Artigo 3.º

A União dispõe de um quadro institucional único, que assegura a coerência e a continuidade das acções empreendidas para atingir os seus objectivos, respeitando e desenvolvendo simultaneamente o acervo comunitário.

A União assegurará, em especial, a coerência do conjunto da sua acção externa no âmbito das políticas que adoptar em matéria de relações externas, de segurança, de economia e de desenvolvimento. Cabe ao Conselho e à Comissão a responsabilidade de assegurar essa coerência cooperando para o efeito. O Conselho e a Comissão assegurarão a execução dessas políticas de acordo com as respectivas competências.

Artigo 4.º

O Conselho Europeu dará à União os impulsos necessários ao seu desenvolvimento e definirá as respectivas orientações políticas gerais.

O Conselho Europeu reúne os Chefes de Estado ou de Governo dos Estados-Membros, bem como o Presidente da Comissão. São assistidos pelos Ministros dos Negócios Estrangeiros dos Estados-

-Membros e por um membro da Comissão. O Conselho Europeu reúne-se pelo menos duas vezes por ano, sob a presidência do Chefe de Estado ou de Governo do Estado-Membro que exercer a presidência do Conselho.

O Conselho Europeu apresentará ao Parlamento Europeu um relatório na sequência de cada uma das suas reuniões, bem como um relatório escrito anual sobre os progressos realizados pela União.

Artigo 5.°

O Parlamento Europeu, o Conselho, a Comissão, o Tribunal de Justiça e o Tribunal de Contas exercem as suas competências nas condições e de acordo com os objectivos previstos, por um lado, nas disposições dos Tratados que instituem as Comunidades Europeias e nos Tratados e actos subsequentes que os alteraram ou completaram e, por outro, nas demais disposições do presente Tratado.

Artigo 6.°

1. A União assenta nos princípios da liberdade, da democracia, do respeito pelos direitos do Homem e pelas liberdades fundamentais, bem como do Estado de Direito, princípios que são comuns aos Estados-Membros.

2. A União respeitará os direitos fundamentais tal como os garante a Convenção Europeia de Salvaguarda dos Direitos do Homem e das Liberdades Fundamentais, assinada em Roma em 4 de Novembro de 1950, e tal como resultam das tradições constitucionais comuns aos Estados-Membros, enquanto princípios gerais do direito comunitário.

3. A União respeitará as identidades nacionais dos Estados-Membros.

4. A União dotar-se-á dos meios necessários para atingir os seus objectivos e realizar com êxito as suas políticas.

Artigo 7.º [1]

*1. Sob proposta fundamentada de um terço dos Estados-
-Membros, do Parlamento Europeu ou da Comissão, o Conselho,
deliberando por maioria qualificada de quatro quintos dos seus membros, e após parecer favorável do Parlamento Europeu, pode verificar
a existência de um risco manifesto de violação grave de algum dos
princípios enunciados no n.º 1 do artigo 6.º por parte de um Estado-
-Membro e dirigir-lhe recomendações apropriadas. Antes de proceder
a essa constatação, o Conselho deve ouvir o Estado-Membro em
questão e pode, deliberando segundo o mesmo processo, pedir a personalidades independentes que lhe apresentem num prazo razoável um
relatório sobre a situação nesse Estado-Membro.*

---

[1] Redacção dada pelo Tratado de Nice. A redacção anterior era a seguinte:

"1. O Conselho, reunido a nível de Chefes de Estado ou de Governo e deliberando por unanimidade, sob proposta de um terço dos Estados-membros ou da
Comissão, e após parecer favorável do Parlamento Europeu, pode verificar a existência de uma violação grave e persistente, por parte de um Estado-membro, de algum dos
princípios enunciados no n.º 1 do artigo 6.º, após ter convidado o Governo desse
Estado-membro a apresentar as suas observações sobre a questão.

2. Se tiver sido verificada a existência dessa violação, o Conselho, deliberando
por maioria qualificada, pode decidir suspender alguns dos direitos decorrentes da
aplicação do presente Tratado ao Estado-membro em causa, incluindo o direito de voto
do representante do Governo desse Estado-membro no Conselho. Ao fazê-lo, o
Conselho terá em conta as eventuais consequências dessa suspensão nos direitos e
obrigações das pessoas singulares e colectivas.

O Estado-membro em questão continuará, de qualquer modo, vinculado às
obrigações que lhe incumbem por força do presente Tratado.

3. O Conselho, deliberando por maioria qualificada, pode posteriormente
decidir alterar ou revogar as medidas tomadas ao abrigo do n.º 2, se se alterar a
situação que motivou a imposição dessas medidas.

4. Para efeitos do presente artigo, o Conselho delibera sem tomar em consideração os votos do representante do Governo do Estado-membro em questão. As
abstenções dos membros presentes ou representados não impedem a adopção das
decisões a que se refere o n.º 1. A maioria qualificada é definida de acordo com a
mesma proporção dos votos ponderados dos membros do Conselho em causa
fixada no n.º 2 do artigo 205.º do Tratado que institui a Comunidade Europeia.

O presente número é igualmente aplicável em caso de suspensão do direito
de voto nos termos do n.º 2.

5. Para efeito do presente artigo, o Parlamento Europeu delibera por maioria
de dois terços dos votos expressos que represente a maioria dos membros que o compõem.·"

O Conselho verificará regularmente se continuam válidos os motivos que conduziram a essa constatação.

2. O Conselho, reunido a nível de Chefes de Estado ou de Governo e deliberando por unanimidade, sob proposta de um terço dos Estados-Membros ou da Comissão, e após parecer favorável do Parlamento Europeu, pode verificar a existência de uma violação grave e persistente, por parte de um Estado-Membro, de algum dos princípios enunciados no n.° 1 do artigo 6.°, após ter convidado o Governo desse Estado-Membro a apresentar as sua observações sobre a questão.

3. Se tiver sido verificada a existência da violação a que se refere o n.° 2, o Conselho, deliberando por maioria qualificada, pode decidir suspender alguns dos direitos decorrentes da aplicação do presente Tratado ao Estado-Membro em causa, incluindo o direito de voto do representante do Governo desse Estado-Membro no Conselho. Ao fazê-lo, o Conselho terá em conta as eventuais consequências dessa suspensão nos direitos e obrigações das pessoas singulares e colectivas.

O Estado-Membro em questão continuará, de qualquer modo, vinculado às obrigações que lhe incumbem por força do presente Tratado.

4. O Conselho, deliberando por maioria qualificada, pode posteriormente decidir alterar ou revogar as medidas tomadas ao abrigo do n.° 3, se se alterar a situação que motivou a imposição dessas medidas.

5. Para efeitos do presente artigo, o Conselho delibera sem tomar em consideração os votos do representante do Governo do Estado-Membro em questão. As abstenções dos membros presentes ou representados não impedem a adopção das decisões a que se refere o n.° 2. A maioria qualificada é definida de acordo com a proporção dos votos ponderados dos membros do Conselho em causa fixada no n.° 2 do artigo 205.° do Tratado que institui a Comunidade Europeia.

O presente número é igualmente aplicável em caso de suspensão do direito de voto nos termos do n.° 3.

6. Para efeitos dos n.ᵒˢ 1 e 2, o Parlamento Europeu delibera por maioria de dois terços dos votos expressos que represente a maioria dos membros que o compõem.

TÍTULO II
Disposições que alteram o Tratado que institui a Comunidade Económica Europeia tendo em vista a instituição da Comunidade Europeia

Artigo 8.° [1]

TÍTULO III
Disposições que alteram o Tratado que institui a Comunidade Europeia do Carvão e do Aço

Artigo 9.° [1]

TÍTULO IV
Disposições que alteram o Tratado que institui a Comunidade Europeia da Energia Atómica

Artigo 10.° [1]

TÍTULO V
Disposições relativas à política externa e de segurança comum

Artigo 11.°

1. A União definirá e executará uma política externa e de segurança comum extensiva a todos os domínios da política externa e de segurança, que terá por objectivos:

---

[1] Não reproduzido.

União Europeia 17

– a salvaguarda dos valores comuns, dos interesses fundamentais, da independência e da integridade da União, de acordo com os princípios da Carta das Nações Unidas;

– o reforço da segurança da União, sob todas as formas;

– a manutenção da paz e o reforço da segurança internacional, de acordo com os princípios da Carta das Nações Unidas, com os princípios da Carta Final de Helsínquia e com os objectivos da Carta de Paris, incluindo os respeitantes às fronteiras externas;

– o fomento da cooperação internacional;

– o desenvolvimento e o reforço da democracia e do Estado de Direito, bem como o respeito dos direitos do Homem e das liberdades fundamentais.

2. Os Estados-Membros apoiarão activamente e sem reservas a política externa e de segurança da União, num espírito de lealdade e de solidariedade mútua.

Os Estados-Membros actuarão de forma concertada a fim de reforçar e desenvolver a solidariedade política mútua. Os Estados-Membros abster-se-ão de empreender acções contrárias aos interesses da União ou susceptíveis de prejudicar a sua eficácia como força coerente nas relações internacionais.

O Conselho assegura a observância destes princípios.

Artigo 12.º

A União prosseguirá os objectivos enunciados no artigo 11.º:

– definindo os princípios e as orientações gerais da política externa e de segurança comum;

– decidindo sobre as estratégias comuns;

– adoptando acções comuns;

– adoptando posições comuns;

– reforçando a cooperação sistemática entre os Estados-Membros na condução da política.

Artigo 13.º

1. O Conselho Europeu definirá os princípios e as orientações gerais da política externa e de segurança comum, incluindo em matérias com implicações no domínio da defesa.

18 *União Europeia*

2. O Conselho Europeu decidirá sobre as estratégias comuns a executar pela União nos domínios em que os Estados-Membros tenham importantes interesses em comum.

As estratégias comuns especificarão os respectivos objectivos e duração, bem como os meios a facultar pela União e pelos Estados--Membros.

3. O Conselho tomará as decisões necessárias para a definição e execução da política externa e de segurança comum, com base nas orientações gerais definidas pelo Conselho Europeu.

O Conselho recomendará ao Conselho Europeu estratégias comuns e executá-las-á, designadamente mediante a adopção de acções comuns e de posições comuns.

O Conselho assegura a unidade, coerência e eficácia da acção da União.

Artigo 14.º

1. O Conselho adoptará acções comuns. As acções comuns incidirão sobre situações específicas em que se considere necessária uma acção operacional por parte da União. As acções comuns definirão os respectivos objectivos e âmbito, os meios a por à disposição da União e condições de execução respectivas e, se necessário, a sua duração.

2. Se se verificar uma alteração de circunstâncias que tenha um efeito substancial numa questão que seja objecto de uma acção comum, o Conselho procederá à revisão dos princípios e objectivos dessa acção e adoptará as decisões necessárias. Enquanto o Conselho não tiver deliberado, mantém-se a acção comum.

3. As acções comuns vincularão os Estados-Membros nas suas tomadas de posição e na condução da sua acção.

4. O Conselho pode solicitar à Comissão que lhe apresente propostas adequadas em matéria de política externa e de segurança comum para assegurar a execução de uma acção comum.

5. Qualquer tomada de posição ou acção nacional prevista em execução de uma acção comum será comunicada num prazo que permita, se necessário, uma concertação prévia no Conselho. A obrigação de informação prévia não é aplicável às medidas que constituam simples transposição das decisões do Conselho para o plano nacional.

União Europeia 19

6. Em caso de necessidade imperiosa decorrente da evolução da situação, e na falta de decisão do Conselho, os Estados-Membros podem tomar com urgência as medidas que se imponham, tendo em conta os objectivos gerais da acção comum. Os Estados-Membros que tomarem essas medidas informarão imediatamente o Conselho desse facto.

7. Em caso de dificuldades importantes na execução de uma acção comum, os Estados-Membros submeterão a questão ao Conselho, que sobre ela deliberará, procurando encontrar as soluções adequadas. Estas soluções não podem ser contrárias aos objectivos da acção comum, nem prejudicar a eficácia desta.

Artigo 15.º

O Conselho adoptará posições comuns. As posições comuns definirão a abordagem global de uma questão específica de natureza geográfica ou temática pela União. Os Estados-Membros zelarão pela coerência das suas políticas nacionais com as posições comuns.

Artigo 16.º

Os Estados-Membros informar-se-ão mutuamente e concertar-se-ão no âmbito do Conselho sobre todas as questões de política externa e de segurança que se revistam de interesse geral, de modo a garantir que a influência da União se exerça da forma mais eficaz, através da convergência das suas acções.

Artigo 17.º [1]

1. A política externa e de segurança comum abrange todas as questões relativas à segurança da União, incluindo a definição gradual

---

[1] Redacção dada pelo Tratado de Nice. A redacção anterior era a seguinte:
"1. A política externa e de segurança comum abrange todas as questões relativas à segurança da União, incluindo a definição gradual de uma política de defesa comum, nos termos do disposto no segundo parágrafo, que poderá conduzir a uma defesa comum, se o Conselho Europeu assim o decidir. Neste caso, o Conselho Euro-

20 União Europeia

de uma política de defesa comum, que poderá conduzir a uma defesa comum, se o Conselho Europeu assim o decidir. Neste caso, o Conselho

peu recomendará aos Estados-membros que adoptem uma decisão nesse sentido, nos termos das respectivas normas constitucionais.

A União da Europa Ocidental (UEO) faz parte integrante do desenvolvimento da União, proporcionando à União o acesso a uma capacidade operacional, nomeadamente no âmbito do n.° 2. A UEO apoia a União na definição dos aspectos da política externa e de segurança comum relativos à defesa, tal como definidos no presente artigo. Assim, a União incentivará o estabelecimento de relações institucionais mais estreitas com a UEO, na perspectiva da eventualidade de integração da UEO na União, se o Conselho Europeu assim o decidir. Neste caso, o Conselho Europeu recomendará aos Estados-membros que adoptem uma decisão nesse sentido, nos termos das respectivas normas constitucionais.

A política da União, na acepção do presente artigo, não afectará o carácter específico da política de segurança e de defesa de determinados Estados-membros, respeitará as obrigações decorrentes do Tratado do Atlântico-Norte para certos Estados-membros que vêem a sua política de defesa comum realizada no quadro da Organização do Tratado do Atlântico-Norte (NATO) e será compatível com a política de segurança e de defesa comum adoptada nesse âmbito.

A definição gradual de uma política de defesa comum será apoiada por uma cooperação entre os Estados-membros em matéria de armamento, na medida em que estes a considerem pertinente.

2. As questões a que se refere o presente artigo incluem missões humanitárias e de evacuação, missões de manutenção da paz e missões de forças de combate para a gestão de crises, incluindo missões de restabelecimento da paz.

3. A União solicitará à UEO que prepare e execute as decisões e acções da União que tenham repercussões no domínio da defesa.

A competência do Conselho Europeu para definir orientações, nos termos do artigo 13.°, aplicar-se-á igualmente em relação à UEO no que respeita às questões relativamente às quais a União recorra à UEO.

Sempre que a União solicite à UEO que prepare e execute decisões da União relativas às missões previstas no n.° 2, todos os Estados-membros da União terão o direito de participar plenamente nessas missões. O Conselho, em acordo com as instituições da UEO, adoptará as disposições práticas necessárias para permitir que todos os Estados-membros que contribuam para as missões em causa participem plenamente e em pé de igualdade no planeamento e na tomada de decisões no âmbito da UEO.

As decisões com repercussões no domínio da defesa a que se refere o presente número serão tomadas sem prejuízo das políticas e obrigações a que se refere o terceiro parágrafo do n.° 1.

4. O disposto no presente artigo não obsta ao desenvolvimento de uma cooperação reforçada entre dois ou mais Estados-membros ao nível bilateral, no âmbito da UEO e da Aliança Atlântica, na medida em que essa cooperação não contrarie nem dificulte a cooperação prevista no presente Título.

5. A fim de promover a realização dos objectivos definidos no presente artigo, as respectivas disposições serão revistas nos termos do artigo 48.°.''

Europeu recomendará aos Estados-Membros que adoptem uma decisão nesse sentido, nos termos das respectivas normas constitucionais.

A política da União, na acepção do presente artigo, não afectará o carácter específico da política de segurança e de defesa de determinados Estados-Membros, respeitará as obrigações decorrentes do Tratado do Atlântico Norte para certos Estados-Membros que vêem a sua política de defesa comum realizada no quadro da Organização do Tratado do Atlântico Norte (NATO) e será compatível com a política de segurança e de defesa comum adoptada nesse âmbito.

A definição gradual de uma política de defesa comum será apoiada por uma cooperação entre os Estados-Membros em matéria de armamento, na medida em que estes a considerem pertinente.

2. As questões a que se refere o presente artigo incluem missões humanitárias e de evacuação, missões de manutenção da paz e missões de forças de combate para a gestão de crises, incluindo missões de restabelecimento da paz.

3. As decisões com repercussões no domínio da defesa a que se refere o presente artigo serão tomadas sem prejuízo das políticas e obrigações a que se refere o segundo parágrafo do n.° 1.

4. O disposto no presente artigo não obsta ao desenvolvimento de uma cooperação mais estreita entre dois ou mais Estados-Membros a nível bilateral, no âmbito da União da Europa Ocidental (UEO) e da NATO, na medida em que essa cooperação não contrarie nem dificulte a cooperação prevista no presente Título.

5. A fim de promover a realização dos objectivos definidos no presente artigo, as respectivas disposições serão revistas nos termos do artigo 48.°.

Artigo 18.°

1. A Presidência representará a União nas matérias do âmbito da política externa e de segurança comum.

2. A Presidência é responsável pela execução das decisões tomadas ao abrigo do presente Título; nessa qualidade, expressará em princípio a posição da União nas organizações internacionais e nas conferências internacionais.

3. A Presidência será assistida pelo Secretário-Geral do Conselho, que exercerá as funções de Alto-Representante para a política externa e de segurança comum.

4. A Comissão será plenamente associada às funções previstas nos n.ᵒˢ 1 e 2. No desempenho dessas funções, a Presidência será assistida, se necessário, pelo Estado-Membro que for exercer a presidência seguinte.

5. Sempre que o considere necessário, o Conselho pode nomear um representante especial, a quem será conferido um mandato relativo a questões políticas específicas.

Artigo 19.º

1. Os Estados-Membros coordenarão a sua acção no âmbito das organizações internacionais e em conferências internacionais. Nessas instâncias defenderão as posições comuns.

Nas organizações internacionais e em conferências internacionais em que não tomem parte todos os Estados-Membros, aqueles que nelas participem defenderão as posições comuns.

2. Sem prejuízo do disposto no n.º 1 e no n.º 3 do artigo 14.º, os Estados-Membros representados em organizações internacionais ou conferências internacionais em que nem todos os Estados-Membros o estejam, manterão estes últimos informados sobre todas as questões que se revistam de interesse comum.

Os Estados-Membros que sejam igualmente membros do Conselho de Segurança das Nações Unidas concertar-se-ão e manterão os outros Estados-Membros plenamente informados. Os Estados--Membros que são membros permanentes do Conselho de Segurança das Nações Unidas defenderão, no exercício das suas funções, as posições e os interesses da União, sem prejuízo das responsabilidades que lhes incumbem por força da Carta das Nações Unidas.

Artigo 20.º

As missões diplomáticas e consulares dos Estados-Membros e as delegações da Comissão nos países terceiros e nas conferências internacionais, bem como as respectivas representações junto das organizações internacionais, concertar-se-ão no sentido de assegurar a observância e a execução das posições comuns e das acções comuns adoptadas pelo Conselho.

As referidas missões, delegações e representações intensificarão a sua cooperação através do intercâmbio de informações, procedendo a avaliações comuns e contribuindo para a aplicação das disposições a que se refere o artigo 20.º do Tratado que institui a Comunidade Europeia.

Artigo 21.º

A Presidência consultará o Parlamento Europeu sobre os principais aspectos e as opções fundamentais da política externa e de segurança comum e zelará por que as opiniões daquela instituição sejam devidamente tomadas em consideração. O Parlamento Europeu será regularmente informado pela Presidência e pela Comissão sobre a evolução da política externa e de segurança da União.

O Parlamento Europeu pode dirigir perguntas ou apresentar recomendações ao Conselho. Procederá anualmente a um debate sobre os progressos realizados na execução da política externa e de segurança comum.

Artigo 22.º

1. Qualquer Estado-Membro ou a Comissão podem submeter ao Conselho todas as questões do âmbito da política externa e de segurança comum e apresentar-lhe propostas.

2. Nos casos que exijam uma decisão rápida, a Presidência convocará, por iniciativa própria ou a pedido da Comissão ou de um Estado-Membro, uma reunião extraordinária do Conselho, no prazo de quarenta e oito horas ou, em caso de absoluta necessidade, num prazo mais curto.

Artigo 23.º

1. As decisões ao abrigo do presente Título serão adoptadas pelo Conselho, deliberando por unanimidade. As abstenções dos membros presentes ou representados não impedem a adopção dessas decisões.

Qualquer membro do Conselho que se abstenha numa votação pode fazer acompanhar a sua abstenção de uma declaração formal nos termos do presente parágrafo. Nesse caso, não é obrigado a aplicar a decisão, mas deve reconhecer que ela vincula a União. Num espírito de

24 *União Europeia*

solidariedade mútua, esse Estado-Membro deve abster-se de qualquer actuação susceptível de colidir com a acção da União baseada na referida decisão ou de a dificultar; os demais Estados-Membros respeitarão a posição daquele. Se os membros do Conselho que façam acompanhar a sua abstenção da citada declaração representarem mais de um terço dos votos, ponderados nos termos do n.º 2 do artigo 205.º do Tratado que institui a Comunidade Europeia, a decisão não será adoptada.

2. Em derrogação do disposto no n.º 1, o Conselho delibera por maioria qualificada:

– sempre que adopte acções comuns ou posições comuns ou tome qualquer outra decisão com base numa estratégia comum;

– sempre que adopte qualquer decisão que dê execução a uma acção comum ou a uma posição comum;

– *sempre que nomeie um representante especial nos termos do n.º 5 do artigo 18.º*[1].

Se um membro do Conselho declarar que, por importantes e expressas razões de política nacional, tenciona opor-se à adopção de uma decisão a tomar por maioria qualificada, não se procederá à votação. O Conselho, deliberando por maioria qualificada, pode solicitar que a questão seja submetida ao Conselho Europeu, a fim de ser tomada uma decisão por unanimidade.

Os votos dos membros do Conselho serão ponderados nos termos do n.º 2 do artigo 205.º do Tratado que institui a Comunidade Europeia. As deliberações são tomadas se obtiverem, no mínimo duzentos e trinta e dois votos que exprimam a votação favorável de, pelo menos, dois terços dos membros. Sempre que o Conselho tome uma decisão por maioria qualificada, qualquer dos seus membros pode pedir que se verifique se os Estados-Membros que constituem essa maioria qualificada representam, pelo menos, 62% da população total da União. Se essa condição não for preenchida, a decisão em causa não é adoptada[2].

O disposto no presente número não é aplicável às decisões que tenham implicações no domínio militar ou da defesa.

3. Em questões de natureza processual, o Conselho delibera por maioria dos seus membros.

---

[1] Travessão aditado pelo artigo 1.º, n.º 3 do Tratado de Nice.

[2] Redacção introduzida pela alínea *b)* n.º 1 do artigo 12.º do Acto de Adesão de 16 de Abril de 2003, para produzir efeitos em 1 de Novembro de 2004.

Artigo 24.° [1]

1. Sempre que seja necessário celebrar um acordo com um ou mais Estados ou organizações internacionais em aplicação do presente Título, o Conselho pode autorizar a Presidência, eventualmente assistida pela Comissão, a encetar negociações para esse efeito.
Esses acordos serão celebrados pelo Conselho sob recomendação da Presidência.
2. O Conselho delibera por unanimidade sempre que o acordo incida numa questão em relação à qual seja exigida a unanimidade para a adopção de decisões internas.
3. Sempre que o acordo seja previsto para dar execução a uma acção comum ou a uma posição comum, o Conselho delibera por maioria qualificada nos termos do n.° 2 do artigo 23.°.
4. O disposto no presente artigo é igualmente aplicável às matérias abrangidas pelo Título VI. Sempre que o acordo incida numa questão em relação à qual seja exigida a maioria qualificada para a adopção de decisões ou medidas internas, o Conselho delibera por maioria qualificada nos termos do n.° 3 do artigo 34.°.
5. Nenhum acordo vinculará um Estado-Membro cujo representante no Conselho declare que esse acordo deve obedecer às normas constitucionais do respectivo Estado; os restantes membros do Conselho podem decidir que o acordo será contudo provisoriamente aplicável.
6. Os acordos celebrados de acordo com as condições fixadas no presente artigo vinculam as instituições da União.

---

[1] Redacção dada pelo Tratado de Nice. A redacção anterior era a seguinte:
"Sempre que seja necessário celebrar um acordo com um ou mais Estados ou organizações internacionais em aplicação do presente Título, o Conselho, deliberando por unanimidade, pode autorizar a Presidência, eventualmente assistida pela Comissão, a encetar negociações para esse efeito. Esses acordos serão celebrados pelo Conselho, deliberando por unanimidade, sob recomendação da Presidência. Nenhum acordo vinculará um Estado-membro cujo representante no Conselho declare que esse acordo deve obedecer às normas constitucionais do respectivo Estado; os restantes membros do Conselho podem decidir que o acordo lhes será provisoriamente aplicável.
O disposto no presente artigo é igualmente aplicável às matérias abrangidas pelo Título VI."

Artigo 25.º [1]

Sem prejuízo do disposto no artigo 207.º do Tratado que institui a Comunidade Europeia, um Comité Político e de Segurança acompanhará a situação internacional nos domínios pertencentes ao âmbito da política externa e de segurança comum e contribuirá para a definição das políticas, emitindo pareceres destinados ao Conselho, a pedido deste ou por sua própria iniciativa. O Comité acompanhará igualmente a execução das políticas acordadas, sem prejuízo das competências da Presidência e da Comissão.

No âmbito do presente Título, este Comité exercerá, sob a responsabilidade do Conselho, o controlo político e a direcção estratégica das operações de gestão de crises.

Sem prejuízo do disposto no artigo 47.º, para efeitos de uma operação de gestão de crises e pela duração desta, tal como determinadas pelo Conselho, este pode autorizar o Comité a tomar as decisões pertinentes em matéria de controlo político e de direcção estratégica da operação.

Artigo 26.º

O Secretário-Geral do Conselho, Alto Representante para a política externa e de segurança comum, assistirá o Conselho nas questões do âmbito da política externa e de segurança comum, contribuindo nomeadamente para a formulação, elaboração e execução das decisões políticas e, quando necessário, actuando em nome do Conselho a pedido da Presidência, conduzindo o diálogo político com terceiros.

Artigo 27.º

A Comissão será plenamente associada aos trabalhos realizados no domínio da política externa e de segurança comum.

---

[1] Redacção dada pelo Tratado de Nice. A redacção anterior era a seguinte:
"Sem prejuízo do disposto no artigo 207.º do Tratado que institui a Comunidade Europeia, um Comité Político acompanhará a situação internacional nos domínios pertencentes ao âmbito da política externa e de segurança comum e contribuirá para a definição das políticas, emitindo pareceres destinados ao Conselho, a pedido deste ou por sua própria iniciativa. O Comité Político acompanhará igualmente a execução das políticas acordadas, sem prejuízo das competências da Presidência e da Comissão."

Artigo 27.º-A [1]

1. As cooperações reforçadas num dos domínios referidos no presente Título destinam-se a salvaguardar os valores e servir os interesses da União no seu conjunto, afirmando a sua identidade como força coerente na cena internacional. Devem respeitar:
– os princípios, os objectivos, as orientações gerais e a coerência da política externa e de segurança comum, bem como as decisões tomadas no quadro dessa política;
– as competências da Comunidade Europeia;
– a coerência entre o conjunto das políticas da União e a sua acção externa.
2. Salvo disposição em contrário contida no artigo 27.º-C e nos artigos 43.º a 45.º, às cooperações reforçadas previstas no presente artigo aplica-se o disposto nos artigos 11.º a 27.º e nos artigos 27.º-B a 28.º.

Artigo 27.º-B [1]

As cooperações reforçadas ao abrigo do presente Título incidem na execução de uma acção comum ou de uma posição comum. Não podem incidir em questões que tenham implicações militares ou do domínio da defesa.

Artigo 27.º-C [1]

Os Estados-Membros que se proponham instituir entre si uma cooperação reforçada nos termos do artigo 27.º-B devem dirigir um pedido nesse sentido ao Conselho.
O pedido será enviado à Comissão e, para informação, ao Parlamento Europeu. A Comissão dará o seu parecer, nomeadamente, sobre a coerência da cooperação reforçada prevista com as políticas da União. A autorização é concedida pelo Conselho, deliberando nos termos do n.º 2, segundo e terceiro parágrafos, do artigo 23.º, no respeito dos artigos 43.º a 45.º.

---

[1] Artigo aditado pelo Tratado de Nice.

28 *União Europeia*

Artigo 27.º-D [1]

Sem prejuízo das competências da Presidência e da Comissão, o Secretário-Geral do Conselho, Alto Representante para a política externa e de segurança comum, assegurará em especial que o Parlamento Europeu e todos os membros do Conselho sejam plenamente informados da execução das cooperações reforçadas instituídas no domínio da política externa e de segurança comum.

Artigo 27.º-E [1]

Qualquer Estado-Membro que deseje participar numa cooperação reforçada instituída nos termos do artigo 27.º-C notificará a sua intenção ao Conselho e informará a Comissão. A Comissão apresentará um parecer ao Conselho, no prazo de três meses a contar da data de recepção da notificação. No prazo de quatro meses a contar da data de recepção da notificação, o Conselho tomará uma decisão sobre a questão, bem como sobre eventuais disposições específicas que julgue necessárias. A decisão considera-se tomada, excepto se o Conselho, deliberando por maioria qualificada dentro desse prazo, decidir suspendê-la; neste caso, indicará os motivos da sua decisão e fixará um prazo para voltar a avaliá-la.

Para efeitos do presente artigo, o Conselho delibera por maioria qualificada. Esta é definida como sendo constituída pela mesma proporção dos votos ponderados e do número dos membros do Conselho em causa do que a fixada no n.º 2, terceiro parágrafo, do artigo 23.º.

Artigo 28.º

1. Os artigos 189.º, 190.º, 196.º a 199.º, 203.º, 204.º, 206.º a 209.º, 213.º a 219.º, 255.º e 290.º do Tratado que institui a Comunidade Europeia são aplicáveis às disposições relativas aos domínios previstos no presente Título.

---

[1] Artigo aditado pelo Tratado de Nice.

União Europeia

2. As despesas administrativas em que incorram as instituições por força das disposições relativas aos domínios previstos no presente Título ficarão a cargo do orçamento das Comunidades Europeias.

3. As despesas operacionais decorrentes da aplicação das citadas disposições ficarão igualmente a cargo do orçamento das Comunidades Europeias, com excepção das despesas decorrentes de operações que tenham implicações no domínio militar ou da defesa e nos casos em que o Conselho, deliberando por unanimidade, decida em contrário.

Nos casos em que as despesas não sejam imputadas ao orçamento das Comunidades Europeias, ficarão a cargo dos Estados-Membros, de acordo com a chave de repartição baseada no produto nacional bruto, salvo decisão em contrário do Conselho, deliberando por unanimidade. No que se refere às despesas decorrentes de operações com implicações no domínio militar ou da defesa, os Estados-Membros cujos representantes no Conselho tiverem feito uma declaração formal nos termos do n.º 1, segundo parágrafo, do artigo 23.º não serão obrigados a contribuir para o respectivo financiamento.

4. O processo orçamental estabelecido no Tratado que institui a Comunidade Europeia é aplicável às despesas imputadas ao orçamento das Comunidades Europeias.

TÍTULO VI
Disposições relativas à cooperação policial e judiciária em matéria penal

Artigo 29.º

Sem prejuízo das competências da Comunidade Europeia, será objectivo da União facultar aos cidadãos um elevado nível de protecção num espaço de liberdade, segurança e justiça, mediante a instituição de acções em comum entre os Estados-Membros no domínio da cooperação policial e judiciária em matéria penal e a prevenção e combate do racismo e da xenofobia.

Este objectivo será atingido prevenindo e combatendo a criminalidade, organizada ou não, em especial o terrorismo, o tráfico de seres

30   *União Europeia*

humanos e os crimes contra as crianças, o tráfico ilícito de droga e o tráfico ilícito de armas, a corrupção e a fraude, através de:
– uma cooperação mais estreita entre forças policiais, autoridades aduaneiras e outras autoridades competentes dos Estado-Membros, tanto directamente como através do Serviço Europeu de Polícia (Europol), nos termos do disposto nos artigos 30.° e 32.°;
– uma cooperação mais estreita entre as autoridades judiciárias e outras autoridades competentes dos Estados-Membros, inclusive por intermédio da Unidade Europeia de Cooperação Judiciária (Eurojust), nos termos do disposto nos artigos 31.° e 32.°; [1]
– uma aproximação, quando necessário, das disposições de direito penal dos Estados-Membros, nos termos do disposto na alínea e) do artigo 31.°.

Artigo 30.°

1. A acção em comum no domínio da cooperação policial abrange:
a) A cooperação operacional entre as autoridades competentes, incluindo os serviços de polícia, das alfândegas e outros serviços especializados responsáveis pela aplicação da lei nos Estados-Membros, no domínio da prevenção e da detecção de infracções penais e das investigações nessa matéria;
b) A recolha, armazenamento, tratamento, análise e intercâmbio de informações pertinentes, incluindo informações em poder de serviços responsáveis pela aplicação da lei respeitantes a transacções financeiras suspeitas, em especial através da Europol, sob reserva das disposições adequadas relativas à protecção dos dados de carácter pessoal;
c) A cooperação e as iniciativas conjuntas em matéria de formação, intercâmbio de agentes de ligação, destacamentos, utilização de equipamento e investigação forense;
d) A avaliação em comum de técnicas de investigação específicas relacionadas com a detecção de formas graves de criminalidade organizada.

---

[1] Redacção dada pelo Tratado de Nice. A redacção anterior era a seguinte:
"– uma cooperação mais estreita entre as autoridades judiciárias e outras autoridades competentes dos Estados-membros, nos termos do disposto nas alíneas a) a d) do artigo 31.° e no artigo 32.°;"

União Europeia   31

2. O Conselho promoverá a cooperação através da Europol e, em especial, no prazo de cinco anos a contar da data de entrada em vigor do Tratado de Amesterdão:

a) Habilitará a Europol a facilitar e apoiar a preparação, bem como a incentivar a coordenação e execução, de acções específicas de investigação efectuadas pelas autoridades competentes dos Estados--Membros, incluindo acções operacionais de equipas conjuntas em que participem representantes da Europol com funções de apoio;

b) Adoptará medidas que permitam à Europol solicitar às autoridades competentes dos Estados-Membros que efectuem e coordenem investigações em casos concretos, bem como desenvolver conhecimentos especializados que possam ser postos à disposição dos Estados-Membros para os assistir na investigação de casos de criminalidade organizada;

c) Promoverá o estabelecimento de contactos entre magistrados e investigadores especializados na luta contra a criminalidade organizada, em estreita cooperação com a Europol;

d) Criará uma rede de investigação, documentação e estatística sobre a criminalidade transfronteiriça.

Artigo 31.º [1]

1. A acção em comum no domínio da cooperação judiciária em matéria penal terá por objectivo, nomeadamente:

a) Facilitar e acelerar a cooperação entre os ministérios e as autoridades judiciárias ou outras equivalentes dos Estados-Membros,

---

[1] Redacção dada pelo Tratado de Nice. A redacção anterior era a seguinte:
"A acção em comum no domínio da cooperação judiciária em matéria penal terá por objectivo, nomeadamente:

a) Facilitar e acelerar a cooperação entre os ministérios e as autoridades judiciárias ou outras equivalentes dos Estados-membros, no que respeita à tramitação dos processos e à execução das decisões;

b) Facilitar a extradição entre os Estados-membros;

c) Assegurar a compatibilidade das normas aplicáveis nos Estados-membros, na medida do necessário para melhorar a referida cooperação;

d) Prevenir os conflitos de jurisdição entre Estados-membros;

e) Adoptar gradualmente medidas que prevejam regras mínimas quanto aos elementos constitutivos das infracções penais e às sanções aplicáveis nos domínios da criminalidade organizada, do terrorismo e do tráfico ilícito de droga."

inclusive, quando tal se revele adequado, por intermédio da Eurojust, no que respeita à tramitação dos processos e à execução das decisões;

b) Facilitar a extradição entre os Estados-Membros;

c) Assegurar a compatibilidade das normas aplicáveis nos Estados-Membros, na medida do necessário para melhorar a referida cooperação;

d) Prevenir os conflitos de jurisdição entre os Estados-membros;

e) Adoptar gradualmente medidas que prevejam regras mínimas quanto aos elementos constitutivos das infracções penais e às sanções aplicáveis nos domínios da criminalidade organizada, do terrorismo e do tráfico ilícito de droga.

2. O Conselho promoverá a cooperação através da Eurojust:

a) Permitindo à Eurojust facilitar a coordenação adequada entre as autoridades nacionais dos Estados-Membros competentes para a investigação e o exercício da acção penal;

b) Favorecendo o contributo da Eurojust para as investigações relativas aos processos referentes a formas graves de criminalidade transfronteiriça, especialmente quando se trate de criminalidade organizada, tendo em conta nomeadamente as análises da Europol;

c) Promovendo a estreita cooperação entre a Eurojust e a Rede Judiciária Europeia, designadamente a fim de facilitar a execução das cartas rogatórias e dos pedidos de extradição.

Artigo 32.º

O Conselho definirá as condições e limites dentro dos quais as autoridades competentes a que se referem os artigos 30.º e 31.º podem intervir no território de outro Estado-Membro em articulação e em acordo com as autoridades desse Estado.

Artigo 33.º

O presente Título não prejudica o exercício das responsabilidades que incumbem aos Estados-Membros em matéria de manutenção da ordem pública e de garantia da segurança interna.

União Europeia 33

Artigo 34.º

1. Nos domínios previstos no presente Título, os Estados-Membros devem informar-se e consultar-se mutuamente no âmbito do Conselho, de modo a coordenarem a sua acção. Para o efeito, devem instituir uma colaboração entre os competentes serviços das respectivas Administrações.

2. O Conselho tomará medidas e promoverá a cooperação, sob a forma e segundo os processos adequados instituídos pelo presente Título, no sentido de contribuir para a realização dos objectivos da União. Para o efeito, o Conselho pode, deliberando por unanimidade, por iniciativa de qualquer Estado-Membro ou da Comissão:

a) Adoptar posições comuns que definam a abordagem da União em relação a uma questão específica;

b) Adoptar decisões-quadro para efeitos de aproximação das disposições legislativas e regulamentares dos Estados-Membros. As decisões-quadro vinculam os Estados-Membros quanto ao resultado a alcançar, deixando, no entanto, às instâncias nacionais a competência quanto à forma e aos meios. As decisões-quadro não produzem efeito directo;

c) Adoptar decisões para quaisquer outros efeitos compatíveis com os objectivos do presente Título, com exclusão da aproximação das disposições legislativas e regulamentares dos Estados-Membros. Estas decisões têm carácter vinculativo e não produzem efeito directo; o Conselho, deliberando por maioria qualificada, adoptará as medidas necessárias à execução destas decisões ao nível da União;

d) Elaborar convenções e recomendar a sua adopção pelos Estados-Membros, nos termos das respectivas normas constitucionais. Os Estados-Membros iniciarão o cumprimento das formalidades aplicáveis num prazo a fixar pelo Conselho.

Após adopção por parte de, pelo menos, metade dos Estados-Membros, essas convenções entrarão em vigor em relação a esses Estados-Membros, salvo disposições em contrário que nelas se contenham. As medidas de aplicação dessas convenções serão adoptadas no âmbito do Conselho, por maioria de dois terços das Partes Contratantes.

3. Se as deliberações do Conselho exigirem maioria qualificada, os votos dos membros serão ponderados nos termos do n.º 2 do artigo 205.º do Tratado que institui a Comunidade Europeia; as deliberações serão tomadas se obtiverem, no mínimo, duzentos e trinta e dois votos que exprimam a votação favorável de, pelo menos, dois terços dos membros. Sempre que o Conselho tome uma decisão por maioria qualificada, qualquer dos seus membros pode pedir que se verifique se os

34   *União Europeia*

Estados-Membros que constituem essa maioria qualificada representam, pelo menos, 62% da população total da União. Se essa condição não for preenchida, a decisão em causa não é adoptada[1].

4. Em questões de natureza processual, o Conselho delibera por maioria dos seus membros.

Artigo 35.°

1. O Tribunal de Justiça das Comunidades Europeias é competente, sob reserva das condições constantes do presente artigo, para decidir a título prejudicial sobre a validade e a interpretação das decisões-quadro e das decisões, sobre a interpretação das convenções estabelecidas ao abrigo do presente Título e sobre a validade e a interpretação das respectivas medidas de aplicação.

2. Mediante declaração feita no momento da assinatura do Tratado de Amesterdão, ou posteriormente, a todo o tempo, qualquer Estado-Membro pode aceitar a competência do Tribunal de Justiça para decidir a título prejudicial, nos termos do n.° 1[2][3].

---

[1] Redacção dada pela alínea *c)* do n.° 1 do artigo 12.° do Acto de Adesão de 16 de Abril de 2003, para produzir efeitos em 1 de Novembro de 2004.

[2] Artigo 2.° do Decreto do Presidente da República n.° 65/99, de 19 de Fevereiro:

"Ao abrigo do disposto no artigo 35.° (ex-artigo K.7) do Tratado da União Europeia, na redacção dada pelo n.° 11) do artigo 1.° do Tratado de Amesterdão, a República Portuguesa formula as seguintes declarações:

a) Aceita a competência do Tribunal de Justiça das Comunidades Europeias para decidir a título prejudicial sobre a validade e a interpretação das decisões-quadro e das decisões sobre a interpretação das convenções estabelecidas ao abrigo do título VI do Tratado da União Europeia e sobre a validade e a interpretação das respectivas medidas de aplicação;

b) Para o efeito, de acordo com as regras previstas na alínea *b)* do n.° 3 do artigo 35.° (ex-artigo K. 7) do Tratado da União Europeia, qualquer órgão jurisdicional nacional pode pedir ao Tribunal de Justiça que se pronuncie a título prejudicial sobre uma questão suscitada em processo pendente perante esse órgão jurisdicional relativa à validade ou interpretação de um acto a que se refere o n.° 1 do mesmo artigo, se considerar que uma decisão sobre essa questão é necessária ao julgamento da causa."

[3] O Reino de Espanha e a República da Hungria declararam que aceitam a jurisdição do Tribunal de Justiça das Comunidades Europeias em conformidade com os acordos fixados nos n.ᵒˢ 2 e 3, alínea a) do artigo 35.° do Tratado da União Europeia;

O Reino da Bélgica, a República Checa, a República Federal da Alemanha, a República Helénica, a República Francesa, a República Italiana, o Grão-Ducado do

3. Qualquer Estado-Membro que apresente uma declaração nos termos do n.º 2 deve especificar que:

a) Qualquer órgão jurisdicional desse Estado cujas decisões não sejam susceptíveis de recurso judicial previsto no direito interno pode pedir ao Tribunal de Justiça que se pronuncie a título prejudicial sobre uma questão suscitada em processo pendente perante esse órgão jurisdicional relativa à validade ou interpretação de um acto a que se refere o n.º 1, se considerar que uma decisão sobre essa questão é necessária ao julgamento da causa, ou que

b) Qualquer órgão jurisdicional desse Estado pode pedir ao Tribunal de Justiça que se pronuncie a título prejudicial sobre uma questão suscitada em processo pendente perante esse órgão jurisdicional relativa à validade ou interpretação de um acto a que se refere o n.º 1, se considerar que uma decisão sobre essa questão é necessária ao julgamento da causa.

4. Qualquer Estado-Membro, quer tenha ou não feito uma declaração nos termos do n.º 2, tem o direito de apresentar ao Tribunal alegações ou observações escritas nos casos previstos no n.º 1.

5. O Tribunal de Justiça não é competente para fiscalizar a validade ou a proporcionalidade de operações efectuadas pelos serviços de polícia ou outros serviços responsáveis pela aplicação da lei num Estado-Membro, ou o exercício das responsabilidades que incumbem aos Estados-Membros em matéria de manutenção da ordem pública e de garantia da segurança interna.

6. O Tribunal de Justiça é competente para fiscalizar a legalidade das decisões-quadro e das decisões no âmbito dos recursos com fundamento em incompetência, violação de formalidades essenciais, vio-

---

Luxemburgo, o Reino dos Países Baixos, a República da Áustria, a República Portuguesa, a República da Finlândia e o Reino da Suécia declararam que aceitam a jurisdição do Tribunal de Justiça das Comunidades Europeias em conformidade com os acordos fixados nos n.ᵒˢ 2 e 3, alínea b) do artigo 35.º do Tratado da União Europeia;

Ao fazerem as declarações acima, o Reino da Bélgica, a República Checa, a República Federal da Alemanha, o Reino de Espanha, a República Francesa, a República Italiana, o Grão-Ducado do Luxemburgo, o Reino dos Países Baixos e a República da Áustria reservaram-se o direito de preverem nas respectivas legislações nacionais que quando seja suscitada em processo pendente num tribunal nacional contra cujas decisões não exista recurso judicial nos termos da legislação nacional, uma questão relativa à validade ou à interpretação dum acto referido no n.º 1 do artigo 35.º, esse tribunal fique obrigado a apresentar o processo ao Tribunal de Justiça (v. JOUE, L 327, de 14.12.2005, pp. 19).

lação do presente Tratado ou de qualquer norma jurídica relativa à sua aplicação, ou em desvio de poder, interpostos por um Estado-Membro ou pela Comissão. Os recursos previstos no presente número devem ser interpostos no prazo de dois meses a contar da publicação do acto.

7. O Tribunal de Justiça é competente para decidir sobre qualquer litígio entre Estados-Membros decorrente da interpretação ou da execução dos actos adoptados em aplicação do n.° 2 do artigo 34.°, sempre que o diferendo não possa ser resolvido pelo Conselho no prazo de seis meses a contar da data em que lhe tenha sido submetido por um dos seus membros. O Tribunal de Justiça é igualmente competente para decidir sobre qualquer litígio entre os Estados-Membros e a Comissão decorrente da interpretação ou da aplicação das convenções elaboradas ao abrigo do n.° 2, alínea d), do artigo 34.°.

Artigo 36.°

1. É instituido um Comité de Coordenação constituído por altos funcionários. Além do seu papel de coordenação, o Comité tem por missão:

– formular pareceres destinados ao Conselho, quer a pedido deste, quer por sua própria iniciativa;

– contribuir, sem prejuízo do disposto no artigo 207.° do Tratado que institui a Comunidade Europeia, para a preparação dos trabalhos do Conselho nos domínios a que se refere o artigo 29.°.

2. A Comissão será plenamente associada aos trabalhos nos domínios previstos no presente Título.

Artigo 37.°

Os Estados-Membros expressarão, nas organizações internacionais e nas conferências internacionais em que participem, as posições comuns adoptadas em aplicação das disposições do presente Título.

O disposto nos artigos 18.° e 19.° aplicar-se-á, quando adequado, às matérias abrangidas pelo presente Título.

União Europeia 37

Artigo 38.º

Os acordos a que se refere o artigo 24.º podem abranger questões do âmbito do presente Título.

Artigo 39.º

1. Previamente à adopção de qualquer das medidas a que se refere o n.º 2, alíneas b), c) e d), do artigo 34.º, o Conselho consultará o Parlamento Europeu. Este emitirá parecer num prazo que pode ser fixado pelo Conselho e não pode ser inferior a três meses. Se o Parlamento Europeu não tiver emitido parecer nesse prazo, o Conselho pode deliberar.

2. A Presidência e a Comissão informarão regularmente o Parlamento Europeu sobre os trabalhos realizados nos domínios abrangidos pelo presente Título.

3. O Parlamento Europeu pode dirigir perguntas ou apresentar recomendações ao Conselho. Procederá anualmente a um debate sobre os progressos realizados nos domínios a que se refere o presente Título.

Artigo 40.º [1]

1. As cooperações reforçadas num dos domínios referidos no presente Título destinam-se a permitir à União tornar-se mais rapida-

---

[1] Redacção dada pelo Tratado de Nice. A redacção anterior era a seguinte:

"1. Os Estados-membros que se proponham instaurar entre si uma cooperação reforçada podem ser autorizados, respeitando o disposto nos artigos 43.º e 44.º, a recorrer às instituições, processos e mecanismos previstos nos Tratados, desde que a cooperação prevista:

a) Respeite as competências da Comunidade Europeia, bem como os objectivos estabelecidos no presente Título;

b) Tenha por objectivo possibilitar que a União se transforme mais rapidamente num espaço de liberdade, segurança e justiça.

2. A autorização prevista no n.º 1 será concedida pelo Conselho, deliberando por maioria qualificada, a pedido dos Estados-membros em causa e após a Comissão ter sido convidada a apresentar o seu parecer. O pedido será igualmente transmitido ao Parlamento Europeu.

Se um membro do Conselho declarar que, por importantes e expressas razões de política nacional, se tenciona opor à concessão de uma autorização por maioria

mente um espaço de liberdade, segurança e justiça, sem deixar de respeitar as competências da Comunidade Europeia e os objectivos fixados no presente Título.

2. Salvo disposição em contrário contida no artigo 40.°-A e nos artigos 43.° a 45.°, às cooperações reforçadas previstas no presente artigo aplica-se o disposto nos artigos 29.° a 39.° e nos artigos 40.°-A, 40.°-B e 41.°.

3. Aplica-se ao presente artigo, assim como aos artigos 40.°-A e 40.°-B, o disposto no Tratado que institui a Comunidade Europeia em matéria de competência do Tribunal de Justiça e de exercício dessa competência.

Artigo 40.°-A [1]

1. Os Estados-Membros que se proponham instituir entre si uma cooperação reforçada nos termos do artigo 40.° devem dirigir um

---

qualificada, não se procederá a votação. O Conselho, deliberando por maioria qualificada, pode requerer que a questão seja submetida ao Conselho Europeu, a fim de ser tomada uma decisão por unanimidade.

Os votos dos membros do Conselho serão ponderados nos termos do n.° 2 do artigo 205.° do Tratado que institui a Comunidade Europeia. As deliberações serão adoptadas se obtiverem, pelo menos, sessenta e dois votos que exprimam a votação favorável de, no mínimo, dez membros.

3. Qualquer Estado-membro que deseje participar na cooperação instaurada nos termos do presente artigo notificará a sua intenção ao Conselho e à Comissão, a qual, no prazo de três meses a contar da data de recepção da notificação, apresentará ao Conselho um parecer, eventualmente acompanhado de uma recomendação relativa a disposições específicas que considere necessárias para que esse Estado-membro possa participar nessa cooperação. No prazo de quatro meses a contar da data da notificação, o Conselho tomará uma decisão sobre a questão, bem como sobre disposições específicas que considere necessárias. A decisão considera-se tomada, excepto se o Conselho, deliberando por maioria qualificada, decidir suspendê-la; neste caso, o Conselho indicará os motivos da sua decisão e fixará um prazo para voltar a analisá-la. Para efeitos do presente número, o Conselho delibera nas condições previstas no artigo 44.°.

4. O disposto nos artigos 29.° a 41.° é aplicável à cooperação reforçada prevista no presente artigo, salvo disposição em contrário deste e dos artigos 43.° e 44.°.

As disposições do Tratado que institui a Comunidade Europeia relativas às competências do Tribunal de Justiça das Comunidades Europeias e ao respectivo exercício são aplicáveis aos n.°s 1, 2 e 3.

5. O presente artigo não prejudica o disposto no Protocolo que integra o acervo de Schengen no âmbito da União Europeia."

[1] Artigo aditado pelo Tratado de Nice.

pedido nesse sentido à Comissão, que pode apresentar ao Conselho uma proposta para o efeito. Caso não apresente uma proposta, a Comissão informará os referidos Estados-Membros das razões que a motivaram. Estes podem então submeter ao Conselho um pedido no sentido de obter autorização para a cooperação em questão.

2. A autorização que se refere o n.° 1 é concedida, no respeito dos artigos 43.° a 45.°, pelo Conselho, deliberando por maioria qualificada, sob proposta da Comissão ou por iniciativa de, pelo menos, oito Estados-Membros, e após consulta ao Parlamento Europeu. Os votos dos membros do Conselho estão sujeitos à ponderação fixada no n.° 2 do artigo 205.° do Tratado que institui a Comunidade Europeia.

Qualquer membro do Conselho pode pedir que o assunto seja levado ao Conselho Europeu.

Nessa sequência, o Conselho pode deliberar nos termos do disposto no primeiro parágrafo.

Artigo 40.°-B [1]

Qualquer Estado-Membro que deseje participar numa cooperação reforçada instituída nos termos do artigo 40.°-A notificará a sua intenção ao Conselho e à Comissão, que, no prazo de três meses a contar da data de recepção da notificação, apresentará ao Conselho um parecer eventualmente acompanhado de uma recomendação relativa a disposições específicas que julgue necessárias para que o Estado-Membro em causa possa participar nessa cooperação.

O Conselho tomará uma decisão sobre a questão no prazo de quatro meses a contar da data de recepção da notificação. A decisão considera-se tomada, excepto se o Conselho, deliberando por maioria qualificada dentro desse prazo, decidir suspendê-la; neste caso, indicará os motivos da sua decisão e fixará um prazo para voltar a avaliá-la.

Para efeitos do presente artigo, o Conselho delibera nas condições previstas no n.° 1 do artigo 44.°.

---

[1] Artigo aditado pelo Tratado de Nice.

40 *União Europeia*

Artigo 41.º

1. Os artigos 189.º, 190.º, 195.º, 196.º a 199.º, 203.º, 204.º, o n.º 3 do artigo 205.º, os artigos 206.º a 209.º, 213.º a 219.º, 255.º e 290.º do Tratado que institui a Comunidade Europeia são aplicáveis às disposições relativas aos domínios previstos no presente Título.

2. As despesas administrativas em que incorram as instituições por força das disposições relativas aos domínios previstos no presente Título ficarão a cargo do orçamento das Comunidades Europeias.

3. As despesas operacionais decorrentes da execução das referidas disposições ficarão igualmente a cargo do orçamento das Comunidades Europeias, salvo nos casos em que o Conselho, deliberando por unanimidade, decida em contrário. Nos casos em que não sejam imputadas ao orçamento das Comunidades Europeias, as despesas ficarão a cargo dos Estados-Membros, de acordo com a chave de repartição baseada no produto nacional bruto, salvo decisão em contrário do Conselho, deliberando por unanimidade.

4. O processo orçamental estabelecido no Tratado que institui a Comunidade Europeia é aplicável às despesas que fiquem a cargo do orçamento das Comunidades Europeias.

Artigo 42.º

O Conselho, deliberando por unanimidade, por iniciativa da Comissão ou de um Estado-Membro, e após consulta ao Parlamento Europeu, pode decidir tornar aplicável o Título IV do Tratado que institui a Comunidade Europeia a acções nos domínios a que se refere o artigo 29.º, determinando simultaneamente as correspondentes condições de votação. O Conselho recomendará a adopção dessa decisão pelos Estados-Membros, nos termos das respectivas normas constitucionais.

TÍTULO VII
Disposições relativas à cooperação reforçada

Artigo 43.º [1]

Os Estados-Membros que se proponham instituir entre si uma cooperação reforçada podem recorrer às instituições, processos e mecanismos previstos no presente Tratado e no Tratado que institui a Comunidade Europeia, desde que a cooperação prevista:

a) Tenha por objecto favorecer a realização dos objectivos da União e da Comunidade, preservar e servir os seus interesses e reforçar o processo de integração;

---

[1] Redacção dada pelo Tratado de Nice. A redacção anterior era a seguinte:

"1. Os Estados-membros que se proponham instituir entre si uma cooperação reforçada podem recorrer às instituições, processos e mecanismos previstos no presente Tratado e no Tratado que institui a Comunidade Europeia, desde que a cooperação prevista:

a) Tenha por objecto favorecer a realização dos objectivos da União e preservar e servir os seus interesses;

b) Respeite os princípios dos citados Tratados e o quadro institucional único da União;

c) Seja utilizada apenas em último recurso, quando não seja possível alcançar os objectivos dos citados Tratados mediante a aplicação dos processos pertinentes neles previstos;

d) Envolva pelo menos a maioria dos Estados-membros;

e) Não afecte o acervo comunitário, nem as medidas adoptadas ao abrigo das demais disposições dos citados Tratados;

f) Não afecte as competências, os direitos, as obrigações e os interesses dos Estados-membros que nela não participem;

g) Esteja aberta a todos os Estados-membros e permita que estes a ela se associem em qualquer momento, desde que respeitem a decisão inicial e as decisões tomadas nesse âmbito;

h) Observe os critérios adicionais específicos constantes, respectivamente, do artigo 11.º do Tratado que institui a Comunidade Europeia e do artigo 40.º do presente Tratado, consoante o domínio em causa, e seja autorizada pelo Conselho nos termos dos processos neles previstos.

2. Os Estados-membros aplicarão, no que lhes diga respeito, os actos e decisões adoptados para execução da cooperação em que participem. Os Estados-membros que não participem nessa cooperação não dificultarão a sua execução por parte dos Estados-membros participantes."

b) Respeite os referidos Tratados e o quadro institucional único da União;

c) Respeite o acervo comunitário e as medidas tomadas ao abrigo das outras disposições dos referidos Tratados;

d) Permaneça nos limites das competências da União ou da Comunidade e não incida nos domínios que são da competência exclusiva da Comunidade;

e) Não prejudique o mercado interno como definido no n.° 2 do artigo 14.° do Tratado que institui a Comunidade Europeia, nem a coesão económica e social estabelecida nos termos do Título XVII do mesmo Tratado;

f) Não constitua uma restrição nem uma discriminação ao comércio entre os Estados-Membros e não provoque distorções de concorrência entre eles;

g) Envolva, pelo menos, oito Estados-Membros;

h) Respeite as competências, direitos e deveres dos Estados-Membros não participantes;

i) Não afecte o disposto no Protocolo que integra o acervo de Schengen no âmbito da União Europeia;

j) Esteja aberta a todos os Estados-Membros, nos termos do artigo 43.°-B.

Artigo 43.°-A [1]

As cooperações reforçadas só podem ser iniciadas como último recurso, quando se estabelecer no Conselho que os seus objectivos não podem ser atingidos, num prazo razoável, através da aplicação das disposições pertinentes dos Tratados.

Artigo 43.°-B [1]

Aquando da sua instituição, as cooperações reforçadas estão abertas a todos os Estados-Membros. Estão-no também a qualquer momento nos termos dos artigos 27.°-E e 40.°-B do presente Tratado e do artigo 11.°-A do Tratado que institui a Comunidade Europeia,

---

[1] Artigo aditado pelo Tratado de Nice.

desde que sejam respeitadas a decisão inicial e as decisões tomadas nesse âmbito. A Comissão e os Estados-Membros participantes numa cooperação reforçada assegurarão que seja incentivada a participação do maior número possível de Estados-Membros.

Artigo 44.º [1]

1. Para efeitos da adopção dos actos e decisões necessários à execução da cooperação reforçada a que se refere o artigo 43.º, são aplicáveis as disposições institucionais pertinentes do presente Tratado e do Tratado que institui a Comunidade Europeia. No entanto, embora todos os membros do Conselho possam tomar parte nas deliberações, só aqueles que representam os Estados-Membros participantes podem intervir na adopção das decisões. A maioria qualificada é definida como sendo constituída pela mesma proporção dos votos ponderados e do número dos membros do Conselho em causa do que a fixada no n.º 2 do artigo 205.º do Tratado que institui a Comunidade Europeia e no n.º 2, segundo e terceiro parágrafos, do artigo 23.º do presente Tratado no que respeita a uma cooperação reforçada instituída com base no artigo 27.º-C. A unanimidade é constituída apenas pelos votos desses membros do Conselho.

Esses actos e decisões não fazem parte do acervo da União.

2. Os Estados-Membros aplicarão, no que lhes diga respeito, os actos e decisões adoptados para execução da cooperação reforçada em que participem. Esses actos e decisões apenas vinculam os Estados-Membros participantes e, quando for caso disso, só são direc-

---

[1] Redacção dada pelo Tratado de Nice. A redacção anterior era a seguinte:

"1. Para efeitos da adopção dos actos e decisões necessários à execução da cooperação a que se refere o artigo 43.º, são aplicáveis as disposições institucionais pertinentes do presente Tratado e do Tratado que institui a Comunidade Europeia. No entanto, embora todos os membros do Conselho possam tomar parte nas deliberações, só aqueles que representam os Estados-membros participantes podem intervir na adopção das decisões. A maioria qualificada é definida como sendo constituída pela mesma proporção dos votos ponderados dos membros do Conselho em causa fixada no n.º 2 do artigo 205.º do Tratado que institui a Comunidade Europeia. A unanimidade é constituída apenas pelos votos desses membros do Conselho.

2. As despesas decorrentes da execução da cooperação que não sejam custos administrativos em que incorram as Instituições ficam a cargo dos Estados-membros participantes, salvo decisão em contrário do Conselho, deliberando por unanimidade."

tamente aplicáveis nesses Estados. Os Estados-Membros que não participem nessa cooperação reforçada não dificultarão a sua execução por parte dos Estados-Membros participantes.

Artigo 44.°-A [1]

As despesas decorrentes da execução de uma cooperação reforçada que não sejam custos administrativos em que incorram as Instituições ficam a cargo dos Estados-Membros participantes, salvo decisão em contrário do Conselho, deliberando por unanimidade de todos os seus membros, após consulta ao Parlamento Europeu.

Artigo 45.° [2]

O Conselho e a Comissão garantem a coerência das acções empreendidas com base no presente Título, bem como dessas acções com as políticas da União e da Comunidade, cooperando para o efeito.

TÍTULO VIII
Disposições finais

Artigo 46.° [3]

As disposições do Tratado que institui a Comunidade Europeia, do Tratado que institui a Comunidade Europeia do Carvão e do Aço e

---

[1] Artigo aditado pelo Tratado de Nice.

[2] Redacção dada pelo Tratado de Nice. A redacção anterior era a seguinte:
"O Conselho e a Comissão informarão regularmente o Parlamento Europeu da evolução da cooperação reforçada instaurada com base no presente Título."

[3] Redacção dada pelo Tratado de Nice. A redacção anterior era a seguinte:
"As disposições do Tratado que institui a comunidade Europeia, do Tratado que institui a Comunidade Europeia do Carvão e do Aço e do Tratado que institui a Comunidade Europeia da Energia Atómica relativas à competência do Tribunal de Justiça das Comunidades Europeias e ao exercício dessa competência apenas serão aplicáveis às seguintes disposições do presente Tratado:
a) Disposições que alteram o Tratado que institui a Comunidade Económica Europeia tendo em vista a instituição da Comunidade Europeia, o Tratado que institui

Union Europeia 45

do Tratado que institui a Comunidade Europeia da Energia Atómica relativas à competência do Tribunal de Justiça das Comunidades Europeias e ao exercício dessa competência apenas serão aplicáveis às seguintes disposições do presente Tratado:

a) Disposições que alteram o Tratado que institui a Comunidade Económica Europeia tendo em vista a instituição da Comunidade Europeia, o Tratado que institui a Comunidade Europeia do Carvão e do Aço e o Tratado que institui a Comunidade Europeia da Energia Atómica;

b) Disposições do Título VI, nas condições previstas no artigo 35.°;

c) Disposições do Título VII, nas condições previstas nos artigos 11.° e 11.°-A do Tratado que institui a Comunidade Europeia e no artigo 40.° do presente Tratado;

d) N.° 2 do artigo 6.° no que respeita à acção das instituições, na medida em que o Tribunal de Justiça seja competente nos termos dos Tratados que instituem as Comunidades Europeias e nos termos do presente Tratado;

e) Disposições processuais previstas no artigo 7.°, pronunciando-se o Tribunal de Justiça a pedido do Estado-Membro em questão no prazo de um mês a contar da data da constatação do Conselho a que se refere esse artigo;

f) Artigos 46.° a 53.°.

Artigo 47.°

Sem prejuízo das disposições que alteram o Tratado que institui a Comunidade Económica Europeia tendo em vista a instituição da Comunidade Europeia, o Tratado que institui a Comunidade Europeia

---

a Comunidade Europeia do Carvão e do Aço e o Tratado que institui a Comunidade Europeia da Energia Atómica;

b) Disposições do título VI, nas condições previstas no artigo 35.°;

c) Disposições do título VII, nas condições previstas no artigo 11.° do Tratado que institui a Comunidade Europeia e no artigo 40.°;

d) N.° 2 do artigo 6.° no que respeita à acção das instituições, na medida em que o Tribunal de Justiça seja competente nos termos dos Tratados que instituem as Comunidades Europeias e nos termos do presente Tratado;

e) Artigos 46.° a 53.°."

União Europeia

do Carvão e do Aço e o Tratado que institui a Comunidade Europeia da Energia Atómica, nenhuma disposição do presente Tratado afecta os Tratados que instituem as Comunidades Europeias nem os Tratados e actos subsequentes que os alteraram ou completaram.

Artigo 48.º

O Governo de qualquer Estado-Membro ou a Comissão podem submeter ao Conselho projectos de revisão dos Tratados em que se funda a União.

Se o Conselho, após consulta do Parlamento Europeu e, quando for adequado, da Comissão, emitir parecer favorável à realização de uma conferência de representantes dos governos dos Estados--Membros, esta será convocada pelo Presidente do Conselho, a fim de adoptar, de comum acordo, as alterações a introduzir nos referidos Tratados. Se se tratar de alterações institucionais no domínio monetário, será igualmente consultado o Conselho do Banco Central Europeu.

As alterações entrarão em vigor após ratificação por todos os Estados-Membros, de acordo com as respectivas normas constitucionais.

Artigo 49.º

Qualquer Estado europeu que respeite os princípios enunciados no n.º 1 do artigo 6.º pode pedir para se tornar membro da União. Dirigirá o respectivo pedido ao Conselho, que se pronunciará por unanimidade, após ter consultado a Comissão e após parecer favorável do Parlamento Europeu, que se pronunciará por maioria absoluta dos membros que o compõem.

As condições de admissão e as adaptações dos Tratados em que se funda a União, decorrentes dessa admissão, serão objecto de acordo entre os Estados-Membros e o Estado peticionário.

Esse acordo será submetido à ratificação de todos os Estados contratantes, de acordo com as respectivas normas constitucionais.

União Europeia 47

Artigo 50.°

1. São revogados os artigos 2.° a 7.° e 10.° a 19.° do Tratado que institui um Conselho único e uma Comissão única das Comunidades Europeias, assinado em Bruxelas em 8 de Abril de 1965.
2. São revogados o artigo 2.°, o n.° 2 do artigo 3.° e o Título III do Acto Único Europeu, assinado no Luxemburgo em 17 de Fevereiro de 1986 e em Haia em 28 de Fevereiro de 1986.

Artigo 51.°

O presente Tratado tem vigência ilimitada.

Artigo 52.°

1. O presente Tratado será ratificado pelas Altas Partes Contratantes, de acordo com as respectivas normas constitucionais. Os instrumentos de ratificação serão depositados junto do Governo da República Italiana.
2. O presente Tratado entrará em vigor no dia 1 de Janeiro de 1993, se tiverem sido depositados todos os instrumentos de ratificação ou, na falta desse depósito, no primeiro dia do mês seguinte ao do depósito do instrumento de ratificação do Estado signatário que proceder a esta formalidade em último lugar.

Artigo 53.°

O presente Tratado, redigido num único exemplar, nas línguas alemã, dinamarquesa, espanhola, francesa, grega, inglesa, irlandesa, italiana, neerlandesa e portuguesa, fazendo fé qualquer dos textos, será depositado nos arquivos do governo da República Italiana, o qual remeterá uma cópia autenticada a cada dos governos dos outros Estados signatários.

Por força do Tratado de Adesão de 1994, as versões finlandesa e sueca do presente Tratado fazem igualmente fé.

Em pé do que os plenipotenciários abaixo assinados apuseram as suas assinaturas no final do presente Tratado.

Feito em Maastricht, em sete de Fevereiro de 1992.

TRATADO
DA COMUNIDADE EUROPEIA [1]

Sua Majestade, o Rei dos Belgas, o Presidente da República Federal da Alemanha, o Presidente da República Francesa, o Presidente da República Italiana, Sua Alteza Real, a Grã-Duquesa do Luxemburgo, Sua Majestade, a Rainha dos Países Baixos: [2]

Determinados a estabelecer os fundamentos de uma união cada vez mais estreita entre os povos europeus;

Decididos a assegurar, mediante uma acção comum, o progresso económico e social dos seus países, eliminando as barreiras que dividem a Europa;

Fixando como objectivo essencial dos seus esforços a melhoria constante das condições de vida e de trabalho dos seus povos;

Reconhecendo que a eliminação dos obstáculos existentes requer uma acção concertada tendo em vista garantir a estabilidade na expansão económica, o equilíbrio nas trocas comerciais e a lealdade na concorrência;

Preocupados em reforçar a unidade das suas economias e assegurar o seu desenvolvimento harmonioso pela redução das

---

[1] Com as alterações que resultam do Tratado de Nice e do Acto de Adesão, de 16 de Abril de 2003, da República Checa, da Estónia, de Chipre, da Letónia, da Lituânia, da Hungria, de Malta, da Polónia, da Eslovénia e da Eslováquia, ratificado por Decreto do P.R. n.º 4-A/2004, de 15 de Janeiro de 2004, e em vigor desde 1 de Maio de 2004. As alterações introduzidas pelo Tratado de Nice estão identificadas através da colocação do texto em itálico. As alterações resultantes do Acto de Adesão de 16 de Abril de 2003 estão individualmente identificadas.

[2] O Reino da Dinamarca, a República Helénica, o Reino de Espanha, a Irlanda, a República da Áustria, a República Portuguesa, a República da Finlândia, o Reino da Suécia e o Reino Unido da Grã-Bretanha e Irlanda do Norte tornaram-se posteriormente membros da Comunidade Europeia.

desigualdades entre as diversas regiões e do atraso das menos favorecidas;

Desejosos de contribuir, mercê de uma política comercial comum, para a supressão progressiva das restrições ao comércio internacional;

Pretendendo confirmar a solidariedade que liga a Europa e os países ultramarinos e desejando assegurar o desenvolvimento da prosperidade destes, em conformidade com os princípios da Carta das Nações Unidas;

Resolvidos a consolidar, pela união dos seus recursos, a defesa da paz e da liberdade e apelando aos outros povos da Europa que partilham dos seus ideais para que se associem aos seus esforços;

Determinados a promover o desenvolvimento do mais elevado nível possível de conhecimentos dos seus povos, através de um amplo acesso à educação, e da contínua actualização desses conhecimentos;

Decidiram criar uma Comunidade Económica Europeia e, para esse efeito, designaram como plenipotenciários:

Os quais, depois de terem trocado os seus plenos poderes, reconhecidos em boa e devida forma, acordaram no seguinte:

PARTE I
Os Princípios

Artigo 1.º

Pelo presente Tratado, as Altas Partes contratantes instituem entre si uma Comunidade Europeia.

Artigo 2.º

A Comunidade tem como missão, através da criação de um mercado comum e de uma união económica e monetária e da aplicação das políticas ou acções comuns a que se referem os artigos 3.º e 4.º, promover, em toda a comunidade, o desenvolvimento harmonioso, equilibrado e sustentável das actividades económicas, um elevado nível de emprego e de protecção social, a igualdade entre homens e mulheres, um crescimento sustentável e não inflacionista, um alto grau de competitividade e de convergência dos comportamentos das economias, um elevado nível de protecção e de melhoria da qualidade do ambiente, o aumento do nível e da qualidade de vida, a coesão económica e social e a solidariedade entre os Estados-Membros.

Artigo 3.º

1. Para alcançar os fins enunciados no artigo 2.º, a acção da Comunidade implica, nos termos do disposto e segundo o calendário previsto no presente Tratado:

a) A proibição, entre os Estados-Membros, dos direitos aduaneiros e das restrições quantitativas à entrada e à saída de mercadorias, bem como de quaisquer outras medidas de efeito equivalente;

b) Uma política comercial comum;

c) Um mercado interno caracterizado pela abolição, entre os Estados-Membros, dos obstáculos à livre circulação de mercadorias, de pessoas, de serviços e de capitais;

d) Medidas relativas à entrada e circulação de pessoas de acordo com o disposto no Título IV;

e) Uma política comum no domínio da agricultura e das pescas;

f) Uma política comum no domínio dos transportes;

g) Um regime que garanta que a concorrência não seja falseada no mercado interno;

h) A aproximação das legislações dos Estados-Membros na medida do necessário para o funcionamento do mercado comum;

i) A promoção de uma coordenação entre as políticas de emprego dos Estados-Membros, com o objectivo de reforçar a sua eficácia, mediante a elaboração de uma estratégia coordenada em matéria de emprego;

j) Uma política social que inclui um Fundo Social Europeu;

k) O reforço da coesão económica e social;

l) Uma política no domínio do ambiente;

m) O reforço da capacidade concorrencial da indústria da Comunidade;

n) A promoção da investigação e do desenvolvimento tecnológico;

o) O incentivo à criação e ao desenvolvimento de redes transeuropeias;

p) Uma contribuição para a realização de um elevado nível de protecção da saúde;

q) Uma contribuição para um ensino e uma formação de qualidade, bem como para o desenvolvimento das culturas dos Estados--Membros;

r) Uma política no domínio da cooperação no desenvolvimento;

s) A associação dos países e territórios ultramarinos, tendo por objectivo incrementar as trocas comerciais e prosseguir em comum o esforço de desenvolvimento económico e social;

t) Uma contribuição para o reforço da defesa dos consumidores;

u) Medidas nos domínios da energia, da protecção civil e do turismo.

2. Na realização de todas as acções previstas no presente artigo, a Comunidade terá por objectivo eliminar as desigualdades e promover a igualdade entre homens e mulheres.

Artigo 4.º

1. Para alcançar os fins enunciados no artigo 2.º, a acção dos Estados-Membros e da Comunidade implica, nos termos do disposto e segundo o calendário previsto no presente Tratado, a adopção de uma política económica baseada na estreita coordenação das políticas económicas dos Estados-Membros, no mercado interno e na definição de objectivos comuns, e conduzida de acordo com o princípio de uma economia de mercado aberto e de livre concorrência.

2. Paralelamente, nos termos do disposto e segundo o calendário e os procedimentos previstos no presente Tratado, essa acção implica a fixação irrevogável das taxas de câmbio conducente à criação de uma moeda única, o ECU, e a definição e condução de uma política monetária e de uma política cambial únicas, cujo objectivo primordial é a manutenção da estabilidade dos preços e, sem prejuízo desse objectivo, o apoio às políticas económicas gerais na Comunidade, de acordo com o princípio de uma economia de mercado aberto e de livre concorrência.

3. Essa acção dos Estados-Membros e da Comunidade implica a observância dos seguintes princípios orientadores: preços estáveis, finanças públicas e condições monetárias sólidas e balança de pagamentos sustentável.

Artigo 5.º

A Comunidade actuará nos limites das atribuições que lhe são conferidas e dos objectivos que lhe são cometidos pelo presente Tratado.

Nos domínios que não sejam das suas atribuições exclusivas, a Comunidade intervém apenas, de acordo com o princípio da subsidiariedade, se e na medida em que os objectivos da acção encarada não possam ser suficientemente realizados pelos Estados-Membros, e possam, pois, devido à dimensão ou aos efeitos da acção prevista, ser melhor alcançados ao nível comunitário.

54 *Tratado de Roma (Comunidade Europeia)*

A acção da Comunidade não deve exceder o necessário para atingir os objectivos do presente Tratado.

Artigo 6.º

As exigências em matéria de protecção do ambiente devem ser integradas na definição e execução das políticas e acções da Comunidade previstas no artigo 3.º, em especial com o objectivo de promover um desenvolvimento sustentável.

Artigo 7.º

1. A realização das tarefas confiadas à Comunidade é assegurada por:
   - um PARLAMENTO EUROPEU;
   - um CONSELHO;
   - uma COMISSÃO;
   - um TRIBUNAL DE JUSTIÇA;
   - um TRIBUNAL DE CONTAS.

Cada instituição actua nos limites das atribuições e competências que lhe são conferidas pelo presente Tratado.

2. O Conselho e a Comissão são assistidos por um Comité Económico e Social e por um Comité das Regiões com funções consultivas.

Artigo 8.º

São instituídos, de acordo com os procedimentos previstos no presente Tratado, um Sistema Europeu de Bancos Centrais, adiante designado por "SEBC", e um Banco Central Europeu, adiante designado por "BCE", os quais actuarão nos limites das atribuições que lhe são conferidas pelo presente Tratado e pelos Estatutos do SEBC e do BCE, adiante designados por "Estatutos do SEBC", que lhe vêm anexos.

Artigo 9.°

É instituído um Banco Europeu de Investimento, que actuará nos limites das atribuições que lhe são conferidas pelo presente Tratado e pelos Estatutos que lhe vêm anexos.

Artigo 10.°

Os Estados-Membros tomarão todas as medidas gerais ou especiais capazes de assegurar o cumprimento das obrigações decorrentes do presente Tratado ou resultantes de actos das instituições da Comunidade. Os Estados-Membros facilitarão à Comunidade o cumprimento da sua missão.

Os Estados-Membros abster-se-ão de tomar quaisquer medidas susceptíveis de pôr em perigo a realização dos objectivos do presente Tratado.

Artigo 11.° [1]

1. Os Estados-Membros que se proponham instituir entre si uma cooperação reforçada num dos domínios referidos no presente

---

[1] Redacção dada pelo Tratado de Nice. A redacção anterior era a seguinte:

"1. Os Estados-Membros que se proponham instituir entre si uma cooperação reforçada podem ser autorizados, sob reserva do disposto nos artigos 43.° e 44.° do Tratado da União, a recorrer às Instituições, processos e mecanismos previstos no presente Tratado, desde que a cooperação prevista:

a) Não incida em domínios da competência exclusiva da Comunidade;

b) Não afecte as políticas, acções ou programas da Comunidade;

c) Não diga respeito à cidadania da União, nem estabeleça discriminações entre os nacionais dos Estados-Membros;

d) Permaneça nos limites das competências atribuídas à Comunidade pelo presente Tratado; e

e) Não constitua uma discriminação ou uma restrição ao comércio entre Estados-Membros, nem provoque qualquer distorção das condições de concorrência entre estes últimos.

2. A autorização prevista no n.° 1 será concedida pelo Conselho, deliberando por maioria qualificada, sob proposta da Comissão e após consulta ao Parlamento Europeu.

Se um membro do Conselho declarar que, por importantes e expressas razões de política nacional, tenciona opor-se à concessão de uma autorização por maioria

56   Tratado de Roma (Comunidade Europeia)

Tratado devem dirigir um pedido nesse sentido à Comissão, que pode apresentar ao Conselho uma proposta para o efeito. Caso não apresente uma proposta, a Comissão informará os referidos Estados--Membros das razões que a motivaram.

2. A autorização para dar início à cooperação reforçada a que se refere o n.º 1 é concedida, no respeito dos artigos 43.º a 45.º do Tratado da União Europeia, pelo Conselho, deliberando por maioria qualificada, sob proposta da Comissão e após consulta ao Parlamento Europeu.

Quando a cooperação reforçada vise um domínio abrangido pelo processo previsto no artigo 251.º do presente Tratado, é necessário o parecer favorável do Parlamento Europeu.

Qualquer membro do Conselho pode pedir que o assunto seja levado ao Conselho Europeu.

Nessa sequência, o Conselho pode deliberar nos termos do disposto no primeiro parágrafo.

3. Salvo disposição em contrário contida no presente artigo e nos artigos 43.º a 45.º do Tratado da União Europeia, os actos e decisões necessários à execução das acções de cooperação reforçada ficam sujeitos a todas as disposições aplicáveis do presente Tratado.

---

qualificada, não se procederá a votação. O Conselho, deliberando por maioria qualificada, pode solicitar que a questão seja submetida ao Conselho Europeu, a fim de ser tomada uma decisão por unanimidade.

Os Estados-Membros que se proponham instituir a cooperação reforçada a que se refere o n.º 1 podem dirigir um pedido nesse sentido à Comissão, que pode apresentar ao Conselho uma proposta para o efeito. Caso não apresente uma proposta, a Comissão informará os referidos Estados-Membros das razões que a motivaram.

3. Qualquer Estado-Membro que deseje participar na cooperação instituída nos termos do presente artigo notificará a sua intenção ao Conselho e à Comissão, a qual apresentará um parecer ao Conselho no prazo de três meses a contar da data de recepção da notificação. No prazo de quatro meses a contar da data da notificação, a Comissão tomará uma decisão sobre esta, bem como sobre medidas específicas que considere necessárias.

4. Os actos e decisões necessários para a execução das acções de cooperação ficam sujeitos a todas as disposições pertinentes do presente Tratado, salvo disposição em contrário do presente artigo e dos artigos 43.º e 44.º do Tratado da União Europeia.

5. O presente artigo não prejudica o disposto no Protocolo que integra o acervo de Schengen no âmbito da União Europeia.

Artigo 11.°-A [1]

Qualquer Estado-Membro que deseje participar numa cooperação reforçada instituída nos termos do artigo 11.° notificará a sua intenção ao Conselho e à Comissão, que apresentará um parecer ao Conselho no prazo de três meses a contar da data de recepção da notificação. No prazo de quatro meses a contar da data de recepção da notificação, a Comissão tomará uma decisão sobre a questão, bem como sobre eventuais disposições específicas que julgue necessárias.

Artigo 12.°

No âmbito de aplicação do presente Tratado, e sem prejuízo das suas disposições especiais, é proibida toda e qualquer discriminação em razão da nacionalidade.

O Conselho, deliberando nos termos do artigo 251.°, pode adoptar normas destinadas a proibir essa discriminação.

Artigo 13.° [2]

1. Sem prejuízo das demais disposições do presente Tratado e dentro dos limites das competências que este confere à Comunidade, o Conselho, deliberando por unanimidade, sob proposta da Comissão e após consulta ao Parlamento Europeu, pode tomar as medidas necessárias para combater a discriminação em razão do sexo, raça ou origem étnica, religião ou crença, deficiência, idade ou orientação sexual.

2. Em derrogação do n.° 1, sempre que adopte medidas de incentivo comunitárias, com exclusão de qualquer harmonização das disposições legislativas e regulamentares dos Estados-Membros, para apoiar as acções dos Estados-Membros destinadas a contribuir para a realização dos objectivos referidos no n.° 1, o Conselho delibera nos termos do artigo 251.°.

---

[1] Artigo aditado pelo Tratado de Nice.
[2] N.° 2 aditado pelo Tratado de Nice.

58 Tratado de Roma (Comunidade Europeia)

Artigo 14.°

1. A Comunidade adoptará as medidas destinadas a estabelecer progressivamente o mercado interno durante um período que termina em 31 de Dezembro de 1992, nos termos do disposto no presente artigo, nos artigos 15.°, 26.°, no n.° 2 do artigo 47.°, e nos artigos 80.°, 93.° e 95.°, sem prejuízo das demais disposições do presente Tratado [1].
2. O mercado interno compreende um espaço sem fronteiras internas, no qual a livre circulação das mercadorias, das pessoas, dos serviços e dos capitais é assegurada de acordo com as disposições do presente Tratado.
3. O Conselho, deliberando por maioria qualificada, sob proposta da Comissão, definirá as orientações e condições necessárias para assegurar um progresso equilibrado no conjunto dos sectores abrangidos.

Artigo 15.°

Aquando da formulação das suas propostas destinadas a realizar os objectivos enunciados no artigo 14.°, a Comissão terá em conta a amplitude do esforço que certas economias que apresentam diferenças de desenvolvimento devem suportar durante o período de estabelecimento do mercado interno e pode propor as disposições adequadas.

Se estas disposições tomarem a forma de derrogações, devem ter carácter temporário e implicar o mínimo possível de perturbações no funcionamento do mercado comum.

Artigo 16.°

Sem prejuízo do disposto nos artigos 73.°, 86.° e 87.°, e atendendo à posição que os serviços de interesse económico geral ocupam no conjunto dos valores comuns da União e ao papel que desempe-

---

[1] A versão compilada dos Tratados, publicada no D.R., I, de 19.2.1999, insere neste n.° 1, certamente por lapso uma referência ao artigo 49.°, que não é correcta. Note-se que, contudo, a versão compilada não produz efeitos jurídicos, mas meramente informativos (artigos 3.°ˢ do Decreto do P.R. n.° 65/99, de 19.2.1999, e da Resolução da A.R., n.° 7/99, de 6/1/1999).

Tratado de Roma (Comunidade Europeia)

nham na promoção da coesão social e territorial, a Comunidade e os seus Estados-Membros, dentro do limite das respectivas competências e dentro no âmbito de aplicação do presente Tratado, zelarão por que esses serviços funcionem com base em princípios e em condições que lhes permitam cumprir as suas missões.

PARTE II
A Cidadania da União

Artigo 17.º

1. É instituída a cidadania da União. É cidadão da União qualquer pessoa que tenha a nacionalidade de um Estado-Membro. A cidadania da União é complementar da cidadania nacional e não a substitui.
2. Os cidadãos da União gozam dos direitos e estão sujeitos aos deveres previstos no presente Tratado.

Artigo 18.º [1]

1. Qualquer cidadão da União goza do direito de circular e permanecer livremente no território dos Estados-Membros, sem prejuízo das limitações e condições previstas no presente Tratado e nas disposições adoptadas em sua aplicação.

2. *Se, para atingir esse objectivo, se revelar necessária uma acção da Comunidade sem que o presente Tratado tenha previsto poderes de acção para o efeito, o Conselho pode adoptar disposições destinadas a facilitar o exercício dos direitos a que se refere o n.º 1. O Conselho delibera nos termos do artigo 251.º.*

3. *O n.º 2 não se aplica às disposições relativas aos passaportes, aos bilhetes de identidade, às autorizações de residência ou a qualquer outro documento equiparado, nem às disposições respeitantes à segurança social ou à protecção social.*

---

[1] Redacção dada pelo Tratado de Nice. A redacção anterior era a seguinte:
"2. O Conselho pode adoptar disposições destinadas a facilitar o exercício dos direitos a que se refere o número anterior; salvo disposição em contrário do presente Tratado, o Conselho delibera nos termos do artigo 251.º. O Conselho delibera por unanimidade em todo o processo previsto nesse artigo."

Artigo 19.º

1. Qualquer cidadão da União residente num Estado-Membro que não seja o da sua nacionalidade goza do direito de eleger e de ser eleito nas eleições municipais do Estado-Membro de residência, nas mesmas condições que os nacionais desse Estado. Esse direito será exercido sem prejuízo das modalidades adoptadas, pelo Conselho, deliberando por unanimidade, sob proposta da Comissão, e após consulta do Parlamento Europeu; essas regras podem prever disposições derrogatórias sempre que problemas específicos de um Estado-Membro o justifiquem.

2. Sem prejuízo do disposto no n.º 4 do artigo 190.º e das disposições adoptadas em sua aplicação, qualquer cidadão da União residente num Estado-Membro que não seja o da sua nacionalidade, goza do direito de eleger e de ser eleito nas eleições para o Parlamento Europeu no Estado-Membro de residência, nas mesmas condições que os nacionais desse Estado. Esse direito será exercido sem prejuízo das modalidades adoptadas pelo Conselho, deliberando por unanimidade, sob proposta da Comissão, e após consulta do Parlamento Europeu; essas regras podem prever disposições derrogatórias, sempre que problemas específicos de um Estado-Membro o justifiquem.

Artigo 20.º

Qualquer cidadão da União beneficia, no território de países terceiros em que o Estado-Membro de que é nacional não se encontre representado, de protecção por parte das autoridades diplomáticas e consulares de qualquer Estado-Membro, nas mesmas condições que os nacionais desse Estado. Os Estados-Membros estabelecem entre si as regras necessárias e encetam as negociações internacionais requeridas para garantir essa protecção.

Artigo 21.º

Qualquer cidadão da União goza do direito de petição ao Parlamento Europeu, nos termos do disposto no artigo 194.º.

Qualquer cidadão da União se pode dirigir ao Provedor de Justiça instituído nos termos do disposto no artigo 195.º.

Qualquer cidadão da União pode dirigir-se por escrito a qualquer das instituições ou órgãos a que se refere o presente artigo ou o artigo 7.º numa das línguas previstas no artigo 314.º e obter uma resposta redigida na mesma língua.

Artigo 22.º

A Comissão apresentará ao Parlamento Europeu, ao Conselho e ao Comité Económico e Social, de três em três anos, um relatório sobre a aplicação das disposições da presente Parte. Esse relatório terá em conta o desenvolvimento da União.

Com base nesses relatórios, e sem prejuízo das demais disposições do presente Tratado, o Conselho, deliberando por unanimidade, sob proposta da Comissão, e após consulta do Parlamento Europeu, pode aprovar disposições destinadas a aprofundar os direitos previstos na presente Parte, cuja adopção recomendará aos Estados-Membros, nos termos das respectivas normas constitucionais.

PARTE III
As Políticas da Comunidade

TÍTULO I
A livre circulação de mercadorias

Artigo 23.º

1. A Comunidade assenta numa união aduaneira que abrange a totalidade do comércio de mercadorias e implica a proibição, entre os Estados-Membros, de direitos aduaneiros de importação e de exportação e de quaisquer encargos de efeito equivalente, bem como a adopção de uma Pauta Aduaneira Comum nas suas relações com países terceiros.

2. O disposto no artigo 25.º e no capítulo II do presente título é aplicável tanto aos produtos originários dos Estados-Membros como aos produtos provenientes de países terceiros que se encontrem em livre prática nos Estados-Membros.

Artigo 24.º

Consideram-se em livre prática num Estado-Membro os produtos provenientes de países terceiros em relação aos quais se tenham cumprido as formalidades de importação e cobrado os direitos aduaneiros ou encargos de efeito equivalente exigíveis nesse Estado--Membro e que não tenham beneficiado de draubaque total ou parcial desses direitos ou encargos.

CAPÍTULO I
A união aduaneira

Artigo 25.°

São proibidos entre os Estados-Membros os direitos aduaneiros de importação e de exportação ou os encargos de efeito equivalente. Esta proibição é igualmente aplicável aos direitos aduaneiros de natureza fiscal.

Artigo 26.°

Os direitos da pauta aduaneira comum são fixados pelo Conselho, deliberando por maioria qualificada, sob proposta da Comissão.

Artigo 27.°

No exercício das funções que lhe são confiadas por força do disposto no presente capítulo, a Comissão orientar-se-á:

a) Pela necessidade de promover as trocas comerciais entre os Estados-Membros e países terceiros;

b) Pela evolução das condições de concorrência na Comunidade, desde que essa evolução tenha por efeito aumentar a competitividade das empresas;

c) Pelas necessidades de abastecimento da Comunidade em matérias-primas e produtos semiacabados cuidando que se não falseiem, entre os Estados-Membros, as condições de concorrência relativas a produtos acabados;

d) Pela necessidade de evitar perturbações graves na vida económica dos Estados-Membros e de assegurar o desenvolvimento racional da produção e a expansão do consumo na Comunidade.

CAPÍTULO II
A proibição das restrições
quantitativas entre os Estados-Membros

Artigo 28.º

São proibidas, entre os Estados-Membros, as restrições quantitativas à importação, bem como todas as medidas de efeito equivalente.

Artigo 29.º

São proibidas, entre os Estados-Membros, as restrições quantitativas à exportação, bem como todas as medidas de efeito equivalente.

Artigo 30.º

As disposições dos artigos 28.º e 29.º são aplicáveis sem prejuízo das proibições ou restrições à importação, exportação ou trânsito justificadas por razões de moralidade pública, ordem pública e segurança pública, de protecção da saúde e da vida das pessoas e animais ou de preservação das plantas, de protecção do património nacional de valor artístico, histórico ou arqueológico ou de protecção da propriedade industrial e comercial. Todavia, tais proibições ou restrições não devem constituir nem um meio de discriminação arbitrária nem qualquer restrição dissimulada ao comércio entre os Estados--Membros.

Artigo 31.º

1. Os Estados-Membros adaptarão os monopólios nacionais de natureza comercial, de modo que esteja assegurada a exclusão de toda e qualquer discriminação entre nacionais dos Estados-Membros, quanto às condições de abastecimento e de comercialização.

O disposto no presente artigo é aplicável a qualquer organismo através do qual um Estado-Membro, de jure ou de facto, controle, dirija ou influencie sensivelmente, directa ou indirectamente, as importações ou as exportações entre os Estados-Membros. Estas disposições são igualmente aplicáveis aos monopólios delegados pelo Estado.

2. Os Estados-Membros abster-se-ão de tomar qualquer nova medida que seja contrária aos princípios enunciados no n.° 1 ou que restrinja o âmbito da aplicação dos artigos relativos à proibição dos direitos aduaneiros e das restrições quantitativas entre os Estados-
-Membros.

3. No caso de um monopólio de natureza comercial comportar regulamentação destinada a facilitar o escoamento ou a valorização de produtos agrícolas, devem ser tomadas medidas para assegurar, na aplicação do disposto no presente artigo, garantias equivalentes para o emprego e nível de vida dos produtores interessados.

TÍTULO II
A agricultura

Artigo 32.°

1. O mercado comum abrange a agricultura e o comércio de produtos agrícolas. Por "produtos agrícolas" entende-se os produtos do solo, da pecuária e da pesca, bem como os produtos do primeiro estádio de transformação que estejam em relação directa com estes produtos.

2. As regras previstas para o estabelecimento do mercado comum são aplicáveis aos produtos agrícolas, salvo disposição em contrário dos artigos 33.° a 38.°, inclusive.

3. Os produtos abrangidos pelo disposto nos artigos 33.° a 38.°, inclusive, são enumerados na lista constante do anexo I do presente Tratado.

4. O funcionamento e o desenvolvimento do mercado comum para os produtos agrícolas devem ser acompanhados da adopção de uma política agrícola comum.

Artigo 33.°

1. A política agrícola comum tem como objectivos:

a) Incrementar a produtividade da agricultura, fomentando o progresso técnico, assegurando o desenvolvimento racional da produção agrícola e a utilização óptima dos factores de produção, designadamente da mão-de-obra;

b) Assegurar, deste modo, um nível de vida equitativo à população agrícola, designadamente pelo aumento do rendimento individual dos que trabalham na agricultura;

c) Estabilizar os mercados;

d) Garantir a segurança dos abastecimentos;

e) Assegurar preços razoáveis nos fornecimentos aos consumidores.

2. Na elaboração da política agrícola comum e dos métodos especiais que ela possa implicar tomar-se-á em consideração:

a) A natureza particular da actividade agrícola decorrente da estrutura social da agricultura e das disparidades estruturais e naturais entre as diversas regiões agrícolas;

b) A necessidade de efectuar gradualmente as adaptações adequadas;

c) O facto de a agricultura constituir, nos Estados-Membros, um sector intimamente ligado ao conjunto da economia.

Artigo 34.°

1. A fim de atingir os objectivos definidos no artigo 33.°, é criada uma organização comum dos mercados agrícolas.

Segundo os produtos, esta organização assumirá uma das formas seguintes:

a) Regras comuns em matéria de concorrência;

b) Uma coordenação obrigatória das diversas organizações nacionais de mercado;

c) Uma organização europeia de mercado.

2. A organização comum, sob uma das formas previstas no n.° 1, pode abranger todas as medidas necessárias para atingir os objectivos definidos no artigo 33.°, designadamente: regulamentações dos preços; subvenções tanto à produção como à comercialização dos diversos produtos; medidas de armazenamento e de reporte; e

70 *Tratado de Roma (Comunidade Europeia)*

mecanismos comuns de estabilização das importações ou das exportações.

A organização comum deve limitar-se a prosseguir os objectivos definidos no artigo 33.° e deve excluir toda e qualquer discriminação entre produtores ou consumidores da Comunidade.

Uma eventual política comum de preços deve assentar em critérios comuns e em métodos de cálculo uniformes.

3. A fim de permitir que a organização comum referida no n.° 1 atinja os seus objectivos podem ser criados um ou mais fundos agrícolas de orientação e garantia.

Artigo 35.°

Tendo em vista alcançar os objectivos definidos no artigo 33.°, pode prever-se no âmbito da política agrícola comum, nomeadamente:

a) Uma coordenação eficaz dos esforços empreendidos nos domínios da formação profissional, da investigação e da divulgação da agronomia, que pode incluir projectos ou instituições financiados em comum;

b) Acções comuns destinadas a promover o consumo de certos produtos.

Artigo 36.°

As disposições do capítulo relativo às regras de concorrência só são aplicáveis à produção e ao comércio dos podutos agrícolas, na medida em que tal seja determinado pelo Conselho, no âmbito do disposto nos n.os 2 e 3 do artigo 37.° e em conformidade com o processo aí previsto, tendo em conta os objectivos do artigo 33.°.

O Conselho pode, nomeadamente, autorizar a concessão de auxílios:

a) Para a protecção de explorações de situação desfavorável devido a condições estruturais ou naturais;

b) No âmbito de programas de desenvolvimento económico.

Artigo 37.º

1. A fim de traçar as linhas directrizes de uma política agrícola comum, a Comissão convocará, logo após a entrada em vigor do presente Tratado, uma conferência dos Estados-Membros para proceder à comparação das suas políticas agrícolas, efectuando, nomeadamente, o balanço dos seus recursos e necessidades.

2. A Comissão, tomando em consideração os trabalhos da conferência prevista no n.º 1, e após consulta do Comité Económico e Social, apresentará, no prazo de 2 anos, a contar da data da entrada em vigor do presente Tratado, propostas relativas à elaboração e execução da política agrícola comum, incluindo a substituição das organizações nacionais por uma das formas de organização comum previstas no n.º 1 do artigo 34.º e a execução das medidas especificadas no presente título.

Tais propostas devem ter em conta a interdependência das questões agrícolas mencionadas no presente título.

O Conselho, sob proposta da Comissão, e após consulta do Parlamento Europeu, deliberando por maioria qualificada, adoptará regulamentos ou directivas ou tomará decisões, sem prejuízo das recomendações que possa formular.

3. O Conselho, deliberando por maioria qualificada, pode substituir, nas condições previstas no número anterior, as organizações nacionais de mercado pela organização comum prevista no n.º 1 do artigo 34.º:

a) Se a organização comum oferecer aos Estados-Membros que sejam contrários a esta medida e que disponham eles próprios de uma organização nacional para a produção em causa garantias equivalentes quanto ao emprego e ao nível de vida dos produtores interessados, tomando em consideração o ritmo das adaptações possíveis e das especializações necessárias;

b) Se essa organização assegurar às trocas comerciais na Comunidade condições análogas às que exigem num mercado nacional.

4. Se for criada uma organização comum para certas matérias-primas, sem que exista ainda uma organização comum para os correspondentes produtos transformados, essas matérias-primas, quando utilizadas em produtos transformados destinados à exportação para países terceiros, podem ser importadas do exterior da Comunidade.

Artigo 38.º

Quando, em qualquer Estado-Membro, um produto for submetido a uma organização nacional de mercado ou outra regulamentação interna de efeito equivalente que afecte a concorrência de produção similar noutro Estado-Membro, será aplicado pelos Estados-Membros um direito de compensação à entrada desse produto proveniente do Estado-Membro em que tal organização ou regulamentação exista, a menos que esse Estado aplique um direito de compensação à saída do referido produto.

A Comissão fixará o montante desses direitos, na medida em que tal for necessário para estabelecer o equilíbrio; a Comissão pode igualmente autorizar o recurso a outras medidas, de que fixará as condições e modalidades.

TÍTULO III
A livre circulação de pessoas, de serviços e de capitais

CAPÍTULO I
Os trabalhadores

Artigo 39.º

1. A livre circulação dos trabalhadores deve ficar assegurada na Comunidade.

2. A livre circulação dos trabalhadores implica a abolição de toda e qualquer discriminação em razão da nacionalidade, entre os trabalhadores dos Estados-Membros, no que diz respeito ao emprego, à remuneração e demais condições de trabalho.

3. A livre circulação dos trabalhadores compreende, sem prejuízo das limitações justificadas por razões de ordem pública, segurança pública e saúde pública, o direito de:

a) Responder a ofertas de emprego efectivamente feitas;

b) Deslocar-se livremente, para o efeito, no território dos Estados-Membros;

Tratado de Roma (Comunidade Europeia) 73

c) Residir num dos Estados-Membros a fim de nele exercer uma actividade laboral, em conformidade com as disposições legislativas, regulamentares e administrativas que regem o emprego dos trabalhadores nacionais;

d) Permanecer no território de um Estado-Membro depois de nele ter exercido uma actividade laboral, nas condições que serão objecto de regulamentos de execução a estabelecer pela Comissão.

4. O disposto no presente artigo não é aplicável aos empregos na administração pública.

Artigo 40.º

O Conselho, deliberando de acordo com o procedimento previsto no artigo 251.º e após consulta do Comité Económico e Social, tomará, por meio de directivas ou de regulamentos, as medidas necessárias à realização da livre circulação dos trabalhadores, tal como se encontra definida no artigo 39.º, designadamente:

a) Assegurando uma colaboração estreita entre os serviços nacionais de emprego;

b) Eliminando tanto os procedimentos e práticas administrativas como os prazos de acesso aos empregos disponíveis decorrentes quer da legislação nacional quer de acordos anteriormente concluídos entre os Estados-Membros cuja manutenção constitua obstáculo à liberalização dos movimentos dos trabalhadores;

c) Eliminando todos os prazos e outras restrições previstas quer na legislação nacional quer em acordos anteriores concluídos entre os Estados-Membros que imponham aos trabalhadores dos outros Estados-Membros condições diferentes das que se aplicam aos trabalhadores nacionais quanto à livre escolha de um emprego;

d) Criando mecanismos adequados a pôr em contacto as ofertas e pedidos de emprego e a facilitar o seu equilíbrio em condições tais que excluam riscos graves para o nível de vida e de emprego nas diversas regiões e indústrias.

Artigo 41.º

Os Estados-Membros devem fomentar, no âmbito de um programa comum, o intercâmbio de jovens trabalhadores.

74 *Tratado de Roma (Comunidade Europeia)*

Artigo 42.º

O Conselho, deliberando nos termos do artigo 251.º, tomará, no domínio da segurança social, as medidas necessárias ao estabelecimento da livre circulação dos trabalhadores, instituindo, designadamente, um sistema que assegure aos trabalhadores migrantes e às pessoas que deles dependam:

a) A totalização de todos os períodos tomados em consideração pelas diversas legislações nacionais, tanto para fins de aquisição e manutenção do direito às prestações, como para o cálculo destas;

b) O pagamento das prestações aos residentes nos territórios dos Estados-Membros.

O Conselho delibera por unanimidade em todo o processo previsto no artigo 251º.

CAPÍTULO II
O direito de estabelecimento

Artigo 43.º

No âmbito das disposições seguintes, são proibidas as restrições à liberdade de estabelecimento dos nacionais de um Estado-Membro no território de outro Estado-Membro. Esta proibição abrangerá igualmente as restrições à constituição de agências, sucursais ou filiais pelos nacionais de um Estado-Membro estabelecidos no território de outro Estado-Membro.

A liberdade de estabelecimento compreende tanto o acesso às actividades não assalariadas e o seu exercício como a constituição e a gestão de empresas e, designadamente, de sociedades, na acepção do segundo parágrafo do artigo 48.º, nas condições definidas na legislação do país de estabelecimento para os seus próprios nacionais, sem prejuízo do disposto no capítulo relativo aos capitais.

Artigo 44.º

1. Para realizar a liberdade de estabelecimento numa determinada actividade, o Conselho, deliberando de acordo com o procedi-

mento previsto no artigo 251.º e após consulta do Comité Económico e Social, adoptará directivas.

2. O Conselho e a Comissão exercerão as funções que lhes são confiadas nos termos das disposições anteriores, designadamente:

a) Dando prioridade, em geral, às actividades em que a liberdade de estabelecimento constitua uma contribuição particularmente util para o desenvolvimento da produção e das trocas comerciais;

b) Assegurando uma colaboração estreita entre os serviços nacionais competentes tendo em vista conhecer as situações especiais, na Comunidade, das diversas actividades em causa;

c) Eliminando os procedimentos e práticas administrativas decorrentes quer da legislação nacional quer de acordos anteriormente concluídos entre os Estados-Membros cuja manutenção constitua obstáculo à liberdade de estabelecimento;

d) Velando por que os trabalhadores assalariados de um dos Estados-Membros, empregados no território de outro Estado-Membro, possam permanecer nesse território, para nele exercerem uma actividade não assalariada, desde que satisfaçam as condições que lhes seriam exigidas se chegassem a esse Estado no momento em que pretendem ter acesso a essa actividade;

e) Tornando possível a aquisição e exploração de propriedades fundiárias, situadas no território de um Estado-Membro, por um nacional de outro Estado-Membro, na medida em que não sejam lesados os princípios estabelecidos no n.º 2 do artigo 33.º;

f) Aplicando a supressão gradual das restrições à liberdade de estabelecimento em todos os ramos de actividade considerados, por um lado, quanto às condições de constituição de agências, sucursais ou filiais no território de um Estado-Membro e, por outro, quanto às condições que regulam a admissão de pessoal do estabelecimento principal nos órgãos de gestão ou de fiscalização daquelas;

g) Coordenando as garantias que, para protecção dos interesses dos sócios e de terceiros, são exigidas nos Estados-Membros às sociedades, na acepção do segundo parágrafo do artigo 48.º, na medida em que tal seja necessário, e a fim de tornar equivalentes essas garantias;

h) Certificando-se de que as condições de estabelecimento não sejam falseadas pelos auxílios concedidos pelos Estados--Membros.

Artigo 45.º

As disposições do presente capítulo não são aplicáveis às actividades que, num Estado-Membro, estejam ligadas, mesmo ocasionalmente, ao exercício da autoridade pública.

O Conselho, deliberando por maioria qualificada, sob proposta da Comissão, pode determinar que as disposições do presente capítulo não são aplicáveis a certas actividades.

Artigo 46.º

1. As disposições do presente capítulo e as medidas tomadas em sua execução não prejudicam a aplicabilidade das disposições legislativas, regulamentares e administrativas que prevejam um regime especial para os estrangeiros e sejam justificadas por razões de ordem pública, segurança pública e saúde pública.

2. O Conselho, deliberando nos termos do artigo 251.º, adoptará directivas para a coordenação das citadas disposições.

Artigo 47.º

1. A fim de facilitar o acesso às actividades não assalariadas e ao seu exercício, o Conselho, deliberando de acordo com o procedimento previsto no artigo 251.º, adoptará directivas que visem o reconhecimento mútuo de diplomas, certificados e outros títulos.

2. Para o mesmo fim, o Conselho adoptará, nos termos do artigo 251.º, directivas que visem coordenar as disposições legislativas, regulamentares e administrativas dos Estados-Membros respeitantes ao acesso às actividades não assalariadas e ao seu exercício. O Conselho, deliberando por unanimidade em todo o processo previsto no artigo 251.º decidirá sobre as directivas cuja execução implique, num Estado-Membro pelo menos, uma alteração dos princípios legislativos existentes do regime das profissões, no que respeita à formação e às condições de acesso de pessoas singulares. Nos outros casos, o Conselho delibera por maioria qualificada.

3. No que diz respeito às profissões médicas, paramédicas e farmacêuticas, a eliminação progressiva das restrições dependerá da coordenação das respectivas condições de exercício nos diversos Estados-Membros.

Artigo 48.º

As sociedades constituídas em conformidade com a legislação de um Estado-Membro e que tenham a sua sede social, administração central ou estabelecimento principal na Comunidade são, para efeitos do disposto no presente capítulo, equiparadas às pessoas singulares, nacionais dos Estados-Membros.

Por "sociedade" entendem-se as sociedades de direito civil ou comercial, incluindo as sociedades cooperativas, e as outras pessoas colectivas de direito público ou privado, com excepção das que não prossigam fins lucrativos.

CAPÍTULO III
Os serviços

Artigo 49.º

No âmbito das disposições seguintes, as restrições à livre prestação de serviços na Comunidade serão proibidas em relação aos nacionais dos Estados-Membros estabelecidos num Estado da Comunidade que não seja o do destinatário da prestação.

O Conselho, deliberando por maioria qualificada, sob proposta da Comissão, pode determinar que as disposições do presente capítulo são extensivas aos prestadores de serviços, nacionais de um Estado terceiro e estabelecidos na Comunidade.

Artigo 50.º

Para efeitos do disposto no presente Tratado, consideram-se "serviços" as prestações realizadas normalmente mediante remuneração, na medida em que não sejam reguladas pelas disposições relativas à livre circulação de mercadorias, de capitais e de pessoas.

Os serviços compreendem, designadamente:

a) Actividades de natureza industrial;

b) Actividades de natureza comercial;

c) Actividades artesanais;

d) Actividades das profissões liberais.

Sem prejuízo do disposto no capítulo relativo ao direito de estabelecimento, o prestador de serviços pode, para a execução da prestação, exercer, a título temporário, a sua actividade no Estado onde a prestação é realizada, nas mesmas condições que esse Estado impõe aos seus próprios nacionais.

Artigo 51.°

1. A livre prestação de serviços em matéria de transportes é regulada pelas disposições constantes do título relativo aos transportes.
2. A liberalização dos serviços bancários e de seguros ligados a movimentos de capitais deve efectuar-se de harmonia com a liberalização da circulação dos capitais.

Artigo 52.°

1. Para realizar a liberalização de um determinado serviço, o Conselho, sob proposta da Comissão, e após consulta do Comité Económico e Social e do Parlamento Europeu, adoptará directivas, por maioria qualificada.
2. As directivas a que se refere o n.° 1 contemplarão, em geral, prioritariamente os serviços que influem de modo directo nos custos de produção ou cuja liberalização contribua para fomentar as trocas comerciais de mercadorias.

Artigo 53.°

Os Estados-Membros declaram-se dispostos a proceder à liberalização dos serviços para além do que é exigido por força das directivas adoptadas em execução do n.° 1 do artigo 52.°, caso a sua situação económica geral e a situação do sector em causa lho permitirem.

Para o efeito, a Comissão dirigirá recomendações aos Estados--Membros em causa.

Artigo 54.°

Enquanto não forem suprimidas as restrições à livre prestação de serviços, cada Estado-Membro aplicá-las-á, sem qualquer distinção em razão da nacionalidade ou da residência, a todos os prestadores de serviços referidos no primeiro parágrafo do artigo 49.º.

Artigo 55.º

As disposições dos artigos 45.º a 48.º são aplicáveis à matéria regulada no presente capítulo.

CAPÍTULO IV
Os capitais e os pagamentos

Artigo 56.º

1. No âmbito das disposições do presente capítulo, são proibidas todas as restrições aos movimentos de capitais entre Estados-Membros e entre Estados-Membros e países terceiros.

2. No âmbito das disposições do presente capítulo, são proibidas todas as restrições aos pagamentos entre Estados-Membros e entre Estados-Membros e países terceiros.

Artigo 57.º

1. O disposto no artigo 56.º não prejudica a aplicação a países terceiros de quaisquer restrições em vigor em 31 de Dezembro de 1993 ao abrigo de legislação nacional ou comunitária adoptada em relação à circulação de capitais provenientes ou com destino a países terceiros que envolva investimento directo, incluindo o investimento imobiliário, estabelecimento, prestação de serviços financeiros ou admissão de valores mobiliários em mercados de capitais.

Em relação às restrições em vigor ao abrigo da legislação nacional na Estónia e na Hungria, a data aplicável é a de 31 de Dezembro de 1999[1].

2. Ao mesmo tempo que se esforça por alcançar, em toda a medida do possível, o objectivo da livre circulação de capitais entre Estados--Membros e países terceiros, e sem prejuízo dos restantes capítulos do

---

[1] Redacção dada pelo artigo 18.º do Acto de Adesão de 16 de Abril de 2003.

80 *Tratado de Roma (Comunidade Europeia)*

presente Tratado, o Conselho, deliberando por maioria qualificada, sob proposta da Comissão, pode adoptar medidas relativas à circulação de capitais provenientes ou com destino a países terceiros que envolva investimento directo, incluindo o investimento imobiliário, estabelecimento, prestação de serviços financeiros ou admissão de valores mobiliários em mercados de capitais. É exigida unanimidade relativamente às medidas a adoptar ao abrigo do presente número que constituam um retrocesso da legislação comunitária em relação à liberalização dos movimentos de capitais provenientes ou com destino a países terceiros.

Artigo 58.º

1. O disposto no artigo 56.º não prejudica o direito de os Estados-
-Membros:

a) Aplicarem as disposições pertinentes do seu direito fiscal que estabeleçam uma distinção entre contribuintes que não se encontrem em idêntica situação no que se refere ao seu lugar de residência ou ao lugar em que o seu capital é investido;

b) Tomarem todas as medidas indispensáveis para impedir infracções às suas leis e regulamentos, nomeadamente em matéria fiscal e de supervisão prudencial das instituições financeiras, prever processos de declaração dos movimentos de capitais para efeitos de informação administrativa ou estatística, ou tomarem medidas justificadas por razões de ordem pública ou de segurança pública.

2. O disposto no presente capítulo não prejudica a possibilidade de aplicação de restrições ao direito de estabelecimento que sejam compatíveis com o presente Tratado.

3. As medidas e procedimentos a que se referem os n.ᵒˢ 1 e 2 não devem constituir um meio de discriminação arbitrária, nem uma restrição dissimulada à livre circulação de capitais e pagamentos, tal como definida no artigo 56.º.

Artigo 59.º

Sempre que, em circunstâncias excepcionais, os movimentos de capitais provenientes ou com destino a países terceiros causem ou ameacem causar graves dificuldades ao funcionamento da União Económica e Monetária, o Conselho, deliberando por maioria qualificada,

Tratado de Roma (Comunidade Europeia) 81

sob proposta da Comissão e após consulta do BCE, pode tomar medidas de salvaguarda em relação a países terceiros, por um período não superior a seis meses, se essas medidas forem estritamente necessárias.

Artigo 60.º

1. Se, no caso previsto no artigo 301.º, for considerada necessária uma acção da Comunidade, o Conselho, de acordo com o procedimento previsto no artigo 301.º, pode tomar, relativamente aos países terceiros em causa, as medidas urgentes necessárias em matéria de movimentos de capitais e de pagamentos.

2. Sem prejuízo do disposto no artigo 297.º, e enquanto o Conselho não tiver tomado medidas ao abrigo do n.º 1, um Estado-Membro pode, por razões políticas graves e por motivos de urgência, tomar medidas unilaterais contra um país terceiro relativamente aos movimentos de capitais e aos pagamentos. A Comissão e os outros Estados-Membros serão informados dessas medidas, o mais tardar na data da sua entrada em vigor.

O Conselho, deliberando por maioria qualificada, sob proposta da Comissão, pode decidir que o Estado-Membro em causa deve alterar ou revogar essas medidas. O Presidente do Conselho informará o Parlamento Europeu das decisões tomadas pelo Conselho.

TÍTULO IV [1]
Vistos, asilo, imigração
e outras políticas relativas à livre circulação de pessoas

Artigo 61.º

A fim de criar progressivamente um espaço de liberdade, de segurança e de justiça, o Conselho adoptará:

a) No prazo de cinco anos a contar da data de entrada em vigor do Tratado de Amesterdão, medidas destinadas a assegurar a livre

---

[1] Era o título III-A (introduzido pelo Tratado de Amesterdão).

circulação de pessoas nos termos do artigo 14.°, em conjugação com medidas de acompanhamento, com ela directamente relacionadas, em matéria de controlos na fronteira externa, asilo e imigração, nos termos do disposto nos pontos 2 e 3 do artigo 62.°, nos n.ᵒˢ 1, alínea a), e 2, alínea a), do artigo 63.°, bem como medidas destinadas a prevenir e combater a criminalidade, nos termos da alínea e) do artigo 31.° do Tratado da União Europeia;

b) Outras medidas em matéria de asilo, imigração e protecção dos direitos de nacionais de países terceiros, nos termos do artigo 63.°;

c) Medidas no domínio da cooperação judiciária em matéria civil, previstas no artigo 65.°;

d) Medidas destinadas a incentivar e reforçar a cooperação administrativa a que se refere o artigo 66.°;

e) Medidas no domínio da cooperação policial e judiciária em matéria penal, destinadas a assegurar um elevado nível de segurança através da prevenção e combate da criminalidade na União, nos termos do Tratado da União Europeia.

Artigo 62.°

O Conselho, deliberando nos termos do artigo 67.°, adoptará, no prazo de cinco anos a contar da data de entrada em vigor do Tratado de Amesterdão:

1. Medidas destinadas a assegurar, de acordo com o artigo 14.°, a ausência de controlos de pessoas, quer se trate de cidadãos da União, quer de nacionais de países terceiros, na passagem das fronteiras internas.

2. Medidas relativas à passagem das fronteiras externas dos Estados-Membros, que conterão:

a) As normas e processos a seguir pelos Estados-Membros para a realização dos controlos de pessoas nessas fronteiras;

b) Regras em matéria de vistos para as estadias previstas por um período máximo de três meses, nomeadamente:

    i) A lista dos países terceiros cujos nacionais devem ser detentores de visto na passagem das fronteiras externas e daqueles cujos nacionais estão isentos dessa obrigação;

    ii) Os processos e condições de emissão de vistos pelos Estados-Membros;

    iii) Um modelo-tipo de visto;

    iv) Regras em matéria de visto uniforme.

Tratado de Roma (Comunidade Europeia)

3. Medidas que estabeleçam as condições da livre circulação de nacionais de países terceiros no território dos Estados-Membros durante um período não superior a três meses.

Artigo 63.°

O Conselho, deliberando nos termos do artigo 67.°, adoptará, no prazo de cinco anos a contar da data de entrada em vigor do Tratado de Amesterdão:

1. Medidas em matéria de asilo concordantes com a Convenção de Genebra, de 28 de Julho de 1951, e o Protocolo, de 31 de Janeiro de 1967, relativos ao estatuto dos refugiados, bem como com os demais tratados pertinentes, nos seguintes domínios:

a) Critérios e mecanismos para a determinação do Estado--Membro responsável pela análise de um pedido de asilo apresentado num dos Estados-Membros por um nacional de um país terceiro;

b) Normas mínimas em matéria de acolhimento dos requerentes de asilo nos Estados-Membros;

c) Normas mínimas em matéria de condições a preencher pelos nacionais de países terceiros que pretendam aceder ao estatuto de refugiado;

d) Normas mínimas em matéria de concessão ou retirada do estatuto de refugiado nos Estados-Membros;

2. Medidas relativas aos refugiados e às pessoas deslocadas, nos seguintes domínios:

a) Normas mínimas em matéria de concessão de protecção temporária a pessoas deslocadas de países terceiros que não possam regressar ao seu país de origem, bem como a pessoas que, por outros motivos, necessitem de protecção internacional;

b) Medidas tendentes a assegurar uma repartição equilibrada do esforço assumido pelos Estados-Membros ao acolherem refugiados e pessoas deslocadas e suportarem as consequências decorrentes desse acolhimento.

3. Medidas relativas à política de imigração, nos seguintes domínios:

a) Condições de entrada e de residência, bem como normas relativas aos processos de emissão de vistos de longa duração e auto-rizações de residência permanente, pelos Estados-Membros, nomeada-mente para efeitos de reagrupamento familiar;

84   *Tratado de Roma (Comunidade Europeia)*

b) Imigração clandestina e residência ilegal, incluindo o repatriamento de residentes em situação ilegal.

4. Medidas que definam os direitos e condições em que os nacionais de países terceiros que residam legalmente num Estado-Membro podem residir noutros Estados-Membros.

As medidas adoptadas pelo Conselho em aplicação dos n.ºs 3 e 4 não impedirão os Estados-Membros de manter ou introduzir, nos domínios em causa, disposições nacionais que sejam compatíveis com o presente Tratado e com os acordos internacionais.

O prazo de cinco anos acima previsto não é aplicável às medidas a adoptar nos termos da alínea b) do n.º 2, da alínea a) do n.º 3 e do n.º 4.

Artigo 64.º

1. O disposto no presente Título não prejudica o exercício das responsabilidades que incumbem aos Estados-Membros em matéria de manutenção da ordem pública e de garantia da segurança interna.

2. No caso de um ou mais Estados-Membros serem confrontados com uma situação de emergência caracterizada por um súbito afluxo de nacionais de países terceiros, e sem prejuízo do disposto no n.º 1, o Conselho, deliberando por maioria qualificada, sob proposta da Comissão, pode adoptar medidas provisórias, de duração não superior a seis meses, a favor desses Estados-Membros.

Artigo 65.º

As medidas no domínio da cooperação judiciária em matéria civil que tenham uma incidência transfronteiriça, a adoptar nos termos do artigo 67.º e na medida do necessário ao bom funcionamento do mercado interno, terão por objectivo, nomeadamente:

a) Melhorar e simplificar:

– o sistema de citação e de notificação transfronteiriça dos actos judiciais e extrajudiciais,

– a cooperação em matéria de obtenção de meios de prova;

– o reconhecimento e a execução das decisões em matéria civil e comercial, incluindo as decisões extrajudiciais;

b) Promover a compatibilidade das normas aplicáveis nos Estados-Membros em matéria de conflitos de leis e de jurisdição;

Tratado de Roma (Comunidade Europeia) 85

c) Eliminar os obstáculos à boa tramitação das acções cíveis, promovendo, se necessário, a compatibilidade das normas de processo civil aplicáveis nos Estados-Membros.

Artigo 66.°

O Conselho, deliberando nos termos do artigo 67.°, adoptará medidas destinadas a assegurar uma cooperação entre os serviços competentes das Administrações dos Estados-Membros nos domínios abrangidos pelo presente Título, bem como entre esses serviços e a Comissão.

Artigo 67.°

1. Durante um período transitório de cinco anos a contar da data de entrada em vigor do Tratado de Amesterdão, o Conselho delibera por unanimidade, sob proposta da Comissão ou por iniciativa de um Estado-Membro e após consulta ao Parlamento Europeu.

2. Findo esse período de cinco anos:
– o Conselho delibera sob proposta da Comissão; a Comissão deve instruir qualquer pedido formulado por um Estado-Membro, destinado a constituir uma proposta ao Conselho;
– o Conselho, deliberando por unanimidade, após consulta ao Parlamento Europeu, toma uma decisão destinada a tornar aplicável o processo previsto no artigo 251.° à totalidade ou a parte dos domínios abrangidos pelo presente Título e a adaptar as disposições relativas à competência do Tribunal de Justiça.

3. Em derrogação dos n.ᵒˢ 1 e 2, a partir da data de entrada em vigor do Tratado de Amesterdão, as medidas previstas no n.° 2, subalíneas i) e iii) da alínea b), do artigo 62.° serão adoptadas pelo Conselho, deliberando por maioria qualificada, sob proposta da Comissão e após consulta ao Parlamento Europeu,

4. Findo um período de cinco anos a contar da data de entrada em vigor do Tratado de Amesterdão, as medidas previstas no n.° 2, subalíneas ii) e iv) da alínea b), do artigo 62.° serão adoptadas pelo Conselho nos termos do artigo 251.°.

5. *Em derrogação do n.° 1, o Conselho adopta nos termos do artigo 251.°:*

86   *Tratado de Roma (Comunidade Europeia)*

– as medidas previstas no ponto 1) e no ponto 2), alínea a), do artigo 63.°, desde que tenha aprovado previamente, nos termos do n.° 1 do presente artigo, legislação comunitária que defina as normas comuns e os princípios essenciais que passarão a reger essas matérias;
– as medidas previstas no artigo 65.°, com exclusão dos aspectos referentes ao direito da família.[1]

Artigo 68.°

1. O artigo 234.° é aplicável ao presente Título, nas circunstâncias e condições a seguir enunciadas: sempre que uma questão sobre a interpretação do presente Título ou sobre a validade ou interpretação dos actos adoptados pelas instituições da Comunidade com base no presente Título seja suscitada em processo pendente perante um órgão jurisdicional nacional cujas decisões não sejam susceptíveis de recurso judicial previsto no direito interno, esse órgão, se considerar que uma decisão sobre essa questão é necessária ao julgamento da causa, deve pedir ao Tribunal de Justiça que sobre ela se pronuncie.

2. O Tribunal de Justiça não tem competência, em caso algum, para se pronunciar sobre medidas ou decisões tomadas em aplicação do n.° 1 do artigo 62.° relativas à manutenção da ordem pública e à garantia da segurança interna.

3. O Conselho, a Comissão ou um Estado-Membro podem solicitar ao Tribunal de Justiça que se pronuncie sobre uma questão de interpretação do presente Título ou de actos adoptados pelas Instituições da Comunidade com base nele. A decisão proferida pelo Tribunal de Justiça em resposta a esse pedido não é aplicável às decisões dos órgãos jurisdicionais dos Estados-Membros que constituam caso julgado.

Artigo 69.°

O presente Título é aplicável sob reserva do disposto no Protocolo relativo à posição do Reino Unido e da Irlanda e no Protocolo

---

[1] N.° 5 aditado pelo Tratado de Nice.

relativo à posição da Dinamarca e sem prejuízo do Protocolo relativo à aplicação de certos aspectos do artigo 14.º do Tratado que institui a Comunidade Europeia ao Reino Unido e à Irlanda.

TÍTULO V
Os transportes

Artigo 70.º

No que diz respeito à matéria regulada no presente título, os Estados-Membros prosseguirão os objectivos do Tratado no âmbito de uma política comum dos transportes.

Artigo 71.º

1. Para efeitos de aplicação do artigo 70.º, e tendo em conta os aspectos específicos dos transportes, o Conselho, deliberando nos termos do artigo 251.º e após consulta ao Comité Económico e Social e ao Comité das Regiões, estabelece:

a) Regras comuns aplicáveis aos transportes internacionais efectuados a partir de ou com destino ao território de um Estado-Membro, ou que atravessem o território de um ou mais Estados-Membros;

b) As condições em que os transportadores não residentes podem efectuar serviços de transporte num Estado-Membro;

c) Medidas que permitam aumentar a segurança dos transportes;

d) Quaisquer outras disposições adequadas.

2. Em derrogação do procedimento previsto no n.º 1, as disposições que incidam sobre os princípios do regime dos transportes e cuja aplicação seja susceptível de afectar gravemente o nível de vida e o emprego em certas regiões, bem como a exploração dos equipamentos de transporte, tendo em conta a necessidade de adaptação ao desenvolvimento económico que vier a resultar do estabelecimento do mercado comum, serão adoptadas pelo Conselho, deliberando por unanimidade, sob proposta da Comissão e após consulta do Parlamento Europeu e do Comité Económico e Social.

Artigo 72.°

Enquanto não forem adoptadas as disposições referidas no n.° 1 do artigo 71.°, e salvo acordo unânime do Conselho, nenhum dos Estados-Membros pode alterar as diversas disposições que regulem a matéria em 1 de Janeiro de 1958 ou, quanto aos Estados que aderem à Comunidade, à data da respectiva adesão, de tal modo que elas, nos seus efeitos directos ou indirectos, se tornem, para os transportadores dos restantes Estados-Membros, menos favoráveis do que para os transportadores nacionais desse Estado.

Artigo 73.°

São compatíveis com o presente Tratado os auxílios que vão ao encontro das necessidades de coordenação dos transportes ou correspondam ao reembolso de certas prestações inerentes à noção de serviço público.

Artigo 74.°

Qualquer medida relativa aos preços e condições de transporte, tomada no âmbito do presente Tratado, deve ter em consideração a situação económica dos transportadores.

Artigo 75.°

1. Devem ser suprimidas, no tráfego interno da Comunidade, as discriminações que consistam na aplicação, por parte de um transportador, a idênticas mercadorias e nas mesmas relações de tráfego, de preços e condições de transporte diferentes, em razão do país de origem ou de destino dos produtos transportados.

2. O disposto no n.° 1 não exclui que o Conselho possa tomar outras medidas em execução do n.° 1 do artigo 71.°.

3. O Conselho, deliberando por maioria qualificada, sob proposta da Comissão, e após consulta do Comité Económico e Social, adoptará regulamentação para a execução do disposto no n.° 1.

O Conselho pode, designadamente, tomar as medidas necessárias que permitam às instituições da Comunidade velar pelo cumprimento

Tratado de Roma (Comunidade Europeia) 89

do disposto no n.º 1 e assegurem que os utentes disso tirem pleno benefício.

4. A Comissão, por iniciativa própria ou a pedido de qualquer Estado-Membro, examinará os casos de discriminação previstos no n.º 1 e, após consulta de todos os Estados-Membros interessados, tomará as decisões necessárias, no âmbito da regulamentação adoptada nos termos do n.º 3.

Artigo 76.º

1. Fica proibido a qualquer Estado-Membro, salvo autorização da Comissão, impor aos transportes efectuados na Comunidade preços e condições que impliquem qualquer elemento de apoio ou protecção em benefício de uma ou mais empresas ou indústrias determinadas.

2. A Comissão, por iniciativa própria ou a pedido de qualquer Estado-Membro, analisará os preços e condições referidos no n.º 1, tomando, designadamente, em consideração, por um lado, as exigências de uma política económica regional adequada, as necessidades das regiões subdesenvolvidas e os problemas das regiões gravemente afectadas por circunstâncias políticas e, por outro, os efeitos destes preços e condições na concorrência entre os diferentes modos de transporte.

Após consulta de todos os Estados-Membros interessados, a Comissão tomará as decisões necessárias.

3. A proibição prevista no n.º 1 não é aplicável às tarifas de concorrência.

Artigo 77.º

Os encargos ou taxas que, para além dos preços de transporte, forem cobrados por um transportador na passagem das fronteiras não devem ultrapassar um nível razoável, tendo em conta os custos reais efectivamente ocasionados por essa passagem.

Os Estados-Membros esforçar-se-ão por reduzir progressivamente esses custos.

A Comissão pode dirigir recomendações aos Estados-Membros, tendo em vista a aplicação do presente artigo.

Artigo 78.º

As disposições do presente título não prejudicam as medidas tomadas na República Federal da Alemanha, desde que sejam necessárias para compensar as desvantagens económicas que a divisão da Alemanha causa na economia de certas regiões da República Federal afectadas por essa divisão.

Artigo 79.º

Um comité consultivo, composto por peritos designados pelos governos dos Estados-Membros, será instituído junto da Comissão. A Comissão consultá-lo-á em matéria de transportes, sempre que o considere oportuno, sem prejuízo das atribuições do Comité Económico e Social.

Artigo 80.º

1. As disposições do presente título são aplicáveis aos transportes por caminho de ferro, por estrada e por via navegável.

2. O Conselho, deliberando por maioria qualificada, pode decidir se, em que medida e por que processo podem ser adoptadas, para os transportes marítimos e aéreos, disposições adequadas.

São aplicáveis as disposições processuais do artigo 71.º.

TÍTULO VI
As regras comuns relativas à concorrência, à fiscalidade e à aproximação das legislações

CAPÍTULO I
As regras de concorrência

SECÇÃO I
As regras aplicáveis às empresas

Artigo 81.º

1. São incompatíveis com o mercado comum e proibidos todos os acordos entre empresas, todas as decisões de associações de empresas e todas as práticas concertadas que sejam susceptíveis de afectar o comércio entre os Estados-Membros e que tenham por objectivo ou efeito impedir, restringir ou falsear a concorrência no mercado comum, designadamente as que consistam em:

a) Fixar, de forma directa ou indirecta, os preços de compra ou de venda ou quaisquer outras condições de transacção;

b) Limitar ou controlar a produção, a distribuição, o desenvolvimento técnico ou os investimentos;

c) Repartir os mercados ou as fontes de abastecimento;

d) Aplicar, relativamente a parceiros comerciais, condições desiguais no caso de prestações equivalentes, colocando-os, por esse facto, em desvantagem na concorrência;

e) Subordinar a celebração de contratos à aceitação, por parte dos outros contraentes, de prestações suplementares que, pela sua natureza ou de acordo com os usos comerciais, não têm ligação com o objecto desses contratos.

2. São nulos os acordos ou decisões proibidos pelo presente artigo.

3. As disposições do n.º 1 podem, todavia, ser declaradas inaplicáveis:

– a qualquer acordo ou categoria de acordos, entre empresas;

92   *Tratado de Roma (Comunidade Europeia)*

– a qualquer decisão ou categoria de decisões, de associações de empresas; e

– a qualquer prática concertada ou categoria de práticas concertadas,

que contribuam para melhorar a produção ou a distribuição dos produtos ou para promover o progresso técnico ou económico, contanto que aos utilizadores se reserve uma parte equitativa do lucro daí resultante, e que:

a) Não imponham às empresas em causa quaisquer restrições que não sejam indispensáveis à consecução desses objectivos;

b) Nem dêem a essas empresas a possibilidade de eliminar a concorrência relativamente a uma parte substancial dos produtos em causa.

Artigo 82.º

É incompatível com o mercado comum e proibido, na medida em que tal seja susceptível de afectar o comércio entre os Estados-Membros, o facto de uma ou mais empresas explorarem de forma abusiva uma posição dominante no mercado comum ou numa parte substancial deste.

Estas práticas abusivas podem, nomeadamente, consistir em:

a) Impor, de forma directa ou indirecta, preços de compra ou de venda ou outras condições de transacção não equitativas;

b) Limitar a produção, a distribuição ou o desenvolvimento técnico em prejuízo dos consumidores;

c) Aplicar, relativamente a parceiros comerciais, condições desiguais no caso de prestações equivalentes, colocando-os, por esse facto, em desvantagem na concorrência;

d) Subordinar a celebração de contratos à aceitação, por parte dos outros contraentes, de prestações suplementares que, pela sua natureza ou de acordo com os usos comerciais, não têm ligação com o objecto desses contratos.

Artigo 83.º

1. Os regulamentos ou directivas necessários à aplicação dos princípios constantes dos artigos 81.º e 82.º serão estabelecidos pelo

Tratado de Roma (Comunidade Europeia) 93

Conselho, deliberando por maioria qualificada sob proposta da Comissão, após consulta do Parlamento Europeu.

2. Os regulamentos e as directivas referidas no n.º 1 têm por finalidade, designadamente:

a) Garantir o respeito das proibições referidas no n.º 1 do artigo 81.º e no artigo 82.º, pela cominação de multas e adstrições;

b) Determinar as modalidades de aplicação do n.º 3 do artigo 81.º, tendo em conta a necessidade, por um lado, de garantir uma fiscalização mais eficaz, e, por outro, de simplificar o mais possível o controle administrativo;

c) Definir, quando necessário, o âmbito de aplicação do disposto nos artigos 81.º e 82.º, relativamente aos diversos sectores económicos;

d) Definir as funções respectivas da Comissão e do Tribunal de Justiça quanto à aplicação do disposto no presente número;

e) Definir as relações entre as legislações nacionais e as disposições constantes da presente secção ou as adoptadas em execução do presente artigo.

Artigo 84.º

Até à data da entrada em vigor das disposições adoptadas em execução do artigo 83.º, as autoridades dos Estados-Membros decidirão sobre a admissibilidade dos acordos, decisões e práticas concertadas e sobre a exploração abusiva de uma posição dominante no mercado comum, em conformidade com o direito dos seus próprios países e com o disposto no artigo 81.º, designadamente no n.º 3, e no artigo 82.º.

Artigo 85.º

1. Sem prejuízo do disposto no artigo 84.º, a Comissão velará pela aplicação dos princípios enunciados nos artigos 81.º e 82.º. A pedido de um Estado-Membro, ou oficiosamente, e em cooperação com as autoridades competentes dos Estados-Membros, que lhes prestarão assistência, a Comissão instruirá os casos de presumível infracção a estes princípios. Se a Comissão verificar que houve infracção, proporá os meios adequados para se lhe pôr termo.

2. Se a infracção não tiver cessado, a Comissão declarará verificada essa infracção aos princípios, em decisão devidamente funda-

94 *Tratado de Roma (Comunidade Europeia)*

mentada. A Comissão pode publicar a sua decisão e autorizar os Estados-Membros a tomarem as medidas, de que fixará as condições e modalidades, necessárias para sanar a situação.

Artigo 86.°

1. No que respeita às empresas públicas e às empresas a que concedam direitos especiais ou exclusivos, os Estados-Membros não tomarão nem manterão qualquer medida contrária ao disposto no presente Tratado, designadamente ao disposto nos artigos 12.° [1] e 81.° a 89.°, inclusive.

2. As empresas encarregadas da gestão de serviços de interesse económico geral ou que tenham a natureza do monopólio fiscal ficam submetidas ao disposto no presente Tratado, designadamente às regras de concorrência, na medida em que a aplicação destas regras não onstitua obstáculo ao cumprimento, de direito ou de facto, da missão particular que lhes foi confiada. O desenvolvimento das trocas comerciais não deve ser afectado de maneira que contrarie os interesses da Comunidade.

3. A Comissão velará pela aplicação do disposto no presente artigo e dirigirá aos Estados-Membros, quando necessário, as directivas ou decisões adequadas.

SECÇÃO II
Os auxílios concedidos pelos Estados

Artigo 87.°

1. Salvo disposição em contrário do presente Tratado, são incompatíveis com o mercado comum, na medida em que afectem as trocas comerciais entre os Estados-Membros, os auxílios concedidos pelos

---

[1] Apesar de se manter, na redacção do Tratado de Amesterdão, a referência ao artigo 7.°, agora revogado – que aliás já era imprópria –, deve entender-se que a remissão é feita para o artigo 12.°. Em sentido concordante vai a versão compilada do Tratado (D.R., de 19.2.1999, pág. 933).

Estados ou provenientes de recursos estatais, independentemente da forma que assumam, que falseiem ou ameacem falsear a concorrência, favorecendo certas empresas ou certas produções.

2. São compatíveis com o mercado comum:

a) Os auxílios de natureza social atribuídos a consumidores individuais com a condição de serem concedidos sem qualquer discriminação relacionada com a origem dos produtos;

b) Os auxílios destinados a remediar os danos causados por calamidades naturais ou por outros acontecimentos extraordinários;

c) Os auxílios atribuídos à economia de certas regiões da República Federal da Alemanha afectadas pela divisão da Alemanha, desde que sejam necessários para compensar as desvantagens económicas causadas por esta divisão.

3. Podem ser considerados compatíveis com o mercado comum:

a) Os auxílios destinados a promover o desenvolvimento económico de regiões em que o nível de vida seja anormalmente baixo ou em que exista grave situação de subemprego;

b) Os auxílios destinados a fomentar a realização de um projecto importante de interesse europeu comum ou a sanar uma perturbação grave da economia de um Estado-Membro;

c) Os auxílios destinados a facilitar o desenvolvimento de certas actividades ou regiões económicas, quando não alterem as condições das trocas comerciais de maneira que contrariem o interesse comum;

d) Os auxílios destinados a promover a cultura e a conservação do património, quando não alterem as condições das trocas comerciais e da concorrência na Comunidade num sentido contrário ao interesse comum.

e) As outras categorias de auxílios determinadas por decisão do Conselho, deliberando por maioria qualificada, sob proposta da Comissão.

Artigo 88.º

1. A Comissão procederá, em cooperação com os Estados-Membros, ao exame permanente dos regimes de auxílios existentes nesses Estados. A Comissão proporá também aos Estados-Membros as medidas adequadas, que sejam exigidas pelo desenvolvimento progressivo ou pelo funcionamento do mercado comum.

2. Se a Comissão, depois de ter notificado os interessados para apresentarem as suas observações, verificar que um auxílio concedido por um Estado ou proveniente de recursos estatais não é compatível com o mercado comum nos termos do artigo 87.º ou que esse auxílio está a ser aplicado de forma abusiva, decidirá que o Estado em causa deve suprimir ou modificar esse auxílio no prazo que ela fixar.

Se o Estado em causa não der cumprimento a esta decisão no prazo fixado, a Comissão ou qualquer outro Estado interessado podem recorrer directamente ao Tribunal de Justiça, em derrogação do disposto nos artigos 226.º e 227.º.

A pedido de qualquer Estado-Membro, o Conselho, deliberando por unanimidade, pode decidir que um auxílio, instituído ou a instituir por esse Estado, deve considerar-se compatível com o mercado comum, em derrogação do disposto no artigo 87.º ou nos regulamentos previstos no artigo 89.º, se circunstâncias excepcionais justificarem tal decisão. Se, em relação a este auxílio, a Comissão tiver dado início ao procedimento previsto no primeiro parágrafo deste número, o pedido do Estado interessado dirigido ao Conselho terá por efeito suspender o referido procedimento até que o Conselho se pronuncie sobre a questão.

Todavia, se o Conselho não se pronunciar no prazo de três meses, a contar da data do pedido, a Comissão decidirá.

3. Para que possa apresentar as suas observações, deve a Comissão ser informada atempadamente dos projectos relativos à instituição ou alteração de quaisquer auxílios. Se a Comissão considerar que determinado projecto de auxílio não é compatível com o mercado comum nos termos do artigo 87.º, deve, sem demora, dar início ao procedimento previsto no número anterior. O Estado-Membro em causa não pode pôr em execução as medidas projectadas antes de tal procedimento haver sido objecto de uma decisão final.

Artigo 89.º

O Conselho, deliberando por maioria qualificada, sob proposta da Comissão, e após consulta do Parlamento Europeu, pode adoptar todos os regulamentos adequados à execução dos artigos 87.º e 88.º e fixar, designadamente, as condições de aplicação do n.º 3 do artigo 88.º e as categorias de auxílios que ficam dispensadas desse procedimento.

CAPÍTULO II
Disposições fiscais

Artigo 90.º

Nenhum Estado-Membro fará incidir, directa ou indirectamente, sobre os produtos dos outros Estados-Membros imposições internas, qualquer que seja a sua natureza, superiores às que incidam, directa ou indirectamente, sobre produtos nacionais similares.

Além disso, nenhum Estado-Membro fará incidir sobre os produtos dos outros Estados-Membros imposições internas de modo a proteger indirectamente outras produções.

Artigo 91.º

Os produtos exportados para o território de um dos Estados-Membros não podem beneficiar de qualquer reembolso de imposições internas superior às imposições que sobre eles tenham incidido, directa ou indirectamente.

Artigo 92.º

Relativamente às imposições que não sejam os impostos sobre o volume de negócios, sobre consumos específicos e outros impostos indirectos, só podem ser concedidas exonerações e reembolsos à exportação para outros Estados-Membros, ou lançados direitos de compensação às importações provenientes de Estados-Membros, desde que as medidas projectadas tenham sido previamente aprovadas pelo Conselho, deliberando por maioria qualificada, sob proposta da Comissão, para vigorarem por um período de tempo limitado.

Artigo 93.º

O Conselho, deliberando por unanimidade, sob proposta da Comissão, e após consulta do Parlamento Europeu e do Comité Econó-

98 *Tratado de Roma (Comunidade Europeia)*

mico e Social, adopta as disposições relacionadas com a harmonização das legislações relativas aos impostos sobre o volume de negócios, aos impostos especiais de consumo e a outros impostos indirectos, na medida em que essa harmonização seja necessária para assegurar o estabelecimento e o funcionamento do mercado interno no prazo previsto no artigo 14.º.

CAPÍTULO III
A aproximação das legislações

Artigo 94.º

O Conselho, deliberando por unanimidade, sob proposta da Comissão, e após consulta do Parlamento Europeu e do Comité Económico e Social, adopta directivas para a aproximação das disposições legislativas, regulamentares e administrativas dos Estados-Membros que tenham incidência directa no estabelecimento ou no funcionamento do mercado comum.

Artigo 95.º

1. Em derrogação do artigo 94.º e salvo disposição em contrário do presente Tratado, aplicam-se as disposições seguintes à realização dos objectivos enunciados no artigo 14.º. O Conselho, deliberando de acordo com o procedimento previsto no artigo 251.º, e após consulta do Comité Económico e Social, adopta as medidas relativas à aproximação das disposições legislativas, regulamentares e administrativas dos Estados-Membros, que tenham por objecto o estabelecimento e o funcionamento do mercado interno.

2. O n.º 1 não se aplica às disposições fiscais, às relativas à livre circulação das pessoas e às relativas aos direitos e interesses dos trabalhadores assalariados.

3. A Comissão, nas suas propostas previstas no n.º 1 em matéria de saúde, de segurança, de protecção do ambiente e de defesa dos consumidores, basear-se-á num nível de protecção elevado, tendo nomeadamente em conta qualquer nova evolução baseada em dados

científicos. No âmbito das respectivas competências, o Parlamento Europeu e o Conselho procurarão igualmente alcançar esse objectivo.

4. Se, após a adopção de uma medida de harmonização pelo Conselho ou pela Comissão, um Estado-Membro considerar necessário manter disposições nacionais justificadas por exigências importantes a que se refere o artigo 30.º ou relativas à protecção do meio de trabalho ou do ambiente, notificará a Comissão dessas medidas, bem como das razões que motivam a sua manutenção.

5. Além disso, sem prejuízo do disposto no n.º 4, se, após a adopção de uma medida de harmonização pelo Conselho ou pela Comissão, um Estado-Membro considerar necessário adoptar disposições nacionais baseadas em novas provas científicas relacionadas com a protecção do meio de trabalho ou do ambiente, ou motivadas por qualquer problema específico desse Estado-Membro, que tenha surgido após a adopção da referida medida de harmonização, notificará a Comissão das disposições previstas, bem como dos motivos da sua adopção.

6. No prazo de seis meses a contar da data das notificações a que se referem os n.ᵒˢ 4 e 5, a Comissão aprovará ou rejeitará as disposições nacionais em causa, depois de ter verificado que não constituem um meio de discriminação arbitrária ou uma restrição dissimulada ao comércio entre os Estados-Membros, nem um obstáculo ao funcionamento do mercado interno.

Na ausência de decisão da Comissão dentro do citado prazo, considera-se que as disposições nacionais a que se referem os n.ᵒˢ 4 e 5 foram aprovadas.

Se a complexidade da questão o justificar, e não existindo perigo para a saúde humana, a Comissão pode notificar o respectivo Estado-Membro de que o prazo previsto no presente número pode ser prorrogado por um novo período de seis meses, no máximo.

7. Se, em aplicação do n.º 6, um Estado-Membro for autorizado a manter ou adoptar disposições nacionais derrogatórias de uma medida de harmonização, a Comissão ponderará imediatamente se deve propor uma adaptação dessa medida.

8. Sempre que um Estado-Membro levante um problema específico em matéria de saúde pública num domínio que tenha sido previamente objecto de medidas de harmonização, informará do facto a Comissão, que ponderará imediatamente se deve propor ao Conselho medidas adequadas.

9. Em derrogação do disposto nos artigos 226.° e 227.°, a Comissão ou qualquer Estado-Membro pode recorrer directamente ao Tribunal de Justiça, se considerar que outro Estado-Membro utiliza de forma abusiva os poderes previstos no presente artigo.

10. As medidas de harmonização acima referidas compreenderão, nos casos adequados, uma cláusula de salvaguarda que autorize os Estados-Membros a tomarem, por uma ou mais razões não económicas previstas no artigo 30.°, medidas provisórias sujeitas a um processo comunitário de controlo.

Artigo 96.°

Se a Comissão verificar que a existência de uma disparidade entre as disposições legislativas, regulamentares ou administrativas dos Estados-Membros falseia as condições de concorrência no mercado comum, provocando assim uma distorção que deva ser eliminada, consultará os Estados-Membros em causa.

Se desta consulta não resultar um acordo que elimine a distorção em causa, o Conselho, sob proposta da Comissão, deliberando por maioria qualificada, adoptará as directivas necessárias para o efeito. A Comissão e o Conselho podem tomar quaisquer outras medidas adequadas previstas no presente Tratado.

Artigo 97.°

1. Quando houver motivo para recear que a adopção ou alteração de uma disposição legislativa, regulamentar ou administrativa possa provocar uma distorção, na acepção do artigo anterior, o Estado-Membro que pretenda tomar essa medida consultará a Comissão. Após ter consultado os Estados-Membros, a Comissão recomendará aos Estados interessados as medidas adequadas, tendentes a evitar a distorção em causa.

2. Se o Estado que pretende adoptar ou alterar disposições nacionais não proceder em conformidade com a recomendação que a Comissão lhe dirigiu, não se pode pedir aos outros Estados-Membros que, por força do artigo 96.°, alterem as suas disposições nacionais a fim de eliminarem tal distorção. Se o Estado-Membro que ignorou a recomendação da Comissão provocar uma distor-

ção em seu exclusivo detrimento, não é aplicável o disposto no artigo 96.º.

TÍTULO VII
A política económica e monetária

CAPÍTULO I
A política económica

Artigo 98.º

Os Estados-Membros conduzirão as suas políticas económicas no sentido de contribuir para a realização dos objectivos da Comunidade, tal como se encontram definidos no artigo 2.º, e no âmbito das orientações gerais a que se refere o n.º 2 do artigo 99.º. Os Estados-Membros e a Comunidade actuarão de acordo com o princípio de uma economia de mercado aberto e de livre concorrência, favorecendo uma repartição eficaz dos recursos, e em conformidade com os princípios estabelecidos no artigo 4.º.

Artigo 99.º

1. Os Estados-Membros consideram as suas políticas económicas uma questão de interesse comum e coordená-las-ão no Conselho, de acordo com o disposto no artigo 98.º.

2. O Conselho, deliberando por maioria qualificada, sob recomendação da Comissão, elaborará um projecto de orientações gerais das políticas económicas dos Estados-Membros e da Comunidade e apresentará um relatório ao Conselho Europeu com as suas conclusões.

O Conselho Europeu, deliberando com base no relatório do Conselho, discutirá uma conclusão sobre as orientações gerais das políticas económicas dos Estados-Membros e da Comunidade.

Com base nessa conclusão, o Conselho, deliberando por maioria qualificada, aprovará uma recomendação que estabeleça orientações

102 *Tratado de Roma (Comunidade Europeia)*

gerais. O Conselho informará o Parlamento Europeu da sua recomendação.

3. A fim de garantir uma coordenação mais estreita das políticas económicas e uma convergência sustentada dos comportamentos das economias dos Estados-Membros, o Conselho, com base em relatórios apresentados pela Comissão, acompanhará a evolução económica em cada Estado-Membro e na Comunidade e verificará a compatibilidade das políticas económicas com as orientações gerais a que se refere o n.° 2, procedendo regularmente a uma avaliação global da situação.

Para efeitos desta supervisão multilateral, os Estados-Membros enviarão informações à Comissão acerca das medidas importantes por eles tomadas no domínio das suas políticas económicas e quaisquer outras informações que considerem necessárias.

4. Sempre que se verificar, no âmbito do procedimento a que se refere o n.° 3, que as políticas económicas de determinado Estado-Membro não são compatíveis com as grandes orientações a que se refere o n.° 2 ou que são susceptíveis de comprometer o bom funcionamento da união económica e monetária, o Conselho, deliberando por maioria qualificada, sob recomendação da Comissão, pode dirigir as recomendações necessárias ao Estado-Membro em causa. O Conselho, deliberando por maioria qualificada, sob proposta da Comissão, pode decidir tornar públicas as suas recomendações.

O Presidente do Conselho e a Comissão apresentarão um relatório ao Parlamento Europeu sobre os resultados da supervisão multilateral. O Presidente do Conselho pode ser convidado a comparecer perante a competente comissão do Parlamento Europeu, se o Conselho tiver tornado públicas as suas recomendações.

5. O Conselho, deliberando de acordo com o procedimento previsto no artigo 252.°, pode aprovar as regras do procedimento de supervisão multilateral a que se referem os n.os 3 e 4 do presente artigo.

Artigo 100.° [1]

1. Sem prejuízo de quaisquer outros procedimentos previstos no presente Tratado, o Conselho, deliberando por maioria qualificada,

---

[1] Redacção dada pelo Tratado de Nice. A redacção anterior era a seguinte:
"1. Sem prejuízo de quaisquer outros procedimentos previstos no presente Tratado, o Conselho, deliberando por unanimidade, sob proposta da Comissão, pode

Tratado de Roma (Comunidade Europeia) 103

sob proposta da Comissão, pode decidir das medidas apropriadas à situação económica, nomeadamente em caso de dificuldades graves no aprovisionamento de certos produtos.

2. Sempre que um Estado-Membro se encontre em dificuldades ou sob grave ameaça de dificuldades devidas a calamidades naturais ou ocorrências excepcionais que não possacontrolar, o Conselho, deliberando por maioria qualificada, sob proposta da Comissão, pode, sob certas condições, conceder ajuda financeira comunitária ao Estado-Membro em questão. O Presidente do Conselho informará o Parlamento Europeu da decisão tomada.

Artigo 101.º

1. É proibida a concessão de créditos sob a forma de descobertos ou sob qualquer outra forma pelo BCE ou pelos bancos centrais nacionais dos Estados-Membros, adiante designados por "bancos centrais nacionais", em benefício de instituições ou organismos da Comunidade, governos centrais, autoridades regionais, locais, ou outras autoridades públicas, outros organismos do sector público ou empresas públicas dos Estados-Membros, bem como a compra directa de títulos de dívida a essas entidades, pelo BCE ou pelos bancos centrais nacionais.

2. As disposições do n.º 1 não se aplicam às instituições de crédito de capitais públicos às quais, no contexto da oferta de reservas pelos bancos centrais, será dado, pelos bancos centrais nacionais e pelo BCE, o mesmo tratamento que às instituições de crédito privadas.

---

decidir das medidas apropriadas à situação económica, em especial em caso de dificuldades graves no aprovisionamento de certos produtos.

2. Sempre que um Estado-Membro se encontre em dificuldade ou seriamente ameaçado de graves dificuldades devidas a ocorrências excepcionais que não possa controlar, o Conselho, deliberando por unanimidade, sob proposta da Comissão, pode, sob certas condições, conceder ajuda financeira comunitária ao Estado-Membro em questão. Caso essas graves dificuldades sejam devidas a calamidades naturais, o Conselho deliberará por maioria qualificada. O Presidente do Conselho informará o Parlamento Europeu da decisão tomada.

Artigo 102.°

1. São proibidas quaisquer medidas não baseadas em considerações de ordem prudencial que possibilitem o acesso privilegiado às instituições financeiras por parte das instituições ou organismos da Comunidade, dos governos centrais, das autoridades regionais ou locais, ou outras autoridades públicas, de outros organismos do sector público ou de empresas públicas dos Estados-Membros.

2. O Conselho, deliberando de acordo com o procedimento previsto no artigo 252.°, estabelecerá, até 1 de Janeiro de 1994, as definições para a aplicação da proibição a que se refere o n.° 1.

Artigo 103.°

1. Sem prejuízo das garantias financeiras mútuas para a execução conjunta de projectos específicos, a Comunidade não é responsável pelos compromissos dos governos centrais, das autoridades regionais ou locais, ou de outras autoridades públicas, dos outros organismos do sector público ou das empresas públicas de qualquer Estado-Membro, nem assumirá esses compromissos. Sem prejuízo das garantias financeiras mútuas para a execução conjunta de projectos específicos, os Estados-Membros não são responsáveis pelos compromissos dos governos centrais, das autoridades regionais ou locais, ou de outras autoridades públicas, dos outros organismos do sector público ou das empresas públicas de outros Estados-Membros, nem assumirão esses compromissos.

2. O Conselho, deliberando de acordo com o procedimento previsto no artigo 252.°, pode, se necessário, estabelecer definições para a aplicação das proibições a que se referem o artigo 101.° e o presente artigo.

Artigo 104.°

1. Os Estados-Membros devem evitar défices orçamentais excessivos.

2. A Comissão acompanhará a evolução da situação orçamental e do montante da dívida pública nos Estados-Membros, a fim de identi-

ficar desvios importantes. Examinará, em especial, o cumprimento da disciplina orçamental com base nos dois critérios seguintes:

a) Se a relação entre o défice orçamental programado ou verificado e o produto interno bruto excede um valor de referência, excepto:

– se essa relação tiver baixado de forma substancial e contínua e tiver atingido um nível que se aproxime do valor de referência;

– ou, em alternativa, se o excesso em relação ao valor de referência for meramente excepcional e temporário e se aquela relação continuar perto do valor de referência;

b) Se a relação entre a dívida pública e o produto interno bruto excede um valor de referência, excepto se essa relação se encontrar em diminuição significativa e se estiver a aproximar-se, de forma satisfatória, do valor de referência.

Os valores de referência encontram-se especificados no Protocolo relativo ao procedimento aplicável em caso de défice excessivo, anexo ao presente Tratado.

3. Se um Estado-Membro não cumprir os requisitos constantes de um ou de ambos estes critérios, a Comissão preparará um relatório. O relatório da Comissão analisará igualmente se o défice orçamental excede as despesas públicas de investimento e tomará em consideração todos os outros factores pertinentes, incluindo a situação económica e orçamental a médio prazo desse Estado-Membro.

A Comissão pode ainda preparar um relatório se, apesar de os requisitos estarem a ser preenchidos de acordo com os critérios enunciados, for de opinião de que existe um risco de défice excessivo em determinado Estado-Membro.

4. O Comité a que se refere o artigo 114.° formulará um parecer sobre o relatório da Comissão.

5. Se a Comissão considerar que em determinado Estado-Membro existe ou poderá ocorrer um défice excessivo, enviará um parecer ao Conselho.

6. O Conselho, deliberando por maioria qualificada, sob recomendação da Comissão, e tendo considerado todas as observações que o Estado-Membro interessado pretenda fazer, decidirá, depois de ter avaliado globalmente a situação, se existe ou não um défice excessivo.

7. Sempre que, nos termos do n.° 6, o Conselho decida que existe um défice excessivo, dirigirá recomendações ao Estado-Membro em causa com o objectivo de pôr fim àquela situação num dado prazo. Sem prejuízo do disposto no n.° 8, essas recomendações não serão tornadas públicas.

8. Sempre que verificar que, na sequência das suas recomendações, não foram tomadas medidas eficazes no prazo estabelecido, o Conselho pode tornar públicas as suas recomendações.

9. Se um Estado-Membro persistir em não pôr em prática as recomendações do Conselho, este pode decidir notificar esse Estado-membro para, num dado prazo, tomar medidas destinadas a reduzir o défice para um nível que o Conselho considere necessário para obviar à situação.

Nesse caso, o Conselho pode pedir ao Estado-Membro em causa que lhe apresente relatórios de acordo com um calendário específico, a fim de analisar os esforços de ajustamento desse Estado-Membro.

10. O direito de intentar acções previsto nos artigos 226.º e 227.º não pode ser exercido no âmbito dos n.ºs 1 a 9 do presente artigo.

11. Se um Estado-Membro não cumprir uma decisão tomada nos termos do n.º 9, o Conselho pode decidir aplicar, ou eventualmente intensificar, uma ou mais das seguintes medidas:

– exigir que o Estado-Membro em causa divulgue informações complementares, a determinar pelo Conselho, antes de emitir obrigações e títulos;

– convidar o Banco Europeu de Investimento a reconsiderar a sua política de empréstimos em relação ao Estado-Membro em causa;

– exigir do Estado-Membro em causa a constituição, junto da Comunidade, de um depósito não remunerado de montante apropriado, até que, na opinião do Conselho, o défice excessivo tenha sido corrigido;

– impor multas de importância apropriada.

O Presidente do Conselho informará o Parlamento Europeu das decisões tomadas

12. O Conselho revogará parte ou a totalidade das decisões a que se referem os n.ºs 6 a 9 e 11 na medida em que considere que o défice excessivo no Estado-Membro em causa foi corrigido. Se o Conselho tiver previamente tornado públicas as suas recomendações, deve, logo que a decisão tomada ao abrigo do n.º 8 tiver sido revogada, fazer uma declaração pública de que deixou de existir um défice excessivo no Estado-Membro em causa.

13. Ao tomar as decisões do Conselho a que se referem os n.ºs 7 a 9, 11 e 12, este delibera sob recomendação da Comissão, por maioria de dois terços dos votos dos seus membros, ponderados nos termos do n.º 2 do artigo 205.º, com exclusão dos votos do representante do Estado-Membro em causa.

Tratado de Roma (Comunidade Europeia) 107

14. O Protocolo relativo ao procedimento aplicável em caso de défice excessivo, anexo ao presente Tratado, contém outras disposições relacionadas com a aplicação do procedimento descrito no presente artigo.

O Conselho, deliberando por unanimidade, sob proposta da Comissão, e após consulta do Parlamento Europeu e do BCE, aprovará as disposições apropriadas, que substituirão o referido Protocolo.

Sem prejuízo das demais disposições do presente número, o Conselho, deliberando por maioria qualificada, sob proposta da Comissão e após consulta do Parlamento Europeu, estabelecerá, até 1 de Janeiro de 1994, regras e definições para a aplicação das disposições do citado Protocolo.

CAPÍTULO II
A política monetária

Artigo 105.°

1. O objectivo primordial do SEBC é a manutenção da estabilidade dos preços. Sem prejuízo do objectivo da estabilidade dos preços, o SEBC apoiará as políticas económicas gerais na Comunidade tendo em vista contribuir para a realização dos objectivos da Comunidade, tal como se encontram definidos no artigo 2.°. O SEBC actuará de acordo com o princípio de uma economia de mercado aberto e de livre concorrência, incentivando a repartição eficaz dos recursos e observando os princípios definidos no artigo 4.°.

2. As atribuições fundamentais cometidas ao SEBC são:
– a definição e execução da política monetária da Comunidade;
– a realização de operações cambiais compatíveis com o disposto no artigo 111.°;
– a detenção e gestão das reservas cambiais oficiais dos Estados-Membros;
– a promoção do bom funcionamento dos sistemas de pagamentos.

3. O terceiro travessão do n.° 2 não obsta à detenção e gestão,

108   *Tratado de Roma (Comunidade Europeia)*

pelos governos dos Estados-Membros, de saldos de tesouraria em divisas.

4. O BCE será consultado:

– sobre qualquer proposta de acto comunitário nos domínios das suas atribuições;

– pelas autoridades nacionais sobre qualquer projecto de disposição legal nos domínios das suas atribuições, mas nos limites e condições definidos pelo Conselho de acordo com o procedimento previsto no n.° 6 do artigo 107.°.

O BCE pode apresentar pareceres sobre questões do âmbito das suas atribuições às competentes instituições ou organismos da Comunidade ou às autoridades nacionais.

5. O SEBC contribuirá para a boa condução das políticas desenvolvidas pelas autoridades competentes no que se refere à supervisão prudencial das instituições de crédito e à estabilidade do sistema financeiro.

6. O Conselho, deliberando por unanimidade, sob proposta da Comissão e após consulta do BCE, e depois de ter recebido parecer favorável do Parlamento Europeu, pode conferir ao BCE atribuições específicas no que diz respeito às políticas relativas à supervisão prudencial das instituições de crédito e de outras instituições financeiras, com excepção das empresas de seguros.

Artigo 106.°

1. O BCE tem o direito exclusivo de autorizar a emissão de notas de banco na Comunidade. O BCE e os bancos centrais nacionais podem emitir essas notas. As notas de banco emitidas pelo BCE e pelos bancos centrais nacionais são as únicas com curso legal na Comunidade.

2. Os Estados-Membros podem emitir moedas metálicas, sem prejuízo da aprovação pelo BCE do volume da respectiva emissão. O Conselho, deliberando de acordo com o procedimento previsto no artigo 252.°, e após consulta do BCE, pode adoptar medidas para harmonizar as denominações e especificações técnicas de todas as moedas metálicas destinadas à circulação, na medida do necessário para permitir a sua fácil circulação dentro da Comunidade.

Artigo 107.º

1. O SEBC é constituído pelo BCE e pelos bancos centrais nacionais.

2. O BCE tem personalidade jurídica.

3. O SEBC é dirigido pelos órgãos de decisão do BCE, que são o Conselho do BCE e a Comissão Executiva.

4. Os Estatutos do SEBC constam de um Protocolo anexo ao presente Tratado.

5. Os n.ᵒˢ 1, 2 e 3 do artigo 5.º, os artigos 17.º e 18.º, o n.º 1 do artigo 19.º, os artigos 22.º, 23.º, 24.º, 26.º, os n.ᵒˢ 2, 3, 4 e 6 do artigo 32.º, o n.º 1, alínea a), do artigo 33.º e o artigo 36.º dos Estatutos do SEBC podem ser alterados pelo Conselho, deliberando quer por maioria qualificada, sob recomendação do BCE, após consulta da Comissão, quer por unanimidade, sob proposta da Comissão e após consulta do BCE. Em qualquer dos casos é necessário o parecer favorável do Parlamento Europeu.

6. O Conselho, deliberando por maioria qualificada, quer sob proposta da Comissão e após consulta do Parlamento Europeu e do BCE, quer sob recomendação do BCE e após consulta do Parlamento Europeu e da Comissão, adoptará as disposições a que se referem o artigo 4.º, o n.º 4 do artigo 5.º, o n.º 2 do artigo 19.º, o artigo 20.º, o n.º 1 do artigo 28.º, o n.º 2 do artigo 29.º, o n.º 4 do artigo 30.º e o n.º 3 do artigo 34.º dos Estatutos do SEBC.

Artigo 108.º

No exercício dos poderes e no cumprimento das atribuições e deveres que lhes são conferidos pelo presente Tratado e pelos Estatutos do SEBC, o BCE, os bancos centrais nacionais, ou qualquer membro dos respectivos órgãos de decisão não podem solicitar ou receber instruções das Instituições ou organismos comunitários, dos governos dos Estados-Membros ou de qualquer outra entidade. As instituições e organismos comunitários, bem como os governos dos Estados--Membros, comprometem-se a respeitar este princípio e a não procurar influenciar os membros dos órgãos de decisão do BCE ou dos bancos centrais nacionais no exercício das suas funções.

Artigo 109.°

Cada um dos Estados-Membros assegurará, o mais tardar até à data da instituição do SEBC, a compatibilidade da respectiva legislação nacional, incluindo os estatutos do seu banco central nacional, com o presente Tratado e com os Estatutos do SEBC.

Artigo 110.°

1. Para o desempenho das atribuições cometidas ao SEBC, o BCE, de acordo com as disposições do presente Tratado e nas condições definidas nos Estatutos do SEBC:
– adopta regulamentos, na medida do necessário, para o exercício das funções definidas no primeiro travessão do n.° 1 do artigo 3.°, no n.° 1 do artigo 19.°, no artigo 22.° ou no n.° 2 do artigo 25.° dos Estatutos do SEBC e nos casos previstos nos actos do Conselho referidos no n.° 6 do artigo 107.°;
– toma as decisões necessárias para o desempenho das atribuições cometidas ao SEBC ao abrigo do presente Tratado e dos Estatutos do SEBC;
– formula recomendações e emite pareceres.
2. O regulamento tem carácter geral. É obrigatório em todos os seus elementos e directamente aplicável em todos os Estados-Membros.

As recomendações e os pareceres não são vinculativos.

A decisão é obrigatória em todos os seus elementos para os destinatários que ela designar.

Os artigos 253.°, 254.° e 256.° são aplicáveis aos regulamentos e decisões do BCE. [1]

O BCE pode decidir publicar as suas decisões, recomendações e pareceres.
3. Nos limites e condições fixados pelo Conselho, de acordo com o procedimento previsto no n.° 6 do artigo 107.°, o BCE pode aplicar multas ou sanções pecuniárias temporárias às empresas em caso de incumprimento de obrigações decorrentes dos seus regulamentos e decisões.

---

[1] Na versão compilada dos Tratados, publicada no D.R. de 19.2.1999, lê-se «Os artigos 253.° a 256.° são aplicáveis…», conquanto não se encontre qualquer disposição justificativa nos artigos 2.°, 6.° ou 12.° do Tratado de Amesterdão.

Artigo 111.°

1. Em derrogação do disposto no artigo 300.°, o Conselho, deliberando por unanimidade, sob recomendação do BCE ou da Comissão e após consulta do BCE, numa tentativa para chegar a um consenso com este último, compatível com o objectivo da estabilidade dos preços, e após consulta do Parlamento Europeu, de acordo com os mecanismos processuais referidos no n.° 3, pode celebrar acordos formais relativos a um sistema de taxas de câmbio do ECU em relação às moedas não comunitárias. O Conselho, deliberando por maioria qualificada, sob recomendação do BCE ou da Comissão e após consulta do BCE, numa tentativa para chegar a um consenso com este último, compatível com o objectivo da estabilidade dos preços, pode adoptar, ajustar ou abandonar as taxas centrais do ECU no sistema de taxas de câmbio. O Presidente do Conselho informará o Parlamento Europeu acerca da adopção, ajustamento ou abandono das taxas centrais do ECU.

2. Na falta de um sistema de taxas de câmbio em relação a uma ou mais moedas não comunitárias a que se refere o n.° 1, o Conselho, deliberando por maioria qualificada, quer sob recomendação da Comissão e após consulta do BCE, quer sob recomendação do BCE, pode formular orientações gerais para uma política de taxas de câmbio em relação a essas moedas. Essas orientações gerais não podem prejudicar o objectivo primordial do SEBC de manutenção da estabilidade dos preços.

3. Em derrogação do disposto no artigo 300.°, sempre que a Comunidade tiver de negociar acordos relativos a questões monetárias ou ao regime cambial com um ou mais Estados ou organizações internacionais, o Conselho, deliberando por maioria qualificada, sob recomendação da Comissão e após consulta do BCE, decide sobre os mecanismos para a negociação e para a celebração dos referidos acordos. Esses mecanismos devem assegurar que a Comunidade expresse uma posição única.

A Comissão será plenamente associada a essas negociações.

Os acordos celebrados de acordo com o presente número vinculam as instituições da Comunidade, o BCE e os Estados-Membros.

4. Sem prejuízo do disposto no n.° 1, o Conselho, deliberando por maioria qualificada, sob proposta da Comissão e após consulta ao BCE, decide sobre a posição da Comunidade a nível internacional relativamente às questões que se revistam de especial interesse para a

112 *Tratado de Roma (Comunidade Europeia)*

união económica e monetária e sobre a sua representação de acordo com a repartição de competências prevista nos artigos 99.° e 105.°.[1]

5. Sem prejuízo da competência comunitária e dos acordos da Comunidade relativos à união económica e monetária, os Estados--Membros podem negociar nas instâncias internacionais e celebrar acordos internacionais.

CAPÍTULO III
Disposições institucionais

Artigo 112.°

1. O conselho do BCE é composto pelos membros da comissão executiva do BCE e pelos governadores dos bancos centrais nacionais.

2. *a)* A comissão executiva é composta pelo presidente, pelo vice-presidente e por quatro vogais.

b) O presidente, o vice-presidente e os vogais da comissão executiva são nomeados, de entre personalidades de reconhecida competência e com experiência profissional nos domínios monetário ou bancário, de comum acordo, pelos governos dos Estados-Membros, a nível de chefes de Estado ou de governo, sob recomendação do Conselho e após este ter consultado o Parlamento Europeu e o conselho do BCE.

A duração do respectivo mandato é de oito anos, não renováveis.

Só nacionais dos Estados-Membros podem ser membros da comissão executiva.

Artigo 113.°

1. O Presidente do Conselho e um membro da Comissão podem participar, sem direito de voto, nas reuniões do conselho do BCE.

---

[1] Redacção resultante do Tratado de Nice. A redacção anterior era a seguinte:
"4. Sem prejuízo do disposto no n.° 1, o Conselho, deliberando por maioria qualificada, sob proposta da Comissão e após consulta do BCE, decide sobre a posição da Comunidade a nível internacional relativamente às questões que se revistam de especial interesse para a união económica e monetária e, deliberando por unanimidade, decide sobre a sua representação de acordo com a repartição de competências prevista nos artigos 99.° e 105.°"".

O Presidente do Conselho pode submeter moções à deliberação do conselho do BCE.

2. O presidente do BCE será convidado a participar nas reuniões do Conselho sempre que este delibere sobre questões relativas aos objectivos e atribuições do SEBC.

3. O BCE enviará anualmente ao Parlamento Europeu, ao Conselho, à Comissão e ainda ao Conselho Europeu um relatório sobre as actividades do SEBC e sobre a política monetária do ano anterior e do ano em curso. O presidente do BCE apresentará esse relatório ao Conselho e ao Parlamento Europeu, que, com base nesse relatório, pode proceder a um debate de carácter geral.

O presidente do BCE e os outros membros da comissão executiva podem, a pedido do Parlamento Europeu ou por sua própria iniciativa, ser ouvidos pelas competentes comissões do Parlamento Europeu.

Artigo 114.°

1. Com o objectivo de promover a coordenação das políticas dos Estados-Membros na medida do necessário ao funcionamento do mercado interno, é instituído um Comité Monetário de natureza consultiva.

O Comité tem as seguintes funções:

– acompanhar a situação monetária e financeira dos Estados--Membros e da Comunidade, bem como o sistema geral de pagamentos dos Estados-Membros e apresentar regularmente o correspondente relatório ao Conselho e à Comissão;

– formular pareceres, quer a pedido do Conselho ou da Comissão, quer por iniciativa própria, destinados a estas instituições;

– sem prejuízo do disposto no artigo 207.°, contribuir para a preparação dos trabalhos do Conselho a que se referem os artigos 59.° e 60.°, os n.ºs 2, 3, 4 e 5 do artigo 99.°, os artigos 100.°, 102.°, 103.°, 104.°, o n.° 2 do artigo 116.°, o n.° 6 do artigo 117.°, os artigos 119.° e 120.°, o n.° 2 do artigo 121.° e o n.° 1 do artigo 122.°;

– examinar, pelo menos uma vez por ano, a situação relativa aos movimentos de capitais e à liberdade de pagamentos, tal como resultam da aplicação do presente Tratado e das medidas adoptadas pelo Conselho, devendo este exame englobar todas as medidas respeitantes aos movimentos de capitais e aos pagamentos; o Comité informará a Comissão e o Conselho dos resultados deste exame.

Os Estados-Membros e a Comissão nomearão, cada um, dois membros do Comité Monetário.

2. No início da terceira fase é instituído um Comité Económico e Financeiro. O Comité Monetário a que se refere o n.º 1 é dissolvido.

O Comité Económico e Financeiro tem as seguintes funções:

– formular pareceres, quer a pedido do Conselho ou da Comissão, quer por iniciativa própria, destinados a estas instituições;

– acompanhar a situação económica e financeira dos Estados--Membros e da Comunidade e apresentar regularmente o correspondente relatório ao Conselho e à Comissão, nomeadamente sobre as relações financeiras com países terceiros e instituições internacionais;

– sem prejuízo do disposto no artigo 207.º, contribuir para a preparação dos trabalhos do Conselho a que se referem os artigos 59.º e 60.º, os n.ᵒˢ 2, 3, 4 e 5 do artigo 99.º, os artigos 100.º, 102.º, 103.º, 104.º, o n.º 6 do artigo 105.º, o n.º 2 do artigo 106.º, os n.ᵒˢ 5 e 6 do artigo 107.º, os artigos 111.º, 119.º, os n.ᵒˢ 2 e 3 do artigo 120.º e o n.º 2 do artigo 122.º, os n.ᵒˢ 4 e 5 do artigo 123.º, e exercer outras funções consultivas e preparatórias que lhe forem confiadas pelo Conselho;

– examinar, pelo menos uma vez por ano, a situação relativa aos movimentos de capitais e à liberdade de pagamentos, tal como resultam da aplicação do Tratado e das medidas do Conselho, devendo este exame englobar todas as medidas respeitantes aos movimentos de capitais e aos pagamentos. O Comité informará a Comissão e o Conselho dos resultados deste exame.

Os Estados-Membros, a Comissão e o BCE nomearão, cada um, no máximo, dois membros do Comité.

3. O Conselho, deliberando por maioria qualificada sob proposta da Comissão e após consulta do BCE e do Comité a que se refere o presente artigo, estabelecerá disposições pormenorizadas relativas à composição do Comité Económico e Financeiro. O Presidente do Conselho informará o Parlamento Europeu dessa decisão.

4. Além das funções previstas no n.º 2, o Comité, se e enquanto existirem Estados-Membros que beneficiem de uma derrogação nos termos dos artigos 122.º e 123.º, acompanhará a situação monetária e financeira e o sistema geral de pagamentos desses Estados-Membros e apresentará regularmente o correspondente relatório ao Conselho e à Comissão.

Artigo 115.º

O Conselho ou qualquer dos Estados-Membros pode solicitar à Comissão que apresente uma recomendação ou uma proposta, conforme o caso, relativamente a questões do âmbito de aplicação do n.º 4 do artigo 99.º, do artigo 104.º, com excepção do seu n.º 14, dos artigos 111.º, 121.º, 122.º e dos n.ºˢ 4 e 5 do artigo 123.º. A Comissão analisa esse pedido e apresenta sem demora as suas conclusões ao Conselho.

CAPÍTULO IV
Disposições transitórias

Artigo 116.º

1. A segunda fase da realização da União Económica e Monetária tem início em 1 de Janeiro de 1994.

2. Antes dessa data:

a) Cada Estado-Membro deve:

– adoptar, se necessário, medidas adequadas para dar cumprimento às proibições previstas no artigo 56.º, no artigo 101.º e n.º 1 do artigo 102.º;

– adoptar, se necessário, tendo em vista permitir a avaliação prevista na alínea b), programas plurianuais destinados a assegurar a convergência duradoura necessária à realização da união económica e monetária, em especial no que se refere à estabilidade dos preços e à solidez das finanças públicas.

b) O Conselho, com base em relatório da Comissão, deve avaliar os progressos alcançados em matéria de convergência económica e monetária, em especial no que diz respeito à estabilidade dos preços e à solidez das finanças públicas, bem como os progressos alcançados com a aplicação da legislação comunitária relativa ao mercado interno.

3. O disposto no artigo 101.º, no n.º 1 do artigo 102.º, no n.º 1 do artigo 103.º e no artigo 104.º, com excepção dos seus n.ºˢ 1, 9, 11 e 14, é aplicável a partir do início da segunda fase.

O disposto no n.º 2 do artigo 100.º, nos n.ºˢ 1, 9 e 11 do artigo 104.º, nos artigos 105.º, 106.º, 108.º, 111.º, 112.º e 113.º e nos n.ºˢ 2 e 4 do artigo 114.º é aplicável a partir do início da terceira fase.

116 *Tratado de Roma (Comunidade Europeia)*

4. Na segunda fase, os Estados-Membros envidarão esforços para evitar défices orçamentais excessivos.

5. No decurso da segunda fase, cada Estado-Membro deve, se for caso disso, iniciar o processo conducente à independência do seu banco central, nos termos do artigo 109.°.

Artigo 117.°

1. No início da segunda fase, é instituído e entra em funções um Instituto Monetário Europeu, a seguir designado por «IME», que tem personalidade jurídica e é dirigido e gerido por um conselho, composto por um presidente e pelos governadores dos bancos centrais nacionais, um dos quais será vice-presidente.

O presidente é nomeado, de comum acordo, pelos governos dos Estados-Membros a nível de chefes de Estado ou de governo, sob recomendação do conselho do IME, e após consulta do Parlamento Europeu e do Conselho. O presidente é escolhido de entre personalidades de reconhecida competência e com experiência profissional nos domínios monetário ou bancário. Só pode ser presidente do IME um nacional dos Estados-Membros. O conselho do IME designa o vice-presidente.

Os Estatutos do IME constam de um Protocolo anexo ao presente Tratado.

2. O IME deve:
– reforçar a cooperação entre os bancos centrais nacionais;
– reforçar a coordenação das políticas monetárias dos Estados-Membros com o objectivo de garantir a estabilidade dos preços;
– supervisar o funcionamento do Sistema Monetário Europeu;
– proceder a consultas sobre questões da competência dos bancos centrais nacionais, que afectem a estabilidade das instituições e mercados financeiros;
– assumir as atribuições do Fundo Europeu de Cooperação Monetária, que é dissolvido; as modalidades de dissolução constam dos Estatutos do IME;
– promover a utilização do ECU e supervisar a sua evolução, incluindo o bom funcionamento do respectivo sistema de compensação.

3. Para a preparação da terceira fase, o IME deve:
– preparar os instrumentos e procedimentos necessários para a execução de uma política monetária única na terceira fase;

Tratado de Roma (Comunidade Europeia) 117

– promover, sempre que necessário, a harmonização das normas e práticas que regulam a recolha, organização e divulgação de estatísticas no domínio das suas atribuições;

– preparar as normas para as operações a realizar pelos bancos centrais nacionais no quadro do SEBC;

– promover a eficácia dos pagamentos transnacionais;

– supervisar a preparação técnica das notas de banco denominadas em ECU.

O mais tardar até 31 de Dezembro de 1996, o IME definirá o quadro administrativo, organizativo e logístico necessário para que o SEBC desempenhe as suas atribuições na terceira fase. Esse quadro será submetido a decisão do BCE, aquando da sua instituição.

4. O IME, deliberando por maioria de dois terços dos membros do respectivo Conselho, pode:

– formular pareceres ou recomendações sobre a orientação global das políticas monetária e cambial, bem como sobre as medidas a elas relativas adoptadas em cada Estado-Membro;

– apresentar pareceres ou recomendações aos governos e ao Conselho sobre políticas que possam afectar a situação monetária interna ou externa na Comunidade e, em especial, o funcionamento do Sistema Monetário Europeu;

– formular recomendações às autoridades monetárias dos Estados-Membros sobre a condução das respectivas políticas monetárias.

5. O IME, deliberando por unanimidade, pode decidir tornar públicos os seus pareceres e recomendações.

6. O IME será consultado pelo Conselho sobre qualquer proposta de acto comunitário no domínio das suas atribuições.

Nos limites e condições fixados pelo Conselho, deliberando por maioria qualificada, sob proposta da Comissão e após consulta, conforme o caso, do Parlamento Europeu e do IME, este será consultado pelas autoridades dos Estados-Membros sobre qualquer projecto de disposição regulamentar no domínio das suas atribuições.

7. O Conselho, deliberando por unanimidade, sob proposta da Comissão e após consulta do Parlamento Europeu e do IME, pode conferir ao IME outras atribuições relacionadas com a preparação da terceira fase.

8. Sempre que o presente Tratado atribua um papel consultivo ao BCE, as referências ao BCE devem ser entendidas, antes da instituição do BCE, como referências ao IME.

118   *Tratado de Roma (Comunidade Europeia)*

9. Durante a segunda fase, a sigla «BCE» utilizada nos artigos 230.°, 232.°, 233.°, 234.°, 237.° e 288.° deve ser entendida como uma referência ao IME.

Artigo 118.°

A composição do cabaz de moedas do ECU permanece inalterada.

A partir do início da terceira fase, o valor do ECU é irrevogavelmente fixado de acordo com o disposto no n.° 4 do artigo 123.°.

Artigo 119.°

1. Se algum Estado-Membro se encontrar em dificuldades, ou sob grave ameaça de dificuldades relativamente à sua balança de pagamentos, quer estas resultem de um desequilíbrio global da sua balança, quer do tipo de divisas de que dispõe, e se tais dificuldades forem susceptíveis de, designadamente, comprometer o funcionamento do mercado comum ou a progressiva realização da sua política comercial comum, a Comissão procederá imediatamente à análise da situação desse Estado, bem como da acção que ele empreendeu ou pode empreender, nos termos do presente Tratado, recorrendo a todos os meios de que dispõe. A Comissão indicará as medidas cuja adopção recomenda ao Estado em causa.

Se a acção empreendida por um Estado-Membro e as medidas sugeridas pela Comissão não se afigurarem suficientes para remover as dificuldades ou ameaças de dificuldades existentes, a Comissão recomendará ao Conselho, após consulta do Comité a que se refere o artigo 114.°, a concessão de assistência mútua e os métodos adequados para o efeito.

A Comissão manterá o Conselho regularmente informado da situação e da maneira como esta evolui.

2. O Conselho, deliberando por maioria qualificada, concederá a assistência mútua; adoptará as directivas ou decisões, fixando as condições e modalidades dessa assistência, que pode assumir, designadamente, a forma de:

a) Acção concertada junto de outras organizações internacionais a que os Estados-Membros podem recorrer;

Tratado de Roma (Comunidade Europeia) 119

b) Medidas necessárias para evitar desvios de tráfego, sempre que o Estado em dificuldades mantenha ou restabeleça restrições quantitativas relativamente a países terceiros;

c) Concessão de créditos limitados por parte de outros Estados-Membros, sob condição de que estes dêem o seu acordo.

3. Se a assistência mútua recomendada pela Comissão não for concedida pelo Conselho ou se a assistência mútua concedida e as medidas tomadas forem insuficientes, a Comissão autorizará o Estado em dificuldades a tomar medidas de protecção, de que fixará as condições e modalidades.

O Conselho, deliberando por maioria qualificada, pode revogar esta autorização e modificar estas condições e modalidades.

4. Sem prejuízo do disposto no n.º 6 do artigo 122.º, o presente artigo deixa de ser aplicável a partir do início da terceira fase.

Artigo 120.º

1. Em caso de crise súbita na balança de pagamentos e se não for imediatamente tomada uma decisão, na acepção do n.º 2 do artigo 119.º, o Estado-Membro em causa pode, a título cautelar, tomar as medidas de protecção necessárias. Estas devem provocar o mínimo de perturbações no funcionamento do mercado comum e não exceder o estritamente indispensável para sanar as dificuldades súbitas que se tenham manifestado.

2. A Comissão e os outros Estados-Membros devem ser informados destas medidas de protecção, o mais tardar no momento da sua entrada em vigor. A Comissão pode recomendar ao Conselho a concessão de assistência mútua nos termos do artigo 119.º.

3. Sob parecer da Comissão, e após consulta do Comité a que se refere o artigo 114.º, o Conselho, deliberando por maioria qualificada, pode decidir que o Estado em causa deve modificar, suspender ou suprimir as medidas de protecção acima referidas.

4. Sem prejuízo do disposto no n.º 6 do artigo 122.º, o presente artigo deixa de ser aplicável a partir do início da terceira fase.

Artigo 121.º

1. A Comissão e o IME apresentarão relatórios ao Conselho sobre os progressos alcançados pelos Estados-Membros no cum-

120 *Tratado de Roma (Comunidade Europeia)*

primento das suas obrigações relativas à realização da união económica e monetária. Esses relatórios devem conter um estudo da compatibilidade da legislação nacional de cada Estado-Membro, incluindo os estatutos do seu banco central nacional, com o disposto nos artigos 108.° e 109.° do presente Tratado e nos Estatutos do SEBC. Os relatórios analisarão igualmente a realização de um elevado grau de convergência sustentada, com base na observância, por cada Estado-Membro, dos seguintes critérios:

– a realização de um elevado grau de estabilidade dos preços, que será expresso por uma taxa de inflação que esteja próxima da taxa, no máximo, dos três Estados-Membros com melhores resultados em termos de estabilidade dos preços;

– a sustentabilidade das suas finanças públicas, que será traduzida pelo facto de ter alcançado uma situação orçamental sem défice excessivo, determinado nos termos do n.° 6 do artigo 104.°;

– a observância, durante pelo menos dois anos, das margens normais de flutuação previstas no mecanismo de taxas de câmbio do Sistema Monetário Europeu, sem ter procedido a uma desvalorização em relação à moeda de qualquer outro Estado-Membro;

– o carácter duradouro da convergência alcançada pelo Estado-Membro e da sua participação no mecanismo de taxas de câmbio do Sistema Monetário Europeu deve igualmente reflectir-se nos níveis das taxas de juro a longo prazo.

Os quatro critérios a que se refere o presente número e os respectivos períodos, durante os quais devem ser respeitados, vêm desenvolvidos num Protocolo anexo ao presente Tratado. Os relatórios da Comissão e do IME devem ter, de igual modo, em conta o desenvolvimento do ECU, os resultados da integração dos mercados, o nível e a evolução da balança de transacções correntes e a análise da evolução dos custos unitários de trabalho e de outros índices de preços.

2. Com base nestes relatórios, o Conselho, deliberando por maioria qualificada, sob recomendação da Comissão, avaliará:

– relativamente a cada Estado-Membro, se preenche as condições necessárias para a adopção de uma moeda única;

– se a maioria dos Estados-Membros preenche as condições necessárias para a adopção de uma moeda única,

e transmitirá, sob a forma de recomendação, as suas conclusões ao Conselho, reunido a nível de Chefes de Estado ou de Governo. O Parlamento Europeu será consultado e transmitirá o seu parecer ao Conselho, reunido a nível de Chefes de Estado ou de Governo.

Tratado de Roma (Comunidade Europeia)   121

3. Tendo em devida conta os relatórios a que se refere o n.° 1 e o parecer do Parlamento Europeu a que se refere o n.° 2, o Conselho, reunido a nível de Chefes de Estado ou de Governo, deliberando por maioria qualificada, o mais tardar até 31 de Dezembro de 1996:

– decidirá, com base nas recomendações do Conselho a que se refere o n.° 2, se a maioria dos Estados-Membros satisfaz as condições necessárias para a adopção de uma moeda única;

– decidirá se é conveniente que a Comunidade passe para a terceira fase; e, em caso afirmativo:

– fixará a data para o início da terceira fase.

4. Se, no final de 1997, não tiver sido fixada a data para o início da terceira fase, esta tem início em 1 de Janeiro de 1999. Até 1 de Julho de 1998, o Conselho, reunido a nível de Chefes de Estado ou de Governo, e depois de repetido o procedimento previsto nos n.ᵒˢ 1 e 2, com excepção do segundo travessão do n.° 2, tendo em conta os relatórios a que se refere o n.° 1 e o parecer do Parlamento Europeu, e deliberando por maioria qualificada, com base nas recomendações do Conselho a que se refere o n.° 2, confirmará quais os Estados-Membros que satisfazem as condições necessárias para a adopção de uma moeda única.

Artigo 122.°

1. Se tiver sido tomada a decisão de fixar a data, de acordo com o disposto no n.° 3 do artigo 121.°, o Conselho, com base nas suas recomendações a que se refere o n.° 2 do artigo 121.°, deliberando por maioria qualificada, sob recomendação da Comissão, decidirá se alguns Estados-Membros e, em caso afirmativo, quais, devem beneficiar de uma derrogação tal como definida no n.° 3 do presente artigo. Esses Estados-Membros serão adiante designados por "Estados--Membros que beneficiam de uma derrogação".

Se o Conselho tiver confirmado quais os Estados-Membros que satisfazem as condições necessárias para a adopção de uma moeda única, de acordo com o disposto no n.° 4 do artigo 121.°, os Estados--membros que não satisfaçam essas condições beneficiarão de uma derrogação tal como definida no n.° 3 do presente artigo. Esses Estados-Membros serão adiante designados por "Estados-Membros que não beneficiam de uma derrogação".

2. Pelo menos de dois em dois anos, ou a pedido de um Estado--Membro que beneficie de uma derrogação, a Comissão e o BCE

122 Tratado de Roma (Comunidade Europeia)

apresentarão relatórios ao Conselho, de acordo com o procedimento previsto no n.° 1 do artigo 121.°. Após ter consultado o Parlamento Europeu e debatido a questão no Conselho, reunido a nível de Chefes de Estado ou de Governo, o Conselho, deliberando por maioria qualificada, sob proposta da Comissão, decidirá quais são os Estados-Membros que beneficiam de uma derrogação que preenchem as condições necessárias com base nos critérios fixados no n.° 1 do artigo 121.°, e revogará as derrogações dos Estados-Membros em causa.

3. A derrogação prevista no n.° 1 implica que os seguintes artigos não sejam aplicáveis ao Estado-Membro em causa: n.ºs 9 e 11 do artigo 104.°, n.ºs 1, 2, 3 e 5 do artigo 105.°, artigos 106.°, 110.°, 111.° e n.° 2, alínea b), do artigo 112.°. A exclusão desse Estado-Membro e do seu banco central nacional dos direitos e obrigações no âmbito do SEBC consta do Capítulo IX dos Estatutos do SEBC.

4. Nos n.ºs 1, 2 e 3 do artigo 105.°, nos artigos 106.°, 110.°, 111.° e no n.° 2, alínea b), do artigo 112.°, por "Estados-Membros" deve entender-se "Estados-Membros que não beneficiam de uma derrogação".

5. Os direitos de voto dos Estados-Membros que beneficiem de uma derrogação serão suspensos em relação às decisões do Conselho a que se referem os artigos do presente Tratado enumerados no n.° 3. Neste caso, em derrogação do disposto no artigo 205.° e no n.° 1 do artigo 250.°, a maioria qualificada é definida como dois terços dos votos dos representantes dos Estados-Membros que não beneficiam de uma derrogação, ponderados de acordo com o disposto no n.° 2 do artigo 205.°, e é exigida a unanimidade desses Estados-Membros para todos os actos que exijam unanimidade.

6. O disposto nos artigos 119.° e 120.° continua a ser aplicável aos Estados-Membros que beneficiam de uma derrogação.

Artigo 123.°

1. Imediatamente após ter sido tomada a decisão sobre a data de início da terceira fase, nos termos do disposto no n.° 3 do artigo 121.° ou, se for esse o caso, imediatamente após 1 de Julho de 1998:

– o Conselho adoptará as disposições a que se refere o n.° 6 do artigo 107.°;

– os governos dos Estados-Membros que não beneficiem de uma derrogação nomearão, de acordo com o procedimento previsto no artigo 50.° dos Estatutos do SEBC, o presidente, o vice-presidente e os

Tratado de Roma (Comunidade Europeia)   123

vogais da comissão executiva do BCE. Se existirem Estados-Membros que beneficiem de uma derrogação, o número de membros da comissão executiva pode ser menor que o previsto no n.° 1 do artigo 11.° dos Estatutos do SEBC, mas em caso algum será inferior a quatro.

Logo que a comissão executiva for nomeada, o SEBC e o BCE consideram-se instituídos e devem preparar-se para o seu pleno funcionamento de acordo com as disposições do presente Tratado e dos Estatutos do SEBC. O pleno exercício das suas competências tem início no primeiro dia da terceira fase.

2. Logo que o BCE esteja instituído, assumirá, se necessário, as atribuições do IME. O IME entra em liquidação aquando da instituição do BCE; as modalidades de liquidação constam dos Estatutos do IME.

3. Sem prejuízo do disposto no n.° 3 do artigo 107.° do presente Tratado, se e enquanto existirem Estados-Membros que beneficiem de uma derrogação, o conselho geral do BCE a que se refere o artigo 45.° dos Estatutos do SEBC constitui um terceiro órgão de decisão do BCE.

4. Na data de início da terceira fase, o Conselho, deliberando por unanimidade dos Estados-Membros que não beneficiem de uma derrogação, sob proposta da Comissão e após consulta ao BCE, determina as taxas de conversão às quais as suas moedas ficam irrevogavelmente fixadas e as taxas, irrevogavelmente fixadas, a que o ECU substitui essas moedas, e o ECU será uma moeda de direito próprio. Esta medida, só por si, não modifica o valor externo do ECU. O Conselho, deliberando por maioria qualificada dos referidos Estados-Membros, sob proposta da Comissão e após consulta ao BCE, toma as outras medidas necessárias à rápida introdução do ECU como moeda única desses Estados-Membros. É aplicável o disposto no n.° 5, segundo período, do artigo 122.°.[1]

5. Se, de acordo com o procedimento previsto no n.° 2 do artigo 122.°, for decidido revogar uma derrogação, o Conselho, deliberando

---

[1] Redacção dada pelo Tratado de Nice. A redacção anterior era a seguinte:
"4. Na data de início da terceira fase, o Conselho, deliberando por unanimidade dos Estados-Membros que não beneficiem de uma derrogação, sob proposta da Comissão, e após consulta do BCE, determina as taxas de conversão às quais as suas moedas ficam irrevogavelmente fixadas e a taxa, irrevogavelmente fixada, a que o ECU substitui essas moedas, e o ECU será uma moeda de direito próprio. Esta medida, só por si, não modifica o valor externo do ECU. O Conselho, deliberando segundo o mesmo procedimento, toma igualmente as outras medidas necessárias para a rápida introdução do ECU como moeda única desses Estados-Membros".

124   *Tratado de Roma (Comunidade Europeia)*

por unanimidade dos Estados-Membros que não beneficiam de uma derrogação e do Estado-Membro em causa, sob proposta da Comissão e após consulta do BCE, fixa a taxa à qual o ECU substitui a moeda do Estado-Membro em causa e toma as outras medidas necessárias para a introdução do ECU como moeda única no Estado-Membro em causa.

Artigo 124.°

1. Até ao início da terceira fase, cada Estado-Membro tratará a sua política cambial como uma questão de interesse comum. Ao fazê-lo, os Estados-Membros terão em conta a experiência adquirida no âmbito da cooperação no Sistema Monetário Europeu (SME) e com a evolução do ECU, respeitando as competências existentes.

2. A partir do início da terceira fase e enquanto existirem Estados-Membros que beneficiem de uma derrogação, aplica-se à política cambial desses Estados-Membros, por analogia, o disposto no n.° 1.

TÍTULO VIII [1]
Emprego

Artigo 125.°

Os Estados-Membros e a Comunidade empenhar-se-ão, nos termos do presente Título, em desenvolver uma estratégia coordenada em matéria de emprego e, em especial, em promover uma mão-de-obra qualificada, formada e susceptível de adaptação, bem como mercados de trabalho que reajam rapidamente às mudanças económicas, tendo em vista alcançar os objectivos enunciados no artigo 2.° do Tratado da União Europeia e no artigo 2.° do presente Tratado.

Artigo 126.°

1. Através das suas políticas de emprego, os Estados-Membros contribuirão para a realização dos objectivos previstos no artigo 125.°,

---

[1] Título aditado pelo Tratado de Amesterdão.

Tratado de Roma (Comunidade Europeia) 125

de forma coerente com as orientações gerais das políticas económicas dos Estados-Membros e da Comunidade adoptadas em aplicação do n.° 2 do artigo 99.°.

2. Tendo em conta as práticas nacionais relativas às responsabilidades dos parceiros sociais, os Estados-Membros considerarão a promoção do emprego uma questão de interesse comum e coordenarão a sua acção neste domínio no âmbito do Conselho, nos termos do disposto no artigo 128.°.

Artigo 127.°

1. A Comunidade contribuirá para a realização de um elevado nível de emprego, incentivando a cooperação entre os Estados--Membros, apoiando e, se necessário, completando a sua acção. Ao fazê-lo, respeitará as competências dos Estados-Membros.

2. O objectivo de alcançar um elevado nível de emprego será tomado em consideração na definição e execução das políticas e acções comunitárias.

Artigo 128.°

1. O Conselho Europeu procederá anualmente à avaliação da situação do emprego na Comunidade e adoptará conclusões nessa matéria, com base num relatório anual conjunto do Conselho e da Comissão.

2. Com base nas conclusões do Conselho Europeu, o Conselho, deliberando por maioria qualificada, sob proposta da Comissão e após consulta ao Parlamento Europeu, ao Comité Económico e Social, ao Comité das Regiões e ao Comité do Emprego a que se refere o artigo 130.°, definirá anualmente as orientações que os Estados--Membros devem ter em conta nas respectivas políticas de emprego. Essas orientações deverão ser coerentes com as orientações gerais adoptadas em aplicação do n.° 2 do artigo 99.°.

3. Cada Estado-Membro transmitirá ao Conselho e à Comissão um relatório anual sobre as principais medidas tomadas para executar a sua política de emprego, à luz das orientações em matéria de emprego previstas no n.° 2.

4. Com base nos relatórios previstos no n.° 3 e uma vez obtido o parecer do Comité do Emprego, o Conselho analisará anualmente a execução das políticas de emprego dos Estados-Membros, à luz das

orientações em matéria de emprego. O Conselho, deliberando por maioria qualificada, sob recomendação da Comissão, pode, se o considerar adequado na sequência dessa análise, dirigir recomendações aos Estados-Membros.

5. Com base nos resultados daquela análise, o Conselho e a Comissão apresentarão anualmente ao Conselho Europeu um relatório conjunto sobre a situação do emprego na Comunidade e a aplicação das orientações em matéria de emprego.

Artigo 129.°

O Conselho, deliberando nos termos do artigo 251.° e após consulta ao Comité Económico e Social e ao Comité das Regiões, pode adoptar acções de incentivo destinadas a fomentar a cooperação entre os Estados-Membros e apoiar a sua acção no domínio do emprego, por meio de iniciativas que tenham por objectivo desenvolver o intercâmbio de informações e de boas práticas, facultar análises comparativas e consultadoria, promover abordagens inovadoras e avaliar a experiência adquirida, em especial mediante o recurso a projectos-piloto.

Essas acções não incluirão a harmonização das disposições legislativas e regulamentares dos Estados-Membros.

Artigo 130.°

O Conselho, após consulta ao Parlamento Europeu, criará um Comité do Emprego, com carácter consultivo, para promover a coordenação das políticas em matéria de emprego e de mercado de trabalho entre os Estados-Membros. O Comité terá por funções:

– acompanhar a evolução da situação do emprego e das políticas de emprego nos Estados-Membros e na Comunidade;

– sem prejuízo do disposto no artigo 207.°, formular pareceres, quer a pedido do Conselho ou da Comissão, quer por iniciativa própria, e contribuir para a preparação das deliberações do Conselho a que se refere o artigo 128.°.

No cumprimento do seu mandato, o Comité consultará os parceiros sociais.

Os Estados-Membros e a Comissão nomearão, cada um, dois membros do Comité.

TÍTULO IX
A política comercial comum

Artigo 131.°

Ao instituirem entre si uma união aduaneira, os Estados-Membros propõem-se contribuir, no interesse comum, para o desenvolvimento harmonioso do comércio mundial, para a supressão progressiva das restrições às trocas internacionais e para a redução das barreiras alfandegárias.

A política comercial comum tomará em conta a incidência favorável que a supressão de direitos aduaneiros entre os Estados-Membros possa ter no aumento da capacidade concorrencial das empresas destes Estados.

Artigo 132.°

1. Sem prejuízo dos compromissos assumidos pelos Estados-Membros no âmbito de outras organizações internacionais, os regimes de auxílios concedidos pelos Estados-Membros às exportações para países terceiros serão progressivamente harmonizados na medida em que tal for necessário para evitar que a concorrência entre as empresas da Comunidade seja falseada.

Sob proposta da Comissão, o Conselho, deliberando por maioria qualificada, adoptará as directivas necessárias para o efeito.

2. As disposições precedentes não são aplicáveis aos draubaques de direitos aduaneiros ou de encargos de efeito equivalente nem aos reembolsos que resultem de imposições indirectas, incluindo os impostos sobre o volume de negócios, os impostos sobre consumos específicos e outros impostos indirectos, concedidos no momento da exportação de uma mercadoria de um Estado-membro para um país terceiro, na medida em que esses draubaques ou reembolsos não excedam os direitos, encargos ou imposições que tenham incidido, directa ou indirectamente, sobre os produtos exportados.

128 *Tratado de Roma (Comunidade Europeia)*

Artigo 133.°

1. A política comercial comum assenta em princípios uniformes, designadamente no que diz respeito às modificações pautais, à celebração de acordos pautais e comerciais, à uniformização das medidas de liberalização, à política de exportação, bem como às medidas de protecção do comércio, tais como as medidas a tomar em caso de "dumping" e de subvenções.

2. Tendo em vista a execução desta política comercial comum, a Comissão submeterá propostas ao Conselho.

3. Quando devam ser negociados acordos com um ou mais Estados ou organizações internacionais, a Comissão apresentará, para o efeito, recomendações ao Conselho, que a autorizará a encetar as negociações necessárias. *Cabe ao Conselho e à Comissão assegurar que os acordos negociados sejam compatíveis com as políticas e normas internas da Comunidade.*

A Comissão, no âmbito das *directrizes* [1] que o Conselho lhe pode dirigir, conduzirá estas negociações, consultando para o efeito um Comité especial designado pelo Conselho para a assistir nessas funções. *A Comissão apresentará regularmente ao Comité especial um relatório sobre a situação das negociações.*

São aplicáveis as disposições pertinentes do artigo 300.°.

4. No exercício da competência que lhe é atribuida no presente artigo, o Conselho delibera por maioria qualificada.

5. *Os n.ᵒˢ 1 a 4 são igualmente aplicáveis à negociação e à celebração de acordos nos domínios do comércio de serviços e dos aspectos comerciais da propriedade intelectual, na medida em que os referidos acordos não estejam abrangidos por esses números e sem prejuízo do n.° 6.*

Em derrogação do n.° 4, o Conselho delibera por unanimidade no que diz respeito à negociação e à celebração de acordos nos domínios referidos no primeiro parágrafo, sempre que incluam disposições em relação às quais seja exigida a unanimidade para a adopção de normas internas ou sempre que incidam em domínios em que a Comunidade não tenha ainda exercido, através da adopção de normas internas, as suas competências por força do presente Tratado.

O Conselho delibera por unanimidade no que diz respeito à negociação e à celebração de acordos de carácter horizontal na me-

---

[1] Na redacção actual lê-se "directivas".

dida em que estejam também abrangidos pelo parágrafo anterior ou pelo segundo parágrafo do n.° 6.

O disposto no presente número não prejudica o direito dos Estados--Membros de manter ou celebrar acordos com países terceiros ou com organizações internacionais, desde que esses acordos respeitem o direito comunitário e os outros acordos internacionais pertinentes.

6. O Conselho não pode celebrar acordos que incluam disposições que excedam as competências internas da Comunidade, tendo nomeadamente por consequência uma harmonização das disposições legislativas e regulamentares dos Estados-Membros num domínio em que o presente Tratado exclua essa harmonização.

A este respeito, em derrogação do primeiro parágrafo do n.° 5, os acordos no domínio do comércio de serviços culturais e audiovisuais, de serviços de educação, bem como de serviços sociais e de saúde humana, são da competência partilhada entre a Comunidade e os seus Estados-Membros, pelo que a sua negociação requer, para além de uma decisão comunitária tomada nos termos do disposto no artigo 300.°, o comum acordo dos Estados-Membros. Os acordos assim negociados são celebrados conjuntamente pela Comunidade e pelos Estados-Membros.

A negociação e a celebração de acordos internacionais no domínio dos transportes continuam a reger-se pelo disposto no Título V e no artigo 300.°.

7. Sem prejuízo do primeiro parágrafo do n.° 6, o Conselho, deliberando por unanimidade sob proposta da Comissão e após consulta ao Parlamento Europeu, pode alargar a aplicação dos n.ᵒˢ 1 a 4 às negociações e acordos internacionais que incidam na propriedade intelectual, na medida em que estes não estejam abrangidos pelo n.° 5.[1]

Artigo 134.°

A fim de garantir que a execução das medidas de política comercial, adoptadas nos termos do presente Tratado por qualquer Estado-

---

[1] Redacção dada pelo Tratado de Nice. A redacção anterior era a seguinte:
"5. O Conselho, deliberando por unanimidade, sob proposta da Comissão e após consulta ao Parlamento Europeu, pode tornar extensivo o âmbito de aplicação dos n.ᵒˢ 1 a 4 às negociações e acordos internacionais relativos aos sectores dos serviços e aos direitos de propriedade intelectual, na medida em que não sejam abrangidos por esses números".

130 *Tratado de Roma (Comunidade Europeia)*

-Membro, não seja impedida por desvios de tráfego, ou sempre que haja disparidades nessas medidas que provoquem dificuldades económicas em um ou mais Estados, a Comissão recomendará os métodos a empregar pelos outros Estados-Membros para prestarem a cooperação necessária. Na falta dessa cooperação, a Comissão pode autorizar os Estados-Membros a tomarem as medidas de protecção necessárias, de que fixará as condições e modalidades.

Em caso de urgência, os Estados-Membros devem pedir autorização à Comissão, que se pronunciará no mais curto prazo, para tomarem eles próprios as medidas necessárias, notificando-as em seguida aos outros Estados-Membros. A Comissão pode decidir, em qualquer momento, que os Estados-Membros em causa devem modificar ou revogar as medidas tomadas.

Devem ser prioritariamente escolhidas as medidas que provoquem o mínimo de perturbações no funcionamento do mercado comum.

TÍTULO X [1]
Cooperação aduaneira

Artigo 135.°

No âmbito de aplicação do presente Tratado, o Conselho, deliberando nos termos do artigo 251.°, tomará medidas destinadas a reforçar a cooperação aduaneira entre os Estados-Membros e entre estes e a Comissão. Essas medidas não dirão respeito à aplicação do direito penal nacional, nem à administração da justiça nos Estados-Membros.

---

[1] Título introduzido pelo Tratado de Amesterdão.

Tratado de Roma (Comunidade Europeia) 131

TÍTULO XI
A política social, a educação, a formação profissional e a juventude

CAPÍTULO I
Disposições sociais

Artigo 136.°

A Comunidade e os Estados-Membros, tendo presentes os direitos sociais fundamentais, tal como os enunciam a Carta Social Europeia, assinada em Turim, em 18 de Outubro de 1961, e a Carta Comunitária dos Direitos Sociais Fundamentais dos Trabalhadores, de 1989, terão por objectivos a promoção do emprego, a melhoria das condições de vida e de trabalho, de modo a permitir a sua harmonização, assegurando simultaneamente essa melhoria, uma protecção social adequada, o diálogo entre parceiros sociais, o desenvolvimento dos recursos humanos, tendo em vista um nível de emprego elevado e duradouro, e a luta contra as exclusões.

Para o efeito, a Comunidade e os Estados-Membros desenvolverão acções que tenham em conta a diversidade das práticas nacionais, em especial no domínio das relações contratuais, e a necessidade de manter a capacidade concorrencial da economia comunitária.

A Comunidade e os Estados-Membros consideram que esse desenvolvimento decorrerá não apenas do funcionamento do mercado comum, que favorecerá a harmonização dos sistemas sociais, mas igualmente dos processos previstos no presente Tratado e da aproximação das disposições legislativas, regulamentares e administrativas.

132   *Tratado de Roma (Comunidade Europeia)*

Artigo 137.° [1]

1. A fim de realizar os objectivos enunciados no artigo 136.°, a Comunidade apoiará e completará a acção dos Estados-Membros nos seguintes domínios:

a) Melhoria, principalmente, do ambiente de trabalho, a fim de proteger a saúde e a segurança dos trabalhadores;

---

[1] Redacção dada pelo Tratado de Nice. A redacção anterior era a seguinte:
"1. (...):
– melhoria, principalmente, do ambiente de trabalho, a fim de proteger a saúde e a segurança dos trabalhadores;
– condições de trabalho;
– informação e consulta dos trabalhadores;
– integração das pessoas excluídas do mercado de trabalho, sem prejuízo do disposto no artigo 150.°;
– igualdade entre homens e mulheres quanto às oportunidades no mercado de trabalho e ao tratamento no trabalho.
2. Para o efeito, o Conselho pode adoptar, por meio de directivas, prescrições mínimas progressivamente aplicáveis, tendo em conta as condições e as regulamentações técnicas existentes em cada um dos Estados-Membros. Essas directivas devem evitar impor disciplinas administrativas, financeiras e jurídicas contrárias à criação e desenvolvimento de pequenas e médias empresas.
O Conselho deliberará nos termos do artigo 251.°, após consulta ao Comité Económico e Social e ao Comité das Regiões.
O Conselho, deliberando nos mesmos termos, pode adoptar medidas destinadas a fomentar a cooperação entre os Estados-Membros, através de iniciativas que tenham por objectivo melhorar os conhecimentos, desenvolver o intercâmbio de informações e de boas práticas, promover abordagens inovadoras e avaliar a experiência adquirida, a fim de combater a exclusão social.
3. Todavia, o Conselho deliberará por unanimidade, sob proposta da Comissão e após consulta ao Parlamento Europeu, ao Comité Económico e Social e ao Comité das Regiões, nos seguintes domínios:
– segurança social e protecção social dos trabalhadores;
– protecção dos trabalhadores em caso de rescisão do contrato de trabalho;
– representação e defesa colectiva dos interesses dos trabalhadores e das entidades patronais, incluindo a co-gestão, sem prejuízo do disposto no n.° 6;
– condições de emprego dos nacionais de países terceiros que residam legalmente no território da Comunidade;
– contribuições financeiras destinadas à promoção do emprego e à criação de postos de trabalho, sem prejuízo das disposições relativas ao Fundo Social.
4. Os Estados-Membros podem confiar aos parceiros sociais, a pedido conjunto destes, a aplicação das directivas adoptadas em aplicação dos n.os 2 e 3.
Nesse caso, assegurará que, o mais tardar na data em que determinada directiva deva ser transposta nos termos do artigo 249.°, os parceiros sociais tenham intro-

b) Condições de trabalho;

c) Segurança social e protecção social dos trabalhadores;

d) Protecção dos trabalhadores em caso de rescisão do contrato de trabalho;

e) Informação e consulta dos trabalhadores;

f) Representação e defesa colectiva dos interesses dos trabalhadores e das entidades patronais, incluindo a co-gestão, sem prejuízo do disposto no n.° 5;

g) Condições de emprego dos nacionais de países terceiros que residam legalmente no território da Comunidade;

h) Integração das pessoas excluídas do mercado de trabalho, sem prejuízo do disposto no artigo 150.°;

i) Igualdade entre homens e mulheres quanto às oportunidades no mercado de trabalho e ao tratamento no trabalho;

j) Luta contra a exclusão social;

k) Modernização dos sistemas de protecção social, sem prejuízo do disposto na alínea c).

2. Para o efeito, o Conselho pode:

a) Tomar medidas destinadas a fomentar a cooperação entre os Estados-Membros, através de iniciativas que tenham por objectivo melhorar os conhecimentos, desenvolver o intercâmbio de informações e de boas práticas, promover abordagens inovadoras e avaliar a experiência adquirida, com exclusão de qualquer harmonização das disposições legislativas e regulamentares dos Estados-Membros;

b) Adoptar, nos domínios referidos nas alíneas a) a i) do n.° 1, por meio de directivas, prescrições mínimas progressivamente aplicáveis, tendo em conta as condições e as regulamentações técnicas existentes em cada um dos Estados-Membros. Essas directivas devem evitar impor disciplinas administrativas, financeiras e jurídicas contrárias à criação e ao desenvolvimento de pequenas e médias empresas.

O Conselho delibera nos termos do artigo 251.°, após consulta ao Comité Económico e Social e ao Comité das Regiões, excepto nos

---

duzido, por acordo, as disposições necessárias, devendo o respectivo Estado-Membro tomar as medidas necessárias para poder garantir, a todo o tempo, os resultados impostos por essa directiva.

5. As disposições adoptadas ao abrigo do presente artigo não obstam a que os Estados-Membros mantenham ou introduzam medidas de protecção mais estritas compatíveis com o presente Tratado.

6. O disposto no presente artigo não é aplicável às remunerações, ao direito sindical, ao direito de greve e ao direito de lock-out.

134   *Tratado de Roma (Comunidade Europeia)*

domínios referidos nas alíneas c), d), f) e g) do n.° 1 do presente artigo, em que o Conselho delibera por unanimidade, sob proposta da Comissão e após consulta ao Parlamento Europeu e aos referidos Comités. O Conselho, deliberando por unanimidade, sob proposta da Comissão e após consulta ao Parlamento Europeu, pode decidir tornar aplicável às alíneas d), f) e g) do n.° 1 do presente artigo o processo previsto no artigo 251.°.

3. Qualquer Estado-Membro pode confiar aos parceiros sociais, a pedido conjunto destes, a execução das directivas adoptadas em aplicação do n.° 2.

Nesse caso, assegurará que, o mais tardar na data em que determinada directiva deva ser transposta nos termos do artigo 249.°, os parceiros sociais tenham introduzido, por acordo, as disposições necessárias, devendo o Estado-Membro em questão tomar as medidas indispensáveis para poder garantir, a todo o tempo, os resultados impostos por essa directiva.

4. As disposições adoptadas ao abrigo do presente artigo:

– não prejudicam a faculdade de os Estados-Membros definirem os princípios fundamentais dos seus sistemas de segurança social nem devem afectar substancialmente o equilíbrio financeiro desses sistemas;

– não obstam a que os Estados-Membros mantenham ou introduzam medidas de protecção mais estritas compatíveis com o presente Tratado.

5. O disposto no presente artigo não é aplicável às remunerações, ao direito sindical, ao direito de greve e ao direito de lock-out.

Artigo 138.°

1. À Comissão caberá promover a consulta dos parceiros sociais ao nível comunitário e tomar todas as medidas necessárias para facilitar o seu diálogo, assegurando um apoio equilibrado às partes.

2. Para o efeito, antes de apresentar propostas no domínio da política social, a Comissão consultará os parceiros sociais sobre a possível orientação da acção comunitária.

3. Se, após essa consulta, a Comissão considerar desejável uma acção comunitária, consultará os parceiros sociais sobre o conteúdo da proposta prevista. Estes enviarão à Comissão um parecer ou, quando adequado, uma recomendação.

Tratado de Roma (Comunidade Europeia) 135

4. Ao efectuarem essa consulta, os parceiros sociais podem informar a Comissão do seu desejo de dar início ao processo previsto no artigo 139.º. A duração deste não pode exceder nove meses, salvo prorrogação decidida em comum por esses parceiros sociais e pela Comissão.

Artigo 139.º

1. O diálogo entre os parceiros sociais ao nível comunitário pode conduzir, se estes o entenderem desejável, a relações contratuais, incluindo acordos.

2. Os acordos celebrados ao nível comunitário serão aplicados, quer de acordo com os processos e práticas próprios dos parceiros sociais e dos Estados-Membros quer, nas matérias abrangidas pelo artigo 137.º, a pedido conjunto das partes signatárias, com base em decisão adoptada pelo Conselho, sob proposta da Comissão.

O Conselho delibera por maioria qualificada, salvo se o acordo em questão contiver uma ou mais disposições relativas a um dos domínios em relação aos quais por força do n.º 2 do artigo 137.º seja exigida a unanimidade. Neste caso, o Conselho delibera por unanimidade.[1]

Artigo 140.º

Tendo em vista a realização dos objectivos do artigo 136.º e sem prejuízo das demais disposições do presente Tratado, a Comissão incentivará a cooperação entre os Estados-Membros e facilitará a coordenação das suas acções nos domínios da política social abrangidos pelo presente capítulo, designadamente em questões relativas:
– ao emprego;
– ao direito do trabalho e às condições de trabalho;
– à formação e ao aperfeiçoamento profissionais;
– à segurança social;
– à protecção contra acidentes e doenças profissionais;

---

[1] Redacção dada pelo Tratado de Nice. A redacção anterior era a seguinte:
"O Conselho delibera por maioria qualificada, salvo se o acordo em causa contiver uma ou mais disposições relativas a um dos domínios previstos no n.º 3 do artigo 137.º, caso em que delibera por unanimidade".

– à higiene no trabalho;

– ao direito sindical e às negociações colectivas entre entidades patronais e trabalhadores.

Para o efeito, a Comissão actuará em estreito contacto com os Estados-Membros realizando estudos e pareceres e organizando consultas, tanto sobre os problemas que se colocam ao nível nacional, como sobre os que interessam às organizações internacionais.

Antes de formular os pareceres previstos no presente artigo, a Comissão consultará o Comité Económico e Social.

Artigo 141.°

1. Os Estados-Membros assegurarão a aplicação do princípio da igualdade de remuneração entre trabalhadores masculinos e femininos, por trabalho igual ou de valor igual.

2. Para efeitos do presente artigo, entende-se por "remuneração" o salário ou vencimento ordinário, de base ou mínimo, e quaisquer outras regalias pagas, directa ou indirectamente, em dinheiro ou em espécie, pela entidade patronal ao trabalhador em razão do emprego deste último.

A igualdade de remuneração sem discriminação em razão do sexo implica que:

a) A remuneração do mesmo trabalho pago à tarefa seja estabelecida na base de uma mesma unidade de medida;

b) A remuneração do trabalho pago por unidade de tempo seja a mesma para um mesmo posto de trabalho.

3. O Conselho, deliberando nos termos do artigo 251.° e após consulta ao Comité Económico e Social, adoptará medidas destinadas a garantir a aplicação do princípio da igualdade de oportunidades e da igualdade de tratamento entre homens e mulheres em matéria de emprego e de trabalho, incluindo o princípio da igualdade de remuneração por trabalho igual ou de valor igual.

4. A fim de assegurar, na prática, a plena igualdade entre homens e mulheres na vida profissional, o princípio da igualdade de tratamento não obsta a que os Estados-Membros mantenham ou adoptem medidas que prevejam regalias específicas destinadas a facilitar o exercício de uma actividade profissional pelas pessoas do sexo sub-representado, ou a prevenir ou compensar desvantagens na sua carreira profissional.

Artigo 142.º

Os Estados-Membros esforçar-se-ão por manter a equivalência existente dos regimes de férias pagas.

Artigo 143.º

A Comissão elaborará anualmente um relatório sobre a evolução na realização dos objectivos a que se refere o artigo 136.º, incluindo a situação demográfica na Comunidade. Esse relatório será enviado ao Parlamento Europeu, ao Conselho e ao Comité Económico e Social.

O Parlamento Europeu pode convidar a Comissão a elaborar relatórios sobre problemas específicos respeitantes à situação social.

Artigo 144.º [1]

O Conselho, após consulta ao Parlamento Europeu, criará um Comité da Protecção Social, com carácter consultivo, para promover a cooperação em matéria de protecção social entre os Estados--Membros e com a Comissão. Compete ao Comité:

– acompanhar a situação social e a evolução das políticas de protecção social nos Estados-Membros e na Comunidade;

– promover o intercâmbio de informações, experiências e boas práticas entre os Estados-Membros e com a Comissão;

– sem prejuízo do disposto no artigo 207.º, preparar relatórios, formular pareceres ou desenvolver outras actividades nos domínios da sua competência, quer a pedido do Conselho ou da Comissão, quer por iniciativa própria.

No cumprimento do seu mandato, o Comité estabelecerá os devidos contactos com os parceiros sociais.

Cada Estado-Membro e a Comissão nomeiam dois membros do Comité.

---

[1] Redacção dada pelo Tratado de Nice. A redacção anterior era a seguinte:

"O Conselho, deliberando por unanimidade, após consulta do Comité Económico e Social, pode incumbir a Comissão de funções relacionadas com a execução de medidas comuns, designadamente no que respeita à segurança social dos tabalhadores migrantes referidos nos artigos 39.º a 42.º, inclusive".

Artigo 145.º

No seu relatório anual a apresentar ao Parlamento Europeu, a Comissão consagrará um capítulo especial à evolução da situação social na Comunidade.

O Parlamento Europeu pode pedir à Comissão que elabore relatórios sobre problemas específicos respeitantes à situação social.

CAPÍTULO II
O Fundo Social Europeu

Artigo 146.º

A fim de melhorar as oportunidades de emprego dos trabalhadores no mercado interno e contribuir assim para uma melhoria do nível de vida, é instituído um Fundo Social Europeu, nos termos das disposições seguintes, que tem por objectivo promover facilidades de emprego e a mobilidade geográfica e profissional dos trabalhadores na Comunidade, bem como facilitar a adaptação às mutações industriais e à evolução dos sistemas de produção, nomeadamente através da formação e da reconversão profissionais.

Artigo 147.º

O Fundo é administrado pela Comissão.

Nestas funções, a Comissão é assistida por um comité presidido por um membro da Comissão e composto por representantes dos governos e das organizações sindicais de trabalhadores e das associações patronais.

Artigo 148.º

O Conselho, deliberando nos termos do artigo 251.º e após consulta ao Comité Económico e Social e ao Comité das Regiões, adoptará as decisões de aplicação relativas ao Fundo Social Europeu.

Tratado de Roma (Comunidade Europeia)

CAPÍTULO III
A educação, a formação profissional e a juventude

Artigo 149.º

1. A Comunidade contribuirá para o desenvolvimento de uma educação de qualidade, incentivando a cooperação entre Estados-Membros e, se necessário, apoiando e completando a sua acção, respeitando integralmente a responsabilidade dos Estados-Membros pelo conteúdo do ensino e pela organização do sistema educativo, bem como a sua diversidade cultural e linguística.

2. A acção da Comunidade tem por objectivo:

– desenvolver a dimensão europeia na educação, nomeadamente através da aprendizagem e divulgação das línguas dos Estados-Membros;

– incentivar a mobilidade dos estudantes e dos professores, nomeadamente através do incentivo ao reconhecimento académico de diplomas e períodos de estudo;

– promover a cooperação entre estabelecimentos de ensino;

– desenvolver o intercâmbio de informações e experiências sobre questões comuns aos sistemas educativos dos Estados-Membros;

– incentivar o desenvolvimento do intercâmbio de jovens e animadores sócio-educativos;

– estimular o desenvolvimento da educação à distância.

3. A Comunidade e os Estados-Membros incentivarão a cooperação com países terceiros e com as organizações internacionais competentes em matéria de educação, especialmente com o Conselho da Europa.

4. Para contribuir para a realização dos objectivos a que se refere o presente artigo, o Conselho adopta:

– deliberando de acordo com o procedimento previsto no artigo 251.º, e após consulta do Comité Económico e Social e do Comité das Regiões, acções de incentivo, com exclusão de qualquer harmonização das disposições legislativas e regulamentares dos Estados-Membros;

– deliberando por maioria qualificada, sob proposta da Comissão, recomendações.

140   *Tratado de Roma (Comunidade Europeia)*

Artigo 150.°

1. A Comunidade desenvolve um política de formação profissional que apoie e complete as acções dos Estados-Membros, respeitando plenamente a responsabilidade dos Estados-Membros pelo conteúdo e pela organização da formação profissional.

2. A acção da Comunidade tem por objectivo:

– facilitar a adaptação às mutações industriais, nomeadamente através da formação e da reconversão profissionais;

– melhorar a formação profissional inicial e a formação contínua, de modo a facilitar a inserção e a reinserção profissional no mercado de trabalho;

– facilitar o acesso à formação profissional e incentivar a mobilidade de formadores e formandos, nomeadamente dos jovens;

– estimular a cooperação em matéria de formação entre estabelecimentos de ensino ou de formação profissional e empresas;

– desenvolver o intercâmbio de informações e experiências sobre questões comuns aos sistemas de formação dos Estados-Membros.

3. A Comunidade e os Estados-Membros incentivarão a cooperação com países terceiros e com as organizações internacionais competentes em matéria de formação profissional.

4. O Conselho, deliberando nos termos do artigo 251.°, e após consulta ao Comité Económico e Social e ao Comité das Regiões, adoptará medidas que contribuam para a realização dos objectivos a que se refere o presente artigo, com exclusão de qualquer harmonização das disposições legislativas e regulamentares dos Estados--Membros.

TÍTULO X II
A cultura

Artigo 151.°

1. A Comunidade contribuirá para o desenvolvimento das culturas dos Estados-Membros, respeitando a sua diversidade nacional e regional, e pondo simultaneamente em evidência o património cultural comum.

Tratado de Roma (Comunidade Europeia) 141

2. A acção da Comunidade tem por objectivo incentivar a cooperação entre Estados-Membros e, se necessário, apoiar e completar a sua acção nos seguintes domínios:

– melhoria do conhecimento e da divulgação da cultura e da história dos povos europeus;

– conservação e salvaguarda do património cultural de importância europeia;

– intercâmbios culturais não comerciais;

– criação artística e literária, incluindo o sector audiovisual.

3. A Comunidade e os Estados-Membros incentivarão a cooperação com os países terceiros e as organizações internacionais competentes no domínio da cultura, em especial com o Conselho da Europa.

4. Na sua acção ao abrigo de outras disposições do presente Tratado, a Comunidade terá em conta os aspectos culturais, a fim de, nomeadamente, respeitar e promover a diversidade das suas culturas.

5. Para contribuir para a realização dos objectivos a que se refere o presente artigo, o Conselho adopta:

– deliberando de acordo com o procedimento previsto no artigo 251.°, e após consulta do Comité das Regiões, acções de incentivo, com exclusão de qualquer harmonização das disposições legislativas e regulamentares dos Estados-Membros. O Conselho delibera por unanimidade ao aplicar o procedimento previsto no artigo 251.°;

– deliberando por unanimidade, sob proposta da Comissão, recomendações.

TÍTULO XIII
A saúde pública

Artigo 152.°

1. Na definição e execução de todas as políticas e acções da Comunidade será assegurado um elevado nível de protecção da saúde.

A acção da Comunidade, que será complementar das políticas nacionais, incidirá na melhoria da saúde pública e na prevenção das doenças e afecções humanas e na redução das causas de perigo para a saúde humana. Esta acção abrangerá a luta contra os grandes flagelos, fomentando a investigação sobre as respectivas causas, formas de transmissão e prevenção, bem como a informação e a educação sanitária.

A acção da Comunidade será complementar da acção empreendida pelos Estados-Membros na redução dos efeitos nocivos da droga sobre a saúde, nomeadamente através da informação e da prevenção.

2. A Comunidade incentivará a cooperação entre os Estados-Membros nos domínios a que se refere o presente artigo, apoiando, se necessário, a sua acção.

Os Estados-Membros coordenarão entre si, em articulação com a Comissão, as suas políticas e programas nos domínios a que se refere o n.° 1. A Comissão, em estreito contacto com os Estados-Membros, pode tomar todas as iniciativas adequadas para promover essa coordenação.

3. A Comunidade e os Estados-Membros fomentarão a cooperação com os países terceiros e as organizações internacionais competentes no domínio da saúde pública.

4. O Conselho, deliberando nos termos do artigo 251.° e após consulta ao Comité Económico e Social e ao Comité das Regiões, contribuirá para a realização dos objectivos a que se refere o presente artigo, adoptando:

a) Medidas que estabeleçam normas elevadas de qualidade e segurança dos órgãos e substâncias de origem humana, do sangue e dos derivados do sangue; essas medidas não podem obstar a que os Estados-Membros mantenham ou introduzam medidas de protecção mais estritas;

b) Em derrogação do artigo 37.°, medidas nos domínios veterinário e fitossanitário que tenham directamente por objectivo a protecção da saúde pública;

c) Acções de incentivo destinadas a proteger e melhorar a saúde humana, com exclusão de qualquer harmonização das disposições legislativas e regulamentares dos Estados-Membros.

O Conselho, deliberando por maioria qualificada, sob proposta da Comissão, pode igualmente adoptar recomendações para os fins enunciados no presente artigo.

5. A acção da Comunidade no domínio da saúde pública respeitará plenamente as competências dos Estados-Membros em matéria de organização e prestação de serviços de saúde e de cuidados médicos. Em especial, as medidas a que se refere a alínea a) do n.° 4 em nada afectam as disposições nacionais sobre doação de órgãos e de sangue ou sua utilização para fins médicos.

TÍTULO XIV
A defesa dos consumidores

Artigo 153.º

1. A fim de promover os interesses dos consumidores e assegurar um elevado nível de defesa destes, a Comunidade contribuirá para a protecção da saúde, da segurança e dos interesses económicos dos consumidores, bem como para a promoção do seu direito à informação, à educação e à organização para a defesa dos seus interesses.

2. As exigências em matéria de defesa dos consumidores serão tomadas em conta na definição e execução das demais políticas e acções da Comunidade.

3. A Comunidade contribuirá para a realização dos objectivos a que se refere o n.º 1 através de:

a) Medidas adoptadas em aplicação do artigo 95.º no âmbito da realização do mercado interno;

b) Medidas de apoio, complemento e acompanhamento da política seguida pelos Estados-Membros.

4. O Conselho, deliberando nos termos do artigo 251.º e após consulta ao Comité Económico e Social, adoptará as medidas previstas na alínea b) do n.º 3.

5. As medidas adoptadas nos termos do n.º 4 não obstam a que os Estados-Membros mantenham ou introduzam medidas de protecção mais estritas. Essas medidas devem ser compatíveis com o presente Tratado e serão notificadas à Comissão.

TÍTULO XV
As redes transeuropeias

Artigo 154.º

1. A fim de contribuir para a realização dos objectivos enunciados nos artigos 14.º e 158.º e de permitir que os cidadãos da União, os operadores económicos e as colectividades regionais e locais beneficiem plenamente das vantagens decorrentes da criação de um espaço

144 *Tratado de Roma (Comunidade Europeia)*

sem fronteiras internas, a Comunidade contribuirá para a criação e o desenvolvimento de redes transeuropeias nos sectores das infra-estruturas dos transportes, das telecomunicações e da energia.

2. No âmbito de um sistema de mercados abertos e concorrenciais, a acção da Comunidade terá por objectivo fomentar a interconexão e a interoperabilidade das redes nacionais, bem como o acesso a essas redes. Terá em conta, em especial, a necessidade de ligar as regiões insulares, sem litoral e periféricas às regiões centrais da Comunidade.

Artigo 155.°

1. A fim de realizar os objectivos enunciados no artigo 154.°, a Comunidade:

– estabelecerá um conjunto de orientações que englobem os objectivos, as prioridades e as grandes linhas das acções previstas no domínio das redes transeuropeias; essas orientações identificarão os projectos de interesse comum;

– realizará todas as acções que possam revelar-se necessárias para assegurar a interoperabilidade das redes, em especial no domínio da harmonização das normas técnicas;

– pode apoiar projectos de interesse comum que beneficiem do apoio dos Estados-Membros, identificados no âmbito das orientações referidas no primeiro travessão, em especial sob a forma de estudos de viabilidade, de garantias de empréstimo ou de bonificações de juros; a Comunidade pode ainda contribuir para o financiamento de projectos específicos na área das infra-estruturas de transportes, nos Estados-Membros, através do Fundo de Coesão, criado nos termos do artigo 161.°.

A acção da Comunidade terá em conta a potencial viabilidade económica dos projectos.

2. Os Estados-Membros coordenarão entre si, em articulação com a Comissão, as políticas desenvolvidas a nível nacional que sejam susceptíveis de ter um impacte significativo na realização dos objectivos enunciados no artigo 154.°. A Comissão, em estreita colaboração com os Estados-Membros, pode tomar quaisquer iniciativas necessárias para promover essa coordenação.

3. A Comunidade pode decidir cooperar com países terceiros para promover projectos de interesse comum e assegurar a interoperabilidade das redes.

Tratado de Roma (Comunidade Europeia)   145

Artigo 156.º

As orientações e outras medidas a que se refere o n.º 1 do artigo 155.º serão adoptadas pelo Conselho, deliberando nos termos do artigo 251.º, e após consulta ao Comité Económico e Social e ao Comité das Regiões.

As orientações e projectos de interesse comum que digam respeito ao território de um Estado-Membro exigem a aprovação desse Estado-Membro.

TÍTULO XVI
A indústria

Artigo 157.º

1. A Comunidade e os Estados-Membros zelarão por que sejam asseguradas as condições necessárias ao desenvolvimento da capacidade concorrencial da indústria da Comunidade.

Para o efeito, e no âmbito de um sistema de mercados abertos e concorrenciais, a sua acção tem por objectivo:
– acelerar a adaptação da indústria às alterações estruturais;
– incentivar um ambiente favorável à iniciativa e ao desenvolvimento das empresas do conjunto da Comunidade, e nomeadamente das pequenas e médias empresas;
– incentivar um ambiente favorável à cooperação entre empresas;
– fomentar uma melhor exploração do potencial industrial das políticas de inovação, de investigação e de desenvolvimento tecnológico.

2. Os Estados-Membros consultar-se-ão mutuamente em articulação com a Comissão e, na medida do necessário, coordenarão as suas acções. A Comissão pode tomar quaisquer iniciativas necessárias para promover essa coordenação.

3. A Comunidade contribuirá para a realização dos objectivos enunciados no n.º 1 através das políticas e acções por si desenvolvidas em aplicação de outras disposições do presente Tratado. O Conselho, deliberando nos termos do artigo 251.º e após consulta ao Comité Económico e Social, pode decidir adoptar medidas específicas desti-

146 *Tratado de Roma (Comunidade Europeia)*

nadas a apoiar as acções empreendidas nos Estados-Membros para alcançar os objectivos enunciados no n.° 1.

A Comunidade não pode invocar o presente Título para introduzir quaisquer medidas que possam conduzir a distorções de concorrência ou que comportem disposições fiscais ou relativas aos direitos e interesses dos trabalhadores assalariados. [1]

TÍTULO XVII
A coesão económica e social

Artigo 158.°

A fim de promover um desenvolvimento harmonioso do conjunto da Comunidade, esta desenvolverá e prosseguirá a sua acção no sentido de reforçar a sua coesão económica e social.

Em especial, a Comunidade procurará reduzir a disparidade entre os níveis de desenvolvimento das diversas regiões e o atraso das regiões e das ilhas menos favorecidas, incluindo as zonas rurais.

Artigo 159.°

Os Estados-Membros conduzirão e coordenarão as suas políticas económicas tendo igualmente em vista atingir os objectivos enunciados no artigo 158.°. A formulação e a concretização das políticas e acções da Comunidade, bem como a realização do mercado interno, terão em conta os objectivos enunciados no artigo 158.° e contribuirão

---

[1] Redacção dada pelo Tratado de Nice. A redacção anterior era a seguinte:

"3. A Comunidade contribuirá para a realização dos objectivos enunciados no n.° 1 através das políticas e acções por si desenvolvidas em aplicação de outras disposições do presente Tratado. O Conselho, deliberando por unanimidade, sob proposta da Comissão e após consulta do Parlamento Europeu e do Comité Económico e Social, pode decidir adoptar medidas específicas destinadas a apoiar as acções empreendidas nos Estados-Membros para alcançar os objectivos enunciados no n.° 1.

A Comunidade não pode invocar o presente Título para introduzir quaisquer medidas que possam conduzir a distorções de concorrência".

para a sua realização. A Comunidade apoiará igualmente a realização desses objectivos pela acção por si desenvolvida através dos fundos com finalidade estrutural (Fundo Europeu de Orientação e de Garantia Agrícola, Secção Orientação, Fundo Social Europeu, Fundo Europeu de Desenvolvimento Regional), do Banco Europeu de Investimento e dos demais instrumentos financeiros existentes.

De três em três anos, a Comissão apresentará ao Parlamento Europeu, ao Conselho, ao Comité Económico e Social e ao Comité das Regiões um relatório sobre os progressos registados na realização da coesão económica e social e sobre a forma como os vários meios previstos no presente artigo contribuiram para esses progressos; este relatório será acompanhado, se for caso disso, de propostas adequadas.

Se se verificar a necessidade de acções específicas não inseridas no âmbito dos fundos, e sem prejuízo das medidas decididas no quadro das outras políticas da Comunidade, essas acções podem ser aprovadas pelo Conselho, deliberando nos termos do artigo 251.° e após consulta ao Comité Económico e Social e ao Comité das Regiões.[1]

Artigo 160.°

O Fundo Europeu de Desenvolvimento Regional tem por objectivo contribuir para a correcção dos principais desequilíbrios regionais na Comunidade através de uma participação no desenvolvimento e no ajustamento estrutural das regiões menos desenvolvidas e na reconversão das regiões industriais em declínio.

Artigo 161.°

Sem prejuízo do disposto no artigo 162.°, o Conselho, deliberando por unanimidade, sob proposta da Comissão, e após pare-

---

[1] Redacção dada pelo Tratado de Nice. A redacção anterior era a seguinte:
"Se se verificar a necessidade de acções específicas não inseridas no âmbito dos Fundos, e sem prejuízo das medidas decididas no âmbito das outras políticas da Comunidade, essas acções podem ser aprovadas pelo Conselho, deliberando por unanimidade, sob proposta da Comissão e após consulta do Parlamento Europeu, do Comité Económico e Social e do Comité das Regiões".

148   *Tratado de Roma (Comunidade Europeia)*

cer favorável do Parlamento Europeu e consulta do Comité Económico e Social e do Comité das Regiões, definirá as missões, os objectivos prioritários e a organização dos fundos com finalidade estrutural, o que poderá implicar o agrupamento desses fundos. O Conselho, deliberando de acordo com o mesmo procedimento, definirá igualmente as regras gerais que lhes serão aplicáveis, bem como as disposições necessárias para garantir a sua eficácia e a coordenação dos Fundos entre si e com os demais instrumentos financeiros existentes.

Um Fundo de Coesão, criado pelo Conselho segundo o mesmo procedimento, contribuirá financeiramente para a realização de projectos nos domínios do ambiente e das redes transeuropeias em matéria de infra-estruturas de transportes.

A partir de 1 de Janeiro de 2007, o Conselho delibera por maioria qualificada, sob proposta da Comissão e após parecer favorável do Parlamento Europeu e consulta ao Comité Económico e Social e ao Comité das Regiões, caso tenham sido adoptadas até essa data as perspectivas financeiras plurianuais aplicáveis a partir de 1 de Janeiro de 2007, assim como o respectivo acordo interinstitucional. Caso contrário, o processo previsto no presente parágrafo será aplicável a contar da data da sua adopção. [1]

Artigo 162.°

As decisões de aplicação relativas ao Fundo Europeu de Desenvolvimento Regional serão tomadas pelo Conselho, nos termos do artigo 251.°, e após consulta ao Comité Económico e Social e ao Comité das Regiões.

No que diz respeito ao Fundo Europeu de Orientação e de Garantia Agrícola, Secção Orientação, e ao Fundo Social Europeu, continuam a ser-lhes aplicáveis, respectivamente, os artigos 37.° e 148.°.

---

[1] Ao artigo 161.° foi aditado o terceiro parágrafo pelo Tratado de Nice.

TÍTULO XVIII
A investigação e o desenvolvimento tecnológico

Artigo 163.º

1. A Comunidade tem por objectivo reforçar as bases científicas e tecnológicas da indústria comunitária e fomentar o desenvolvimento da sua capacidade concorrencial internacional, bem como promover as acções de investigação consideradas necessárias ao abrigo de outros Capítulos do presente Tratado.

2. Para o efeito, a Comunidade incentivará, em todo o seu território, as empresas, incluindo as pequenas e médias empresas, os centros de investigação e as universidades nos seus esforços de investigação e de desenvolvimento tecnológico de elevada qualidade; apoiará os seus esforços de cooperação, tendo especialmente por objectivo dar às empresas a possibilidade de explorarem plenamente as potencialidades do mercado interno, através, nomeadamente, da abertura dos concursos públicos nacionais, da definição de normas comuns e da eliminação dos obstáculos jurídicos e fiscais a essa cooperação.

3. Todas as acções da Comunidade empreendidas ao abrigo do presente Tratado, incluindo os projectos de demonstração, no domínio da investigação e do desenvolvimento tecnológico serão decididas e realizadas de acordo com as disposições do presente Título.

Artigo 164.º

Na prossecução destes objectivos, a Comunidade desenvolverá as seguintes acções, que serão complementares das empreendidas nos Estados-Membros:

a) Execução de programas de investigação, de desenvolvimento tecnológico e de demonstração, promovendo a cooperação com e entre as empresas, os centros de investigação e as universidades;

b) Promoção da cooperação em matéria de investigação, de desenvolvimento tecnológico e de demonstração comunitários com países terceiros e com organizações internacionais;

c) Difusão e valorização dos resultados das actividades em matéria de investigação, de desenvolvimento tecnológico e de demonstração comunitários;

150   *Tratado de Roma (Comunidade Europeia)*

d) Incentivo à formação e à mobilidade dos investigadores da Comunidade.

Artigo 165.°

1. A Comunidade e os Estados-Membros coordenarão a sua acção em matéria de investigação e de desenvolvimento tecnológico, de forma a assegurar a coerência recíproca das políticas nacionais e da política comunitária.
2. A Comissão, em estreita colaboração com os Estados--Membros, pode tomar todas as iniciativas adequadas para promover a coordenação a que se refere o número anterior.

Artigo 166.°

1. O Conselho, deliberando nos termos do artigo 251.° e após consulta ao Comité Económico e Social, adoptará um programa--quadro plurianual, do qual constarão todas as acções comunitárias.

O programa-quadro:

– estabelecerá os objectivos científicos e tecnológicos a realizar pelas acções previstas no artigo 164.° e as respectivas prioridades;

– definirá as grandes linhas dessas acções;

– fixará o montante global máximo e as modalidades da partici-pação financeira da Comunidade no programa-quadro, bem como as quotas-partes respectivas de cada uma das acções previstas.

2. O programa-quadro será adaptado ou completado em função da evolução das situações.

3. O programa-quadro será posto em prática mediante programas específicos desenvolvidos no âmbito de cada acção. Cada programa específico definirá as regras da respectiva realização, fixará a sua duração e preverá os meios considerados necessários. A soma dos montantes considerados necessários, previstos nos programas especí-cos, não pode exceder o montante global máximo fixado para o pro-grama-quadro e para cada acção.

4. Os programas específicos serão adoptados pelo Conselho, deliberando por maioria qualificada, sob proposta da Comissão, e após consulta do Parlamento Europeu e do Comité Económico e Social.

Artigo 167.°

Para a execução do programa-quadro plurianual, o Conselho:
– fixará as regras de participação das empresas, dos centros de investigação e das universidades;
– fixará as regras aplicáveis à difusão dos resultados da investigação.

Artigo 168.°

Na execução do programa-quadro plurianual, pode ser decidido adoptar programas complementares em que apenas participarão alguns Estados-Membros que assegurem o seu financiamento, sem prejuízo da eventual participação da Comunidade.

O Conselho adoptará as regras aplicáveis aos programas complementares, nomeadamente em matéria de difusão dos conhecimentos e de acesso de outros Estados-Membros.

Artigo 169.°

Na execução do programa-quadro plurianual, a Comunidade pode prever, com o acordo dos Estados-Membros interessados, a participação em programas de investigação e de desenvolvimento empreendidos por vários Estados-Membros, incluindo a participação nas estruturas criadas para a execução desses programas.

Artigo 170.°

Na execução do programa-quadro plurianual, a Comunidade pode prever a cooperação em matéria de investigação, de desenvolvimento tecnológico e de demonstração comunitários com países terceiros ou organizações internacionais.

As formas dessa cooperação podem ser objecto de acordos entre a Comunidade e as partes terceiras interessadas, que serão negociados e celebrados nos termos do artigo 300.°.

Artigo 171.º

A Comunidade pode criar empresas comuns ou quaisquer outras estruturas necessárias à boa execução dos programas de investigação, de desenvolvimento tecnológico e de demonstração comunitários.

Artigo 172.º

O Conselho, deliberando por maioria qualificada, sob proposta da Comissão, e após consulta ao Parlamento Europeu e ao Comité Económico e Social, adoptará as disposições a que se refere o artigo 171.º.

O Conselho, deliberando nos termos do artigo 251.º, e após consulta ao Comité Económico e Social, adoptará as disposições a que se referem os artigos 167.º, 168.º e 169.º. A adopção dos programas complementares requer o acordo dos Estados-Membros interessados.

Artigo 173.º

No início de cada ano, a Comissão apresentará um relatório ao Parlamento Europeu e ao Conselho. Esse relatório incidirá, nomeadamente, sobre as actividades desenvolvidas em matéria de investigação e de desenvolvimento tecnológico e de difusão dos resultados durante o ano anterior e sobre o programa de trabalhos para o ano em curso.

TÍTULO XIX
O ambiente

Artigo 174.º

1. A política da Comunidade no domínio do ambiente contribuirá para a prossecução dos seguintes objectivos:
 – a preservação, a protecção e a melhoria da qualidade do ambiente;
 – a protecção da saúde das pessoas;
 – a utilização prudente e racional dos recursos naturais;

Tratado de Roma (Comunidade Europeia) 153

– a promoção, no plano internacional, de medidas destinadas a enfrentar os problemas regionais ou mundiais do ambiente.

2. A política da Comunidade no domínio do ambiente terá por objectivo atingir um nível de protecção elevado, tendo em conta a diversidade das situações existentes nas diferentes regiões da Comunidade. Basear-se-á nos princípios da precaução e da acção preventiva, da correcção, prioritariamente na fonte, dos danos causados ao ambiente e do poluidor-pagador.

Neste contexto, as medidas de harmonização destinadas a satisfazer exigências em matéria de protecção do ambiente incluirão, nos casos adequados, uma cláusula de salvaguarda autorizando os Estados-Membros a tomar, por razões ambientais não económicas, medidas provisórias sujeitas a um processo comunitário de controlo.

3. Na elaboração da sua política no domínio do ambiente, a comunidade terá em conta:

– os dados científicos e técnicos disponíveis;

– as condições do ambiente nas diversas regiões da Comunidade;

– as vantagens e os encargos que podem resultar da actuação ou da ausência de actuação;

– o desenvolvimento económico e social da Comunidade no seu conjunto e o desenvolvimento equilibrado das suas regiões.

4. A Comunidade e os Estados-Membros cooperarão, no âmbito das respectivas atribuições, com os países terceiros e as organizações internacionais competentes. As formas de cooperação da Comunidade podem ser objecto de acordos entre esta e as partes terceiras interessadas, os quais serão negociados e celebrados nos termos do artigo 300.°.

O disposto no parágrafo anterior não prejudica a capacidade dos Estados-Membros para negociar nas instâncias internacionais e celebrar acordos internacionais.

Artigo 175.°

1. O Conselho, deliberando nos termos do artigo 251.° e após consulta ao Comité Económico e Social e ao Comité das Regiões, adoptará as acções a empreender pela Comunidade para realizar os objectivos previstos no artigo 174.°.

2. *Em derrogação do processo de decisão previsto no n.° 1 e sem prejuízo do disposto no artigo 95.°, o Conselho, deliberando por una-*

154   *Tratado de Roma (Comunidade Europeia)*

nimidade, sob proposta da Comissão e após consulta ao Parlamento Europeu, ao Comité Económico e Social e ao Comité das Regiões, adoptará:

a) Disposições de carácter fundamentalmente fiscal;

b) As medidas que afectem:

– o ordenamento do território;

– a gestão quantitativa dos recursos hídricos ou que digam respeito, directa ou indirectamente, à disponibilidade desses recursos;

– a afectação dos solos, com excepção da gestão dos lixos;

c) As medidas que afectem consideravelmente a escolha de um Estado-Membro entre diferentes fontes de energia e a estrutura geral do seu aprovisionamento energético.

O Conselho, deliberando nas condições previstas no primeiro parágrafo, pode definir quais os domínios referidos no presente número que devem ser objecto de decisões a tomar por maioria qualificada. [1]

3. Noutros domínios, o Conselho, deliberando nos termos do artigo 251.°, e após consulta ao Comité Económico e Social e ao Comité das Regiões, adoptará programas gerais de acção que fixarão os objectivos prioritários a atingir.

O Conselho, deliberando nas condições previstas no n.° 1 ou n.° 2, consoante o caso, adoptará as medidas necessárias para a execução desses programas.

4. Sem prejuízo de certas medidas de carácter comunitário, os Estados-Membros assegurarão o financiamento e a execução da política em matéria de ambiente.

---

[1] Redacção dada pelo Tratado de Nice. A redacção anterior era a seguinte:

"2. Em derrogação do processo de decisão previsto no número anterior e sem prejuízo do disposto no artigo 95.°, o Conselho, deliberando por unanimidade, sob proposta da Comissão, e após consulta ao Parlamento Europeu, ao Comité Económico e Social e ao Comité das Regiões, adoptará;

– disposições de natureza fundamentalmente fiscal;

– as medidas relativas ao ordenamento do território, à afectação dos solos, com excepção da gestão dos lixos e das medidas de carácter geral, e à gestão dos recursos hídricos;

– as medidas que afectem consideravelmente a escolha de um Estado-Membro entre diferentes fontes de energia e a estrutura geral do seu aprovisionamento energético.

O Conselho, deliberando nas condições previstas no primeiro parágrafo, pode definir quais os domínios referidos no presente número que devem ser objecto de decisões a tomar por maioria qualificada".

Tratado de Roma (Comunidade Europeia)   155

5. Sem prejuízo do princípio do poluidor-pagador, nos casos em que uma medida adoptada nos termos do n.º 1 implique custos considerados desproporcionados para as autoridades públicas de um Estado--Membro, o Conselho, ao adoptar essa medida, tomará as disposições apropriadas sob a forma de:
– derrogações de carácter temporário; e/ou
– um apoio financeiro proveniente do Fundo de Coesão criado nos termos do artigo 161.º.

Artigo 176.º

As medidas de protecção adoptadas por força do artigo 175.º não obstam a que cada Estado-Membro mantenha ou introduza medidas de protecção reforçadas. Essas medidas devem ser compatíveis com o presente Tratado e serão notificadas à Comissão.

TÍTULO XX
A cooperação no desenvolvimento

Artigo 177.º

1. A política da Comunidade em matéria de cooperação para o desenvolvimento, que é complementar das políticas dos Estados--Membros, deve fomentar:
– o desenvolvimento económico e social sustentável dos países em vias de desenvolvimento, em especial dos mais desfavorecidos;
– a inserção harmoniosa dos países em vias de desenvolvimento na economia mundial;
– a luta contra a pobreza nos países em vias de desenvolvimento.
2. A política da Comunidade neste domínio deve contribuir para o objectivo geral de desenvolvimento e de consolidação da democracia e do Estado de direito, bem como para o respeito dos direitos do Homem e das liberdades fundamentais.
3. A Comunidade e os Estados-Membros respeitarão os compromissos e terão em conta os objectivos aprovados no âmbito das Nações Unidas e das demais organizações internacionais competentes.

Artigo 178.°

A Comunidade terá em conta os objectivos a que se refere o artigo 177.° nas políticas que puser em prática e que sejam susceptíveis de afectar os países em vias de desenvolvimento.

Artigo 179.°

1. Sem prejuízo das demais disposições do presente Tratado, o Conselho, deliberando nos termos do artigo 251.°, adoptará as medidas necessárias para a prossecução dos objectivos a que se refere o artigo 177.°. Essas medidas podem revestir a forma de programas plurianuais.

2. O Banco Europeu de Investimento contribuirá, nas condições previstas nos respectivos estatutos, para a aplicação das medidas a que se refere o n.° 1.

3. O disposto no presente artigo não afecta a cooperação com os países de África, das Caraíbas e do Pacífico, no âmbito da Convenção ACP-CE.

Artigo 180.°

1. A Comunidade e os Estados-Membros coordenarão as respectivas políticas em matéria de cooperação para o desenvolvimento e concertar-se-ão sobre os seus programas de ajuda, inclusivamente nas organizações internacionais e no decorrer de Conferências internacionais. Podem empreender acções conjuntas. Os Estados-Membros contribuirão, se necessário, para a execução dos programas de ajuda comunitários.

2. A Comissão pode tomar todas as iniciativas necessárias para promover a coordenação a que se refere o número anterior.

Artigo 181.°

No âmbito das respectivas competências, a Comunidade e os Estados-Membros cooperarão com os países terceiros e as organizações internacionais competentes. As formas de cooperação da Comunidade podem ser objecto de acordos entre esta e as partes terceiras interessadas, os quais serão negociados e celebrados nos termos do artigo 300.°.

Tratado de Roma (Comunidade Europeia) 157

O disposto no parágrafo anterior não prejudica a capacidade dos Estados-Membros para negociar nas instâncias internacionais e celebrar acordos internacionais.

TÍTULO XXI [1]
Cooperação económica, financeira e técnica com os países terceiros

Artigo 181.°-A

1. Sem prejuízo das restantes disposições do presente Tratado, nomeadamente das do Título XX, a Comunidade realizará, no âmbito das suas competências, acções de cooperação económica, financeira e técnica com países terceiros. Essas acções serão complementares das efectuadas pelos Estados-Membros e coerentes com a política de desenvolvimento da Comunidade.

A política da Comunidade neste domínio contribuirá para o objectivo geral de desenvolvimento e consolidação da democracia e do Estado de Direito, bem como para o objectivo de respeito dos direitos humanos e das liberdades fundamentais.

2. O Conselho, deliberando por maioria qualificada, sob proposta da Comissão e após consulta ao Parlamento Europeu, adoptará as medidas necessárias à execução do n.° 1. O Conselho deliberará por unanimidade no que diz respeito aos acordos de associação a que se refere o artigo 310.° e aos acordos a celebrar com os Estados candidatos à adesão à União.

3. No âmbito das respectivas competências, a Comunidade e os Estados-Membros cooperarão com os países terceiros e as organizações internacionais pertinentes. As modalidades de cooperação da Comunidade poderão ser objecto de acordos entre esta e as partes terceiras envolvidas, que serão negociados e celebrados em conformidade com o artigo 300.°.

O disposto no primeiro parágrafo não prejudica a competência dos Estados-Membros para negociar nas instâncias internacionais e celebrar acordos internacionais.

---

[1] Título aditado pelo Tratado de Nice.

PARTE IV
A Associação dos Países e Territórios Ultramarinos

Artigo 182.°

Os Estados-Membros acordam em associar à Comunidade os países e territórios não europeus que mantêm relações especiais com a Dinamarca, a França, os Países Baixos e Reino Unido. Estes países e territórios, a seguir denominados «países e territórios», vêm enumerados na lista constante do anexo II do presente Tratado.

A finalidade da associação é promover o desenvolvimento económico e social dos países e territórios e estabelecer relações económicas estreitas entre eles e a Comunidade no seu conjunto.

Em conformidade com os princípios enunciados no preâmbulo do presente Tratado, a associação deve servir, fundamentalmente, para favorecer os interesses dos habitantes desses países e territórios e para fomentar a sua prosperidade, de modo a conduzi-los ao desenvolvimento económico, social e cultural a que aspiram.

Artigo 183.°

A associação prosseguirá os objectivos seguintes:

1. Os Estados-Membros aplicarão às suas trocas comerciais com os países e territórios o mesmo regime que aplicam entre si por força do presente Tratado.

2. Cada país ou território aplicará às suas trocas comerciais com os Estados-Membros e os outros países e territórios o regime que aplica ao Estado europeu com que mantenha relações especiais.

3. Os Estados-Membros contribuirão para os investimentos exigidos pelo desenvolvimento progressivo destes países ou territórios.

4. No que respeita aos investimentos financiados pela Comunidade, a participação nas adjudicações e fornecimentos estará aberta,

160 *Tratado de Roma (Comunidade Europeia)*

em igualdade de condições, a todas as pessoas singulares e colectivas, nacionais dos Estados-Membros e dos países e territórios.

5. Nas relações entre os Estados-Membros e os países e territórios, o direito de estabelecimento dos nacionais e sociedades será regulado em conformidade com as disposições e pela aplicação dos procedimentos previstos no capítulo relativo ao direito de estabelecimento e numa base não discriminatória, sem prejuízo das disposições especiais adoptadas por força do artigo 187.°.

Artigo 184.°

1. As importações originárias dos países e territórios beneficiarão, ao entrarem nos Estados-Membros, da proibição dos direitos aduaneiros que, nos termos do presente Tratado, se devem proibir entre os Estados-Membros.

2. Em cada país e território, os direitos aduaneiros que incidam sobre as importações provenientes dos Estados-Membros e dos outros países e territórios serão proibidos, nos termos do artigo 25.°.

3. Os países e territórios podem, todavia, cobrar os direitos aduaneiros correspondentes às necessidades do seu desenvolvimento e às exigências da sua industrialização, ou os de natureza fiscal que tenham por fim produzir receita para os seus orçamentos.

Estes direitos não podem exceder aqueles que incidam sobre as importações dos produtos provenientes do Estado-Membro com o qual cada país ou território mantém relações especiais.

4. O disposto no n.° 2 não é aplicável aos países e territórios que, por força das obrigações internacionais especiais a que se encontram vinculados, já apliquem uma pauta aduaneira não discriminatória.

5. A introdução ou modificação de direitos aduaneiros que incidam sobre as mercadorias importadas pelos países e territórios não deve originar, de direito ou de facto, qualquer discriminação directa ou indirecta entre as importações provenientes dos diversos Estados-Membros.

Artigo 185.°

Se o nível dos direitos aplicáveis às mercadorias provenientes de um país terceiro, ao entrarem num país ou território, for, em consequência da aplicação do n.° 1 do artigo 184.°, de ordem a provocar

Tratado de Roma (Comunidade Europeia) 161

desvios de tráfego em prejuízo de qualquer Estado-Membro, este pode pedir à Comissão que proponha aos outros Estados-Membros as medidas necessárias para sanarem tal situação.

Artigo 186.º

Sem prejuízo das disposições respeitantes à saúde pública, segurança pública e ordem pública, a liberdade de circulação dos trabalhadores dos países e territórios nos Estados-Membros e a dos trabalhadores dos Estados-Membros dos países e territórios será regulada mediante convenções a concluir posteriormente, para as quais se exige a unanimidade dos Estados-Membros.

Artigo 187.º

O Conselho, deliberando por unanimidade, aprovará, a partir dos resultados conseguidos no âmbito da associação entre os países e territórios e a Comunidade e com base nos princípios enunciados no presente Tratado, as disposições relativas às modalidades e o processo de associação entre os países e territórios e a Comunidade.

Artigo 188.º

As disposições dos artigos 182.º a 187.º são aplicáveis à Gronelândia, sem prejuízo das disposições específicas para a Gronelândia constantes do Protocolo relativo ao regime especial aplicável à Gronelândia, anexo ao presente Tratado.

PARTE V
As Instituições da Comunidade

TÍTULO I
Disposições institucionais

CAPÍTULO I
As Instituições

SECÇÃO I
O Parlamento Europeu

Artigo 189.º

O Parlamento Europeu, composto por representantes dos povos dos Estados reunidos na Comunidade, exerce os poderes que lhe são atribuídos pelo presente Tratado.

O número de deputados do Parlamento Europeu não será superior a setecentos e trinta e dois. [1]

Artigo 190.º

1. Os representantes, ao Parlamento Europeu, dos povos dos Estados reunidos na Comunidade são eleitos por sufrágio universal directo.

---

[1] Redacção dada pelo Tratado de Nice. A redacção anterior era a seguinte:
"O número de deputados do Parlamento Europeu não será superior a setecentos".

164 *Tratado de Roma (Comunidade Europeia)*

2. O número de representantes eleitos em cada Estado-Membro é fixado da seguinte forma:

Bélgica	24
República Checa	24
Dinamarca	14
Alemanha	99
Estónia	6
Grécia	24
Espanha	54
França	78
Irlanda	13
Itália	78
Chipre	6
Letónia	9
Lituânia	13
Luxemburgo	6
Hungria	24
Malta	5
Países Baixos	27
Áustria	18
Polónia	54
Portugal	24
Eslovénia	7
Eslováquia	14
Finlândia	14
Suécia	19
Reino Unido	78[1]

Em caso de alteração ao presente número, o número de representantes eleitos em cada Estado-Membro deve assegurar a representação adequada dos povos dos Estados reunidos na Comunidade.

3. Os representantes são eleitos por um período de cinco anos.

4 O Parlamento Europeu elaborará um projecto destinado a permitir a eleição por sufrágio universal directo, segundo um processo uniforme em todos os Estados-Membros ou baseado em princípios comuns a todos os Estados-Membros.

O Conselho, deliberando por unanimidade, após parecer favorável do Parlamento Europeu, que se pronuncia por maioria dos membros que o compõem, aprova as disposições cuja adopção recomendará aos Estados-Membros, nos termos das respectivas normas constitucionais.

5. O Parlamento Europeu estabelecerá o estatuto e as condições gerais de exercício das funções dos seus membros, após parecer da Comissão e mediante aprovação do Conselho, deliberando por maioria

---

[1] Redacção dada pelo artigo 11.º do Acto de Adesão de 16 de Abril de 2003.

Tratado de Roma (Comunidade Europeia) 165

qualificada. Quaisquer regras ou condições respeitantes ao regime fiscal dos membros ou ex-membros exigem a unanimidade no Conselho. [1]

Artigo 191.°

Os partidos políticos ao nível europeu desempenham um importante papel como factor de integração na União. Contribuem para a criação de uma consciência europeia e para a expressão da vontade política dos cidadãos da União.

O Conselho, deliberando nos termos do artigo 251.°, definirá o estatuto dos partidos políticos ao nível europeu, nomeadamente as regras relativas ao seu financiamento. [2]

Artigo 192.°

Na medida em que o presente Tratado o prevê, o Parlamento Europeu participa no processo conducente à adopção dos actos comunitários, exercendo as suas atribuições no âmbito dos procedimentos definidos nos artigos 251.° e 252.° e emitindo pareceres favoráveis ou formulando pareceres consultivos.

O Parlamento Europeu pode, por maioria dos seus membros, solicitar à Comissão que submeta à sua apreciação todas as propostas adequadas sobre as questões que se lhe afigure requererem a elaboração de actos comunitários para efeitos de aplicação do presente Tratado.

Artigo 193.°

No exercício das suas atribuições, o Parlamento Europeu pode, a pedido de um quarto dos seus membros, constituir uma comissão de inquérito temporária para analisar, sem prejuízo das atribuições conferidas pelo presente Tratado a outras Instituições ou órgãos, alegações de infracção ou de má administração na aplicação do direito comunitário,

---

[1] Redacção dada pelo Tratado de Nice. A redacção anterior era a seguinte:
"5. O Parlamento Europeu estabelecerá o estatuto e as condições gerais de exercício das funções dos seus membros, após parecer da Comissão e mediante aprovação do Conselho, deliberando por unanimidade".
[2] Parágrafo aditado pelo Tratado de Nice.

166   *Tratado de Roma (Comunidade Europeia)*

excepto se os factos alegados estiverem em instância numa jurisdição, e enquanto o processo jurisdicional não se encontrar concluído.

A Comissão de inquérito temporária extingue-se com a apresentação do seu relatório.

As formas de exercício do direito de inquérito são determinadas de comum acordo pelo Parlamento Europeu, pelo Conselho e pela Comissão.

Artigo 194.º

Qualquer cidadão da União, bem como qualquer outra pessoa singular ou colectiva com residência ou sede estatutária num Estado--Membro, tem o direito de apresentar, a título individual ou em associação com outros cidadãos ou pessoas, petições ao Parlamento Europeu sobre qualquer questão que se integre nos domínios de actividade da Comunidade e lhe diga directamente respeito.

Artigo 195.º

1. O Parlamento Europeu nomeará um Provedor de Justiça, com poderes para receber queixas apresentadas por qualquer cidadão da União ou qualquer pessoa singular ou colectiva com residência ou sede estatutária num Estado-Membro e respeitantes a casos de má administração na actuação das instituições ou organismos comunitários, com excepção do Tribunal de Justiça e do Tribunal de Primeira Instância no exercício das respectivas funções jurisdicionais.

De acordo com a sua missão, o Provedor de Justiça procederá aos inquéritos que considere justificados, quer por sua própria iniciativa, quer com base nas queixas que lhe tenham sido apresentadas, directamente ou por intermédio de um membro do Parlamento Europeu, salvo se os factos invocados forem ou tiverem sido objecto de processo jurisdicional. Sempre que o Provedor de Justiça constate uma situação de má administração, apresentará o assunto à instituição em causa, que dispõe de um prazo de três meses para lhe apresentar a sua posição. O Provedor de Justiça enviará seguidamente um relatório ao Parlamento Europeu e àquela instituição. A pessoa que apresentou a queixa será informada do resultado dos inquéritos.

O Provedor de Justiça apresentará anualmente ao Parlamento um relatório sobre os resultados dos inquéritos que tenha efectuado.

Tratado de Roma (Comunidade Europeia) 167

2. O Provedor de Justiça é nomeado após cada eleição do Parlamento Europeu, pelo período da legislatura. Pode ser reconduzido nas suas funções.

A pedido do Parlamento Europeu, o Tribunal de Justiça pode demitir o Provedor de Justiça, se este deixar de preencher os requisitos necessários ao exercício das suas funções ou tiver cometido falta grave.

3. O Provedor de Justiça exercerá as suas funções com total independência. No cumprimento dos seus deveres, não solicitará nem aceitará instruções de qualquer organismo. Enquanto durarem as suas funções, o Provedor de Justiça não pode exercer qualquer outra actividade profissional, remunerada ou não.

4. O Parlamento Europeu estabelecerá o estatuto e as condições gerais de exercício das funções do Provedor de Justiça, após parecer da Comissão e com a aprovação do Conselho, deliberando por maioria qualificada.

Artigo 196.°

O Parlamento Europeu realiza uma sessão anual, reunindo-se por direito próprio na segunda terça-feira de Março.

O Parlamento Europeu pode reunir-se em sessão extraordinária, a pedido da maioria dos seus membros, do Conselho ou da Comissão.

Artigo 197.°

O Parlamento Europeu designa, de entre os seus membros, o presidente e a mesa.

Os membros da Comissão podem assistir a todas as reuniões e serão ouvidos em nome dela quando assim o solicitarem.

A Comissão responderá, oralmente ou por escrito, às questões que lhe forem colocadas pelo Parlamento Europeu ou pelos seus membros.

O Conselho será ouvido pelo Parlamento Europeu nas condições por ele estabelecidas no seu regulamento interno.

Artigo 198.°

Salvo disposição em contrário do presente Tratado, o Parlamento Europeu delibera por maioria absoluta dos votos expressos.

O regulamento interno fixará o quórum.

168 *Tratado de Roma (Comunidade Europeia)*

Artigo 199.°

O Parlamento Europeu estabelecerá o seu regulamento interno por maioria dos membros que o compõem.

As actas do Parlamento Europeu serão publicadas nas condições previstas no regulamento.

Artigo 200.°

O Parlamento Europeu discutirá em sessão pública o relatório geral anual que lhe é submetido pela Comissão.

Artigo 201.°

Quando uma moção de censura sobre as actividades da Comissão for submetida à apreciação do Parlamento Europeu, este só pode pronunciar-se sobre ela por votação pública e depois de decorridos pelo menos 3 dias sobre o depósito da referida moção.

Se a moção de censura for adoptada por maioria de dois terços dos votos expressos que representem a maioria dos membros que compõem o Parlamento Europeu, os membros da Comissão devem abandonar colectivamente as suas funções. Continuarão, porém, a gerir os assuntos correntes até à sua substituição nos termos do artigo 214.°. Neste caso, o mandato dos membros da Comissão designados para os substituir expira na data em que expiraria o mandato dos membros da Comissão obrigados a abandonar funções colectivamente.

SECÇÃO II
O Conselho

Artigo 202.°

Tendo em vista garantir a realização dos objectivos enunciados no presente Tratado e nas condições nele previstas, o Conselho:

– assegura a coordenação das políticas económicas gerais dos Estados-Membros;

– dispõe de poder de decisão;

– atribui à Comissão, nos actos que adopta, as competências de execução das normas que estabelece. O Conselho pode submeter o

Tratado de Roma (Comunidade Europeia) 169

exercício dessas competências a certas modalidades. O Conselho pode igualmente reservar-se, em casos específicos, o direito de exercer directamente competências de execução. As modalidades acima referidas devem corresponder aos princípios e normas que o Conselho, deliberando por unanimidade, sob proposta da Comissão e após parecer do Parlamento Europeu, tenha estabelecido previamente.

Artigo 203.º

O Conselho é composto por um representante de cada Estado-Membro a nível ministerial, que terá poderes para vincular o governo desse Estado-Membro.

A presidência é exercida sucessivamente por cada Estado-Membro no Conselho, durante um período de seis meses, pela ordem decidida pelo Conselho, deliberando por unanimidade.[1]

Artigo 204.º

O Conselho reúne-se por convocação do seu Presidente, por iniciativa deste, de um dos seus membros ou da Comissão.

Artigo 205.º

1. Salvo disposição em contrário do presente Tratado, as deliberações do Conselho são tomadas por maioria dos seus membros.

2. Relativamente às deliberações do Conselho que exijam

---

[1] Por força do disposto no artigo 1.º da Decisão n.º 2005/902/CE do Conselho, «1. A ordem pela qual os Estados-Membros exercerão a Presidência do Conselho a partir de 1 de Janeiro de 2006 é estabelecida no anexo.

2. O Conselho, deliberando por unanimidade sob proposta dos Estados-Membros interessados, pode decidir que determinado Estado-Membro exerça a Presidência durante um período diferente do que resulta da ordem estabelecida no anexo.»

Anexo: Áustria, Finlândia, Alemanha, Portugal, Eslovénia, França, República Checa, Suécia, Espanha, Bélgica, Hungria, Polónia, Dinamarca, Chipre, Irlanda, Lituânia, Grécia, Itália, Letónia, Luxemburgo, Países Baixos, Eslováquia, Malta, Reino Unido e Estónia (Janeiro a Junho de 2018) (JOUE, L 328, de 15.12.2005, pp. 60-61).

170 *Tratado de Roma (Comunidade Europeia)*

maioria qualificada, atribui-se aos votos dos seus membros a seguinte ponderação:

Bélgica	12
República Checa	12
Dinamarca	7
Alemanha	29
Estónia	4
Grécia	12
Espanha	27
França	29
Irlanda	7
Itália	29
Chipre	4
Letónia	4
Lituânia	7
Luxemburgo	4
Hungria	12
Malta	3
Países Baixos	13
Áustria	10
Polónia	27
Portugal	12
Eslovénia	4
Eslováquia	7
Finlândia	7
Suécia	10
Reino Unido	29

As deliberações são tomadas se obtiverem, no mínimo, duzentos e trinta e dois votos que exprimam a votação favorável da maioria dos membros sempre que, por força do presente Tratado, devam ser tomadas sob proposta da Comissão.

Nos restantes casos, as deliberações são tomadas se obtiverem, no mínimo, duzentos e trinta e dois votos que exprimam a votação favorável de, pelo menos, dois terços dos membros.[1]

3. As abstenções dos membros presentes ou representados não impedem que sejam tomadas as deliberações do Conselho que exijam unanimidade.

4. Sempre que o Conselho tome uma decisão por maioria qualificada, qualquer dos seus membros pode pedir que se verifique se os Estados-Membros que constituem essa maioria qualificada represen-

---

[1] Redacção introduzida pela subalínea *i)* da alínea *a)* do n.º 1 do artigo 12.º do Acto de Adesão de 16 de Abril de 2003, para produzir efeitos em 1 de Novembro de 2004.

Tratado de Roma (Comunidade Europeia) 171

tam, pelo menos, 62% da população total da União. Se essa condição não for preenchida, a decisão em causa não é adoptada.[1]

Artigo 206.º

Em caso de votação, cada membro do Conselho só pode representar, por delegação, um dos outros membros.

Artigo 207.º

1. Um comité, composto pelos representantes permanentes dos Estados-Membros, prepara os trabalhos do Conselho e exerce os mandatos que este lhe confia. O comité pode adoptar decisões de natureza processual nos casos previstos no regulamento interno do Conselho.

2. O Conselho é assistido por um Secretariado-Geral, colocado na dependência de um Secretário-Geral, Alto Representante para a política externa e de segurança comum, que será coadjuvado por um Secretário-Geral Adjunto responsável pela gestão do Secretariado--Geral. O Secretário-Geral e o Secretário-Geral Adjunto são nomeados pelo Conselho, deliberando por *maioria qualificada*.[2]

O Conselho decide sobre a organização do Secretariado-Geral.

3. O Conselho aprova o seu regulamento interno.

Para efeitos de aplicação do n.º 3 do artigo 255.º, o Conselho estabelecerá no seu regulamento interno as condições de acesso por parte do público aos documentos do Conselho. Para efeitos do presente número, o Conselho determinará os casos em que se deve considerar que actua no exercício dos seus poderes legislativos, a fim de possibilitar um maior acesso aos documentos nesses casos, preservando simultaneamente a eficácia do seu processo decisório. De qualquer modo, sempre que o Conselho actue no exercício de poderes legislativos, os resultados das votações e as declarações de voto, bem como as declarações exaradas em acta, serão tornados públicos.

Artigo 208.º

O Conselho pode solicitar à Comissão que proceda a todos os

---

[1] Redacção introduzida pela subalínea *ii)* da alínea *a)* do n.º 1 do artigo 12.º do Acto de Adesão de 16 de Abril de 2003, para produzir efeitos em 1 de Novembro de 2004.

[2] Na redacção anterior, lia-se "unanimidade".

172   *Tratado de Roma (Comunidade Europeia)*

estudos que ele considere oportunos para a realização dos objectivos comuns e que lhe submeta todas as propostas adequadas.

Artigo 209.°

O Conselho estabelecerá, após parecer da Comissão, os estatutos dos comités previstos no presente Tratado.

Artigo 210.° [1]

O Conselho, deliberando por maioria qualificada, fixa os vencimentos, subsídios, abonos e pensões do Presidente e dos membros da Comissão, e ainda do Presidente, dos juízes, dos advogados-gerais e do secretário do Tribunal de Justiça, bem como dos membros e do secretário do Tribunal de Primeira Instância. O Conselho fixa igualmente, por maioria qualificada, todos os subsídios e abonos que substituam a remuneração.

SECÇÃO III
A Comissão

Artigo 211.°

A fim de garantir o funcionamento e o desenvolvimento do mercado comum, a Comissão:

– vela pela aplicação das disposições do presente Tratado, bem como das medidas tomadas pelas instituições, por força deste;

– formula recomendações ou pareceres sobre as matérias que são objecto do presente Tratado, quando este o preveja expressamente ou quando tal seja por ela considerado necessário;

– dispõe de poder de decisão próprio, participando na formação dos actos do Conselho e do Parlamento Europeu, nas condições previstas no presente Tratado;

---

[1] Redacção dada pelo Tratado de Nice. A redacção anterior era a seguinte:
"O Conselho, deliberando por maioria qualificada, fixa os vencimentos, subsídios, abonos e pensões do presidente e dos membros da Comissão, e ainda do presidente, dos juízes, dos advogados-gerais e do escrivão do Tribunal de Justiça. O Conselho fixa, igualmente por maioria qualificada, todos os subsídios e abonos que substituam a remuneração".

Tratado de Roma (Comunidade Europeia) 173

– exerce a competência que o Conselho lhe atribua para a execução das regras por ele estabelecidas.

Artigo 212.º

A Comissão publicará anualmente, pelo menos um mês antes da abertura da sessão do Parlamento Europeu, um relatório geral sobre as actividades da Comunidade.

Artigo 213.º

1. Os membros da Comissão são escolhidos em função da sua competência geral e oferecem todas as garantias de independência.

A Comissão é composta por um nacional de cada Estado membro.

O número de membros da Comissão pode ser modificado pelo Conselho, deliberando por unanimidade[1].

2. Os membros da Comissão exercerão as suas funções com total independência, no interesse geral da Comunidade.

No cumprimento dos seus deveres, não solicitarão nem aceitarão instruções de nenhum governo ou qualquer outra entidade. Os membros da Comissão abster-se-ão de praticar qualquer acto incompatível com a natureza das suas funções. Os Estados-Membros comprometem-se a respeitar este princípio e a não procurar influenciar os membros da Comissão no exercício das suas funções.

Enquanto durarem as suas funções, os membros da Comissão não podem exercer qualquer outra actividade profissional, remunerada ou não. Além disso, assumirão, no momento da posse, o compromisso

---

[1] Redacção dada pelo n.º 1 do artigo 4.º do Protocolo relativo ao alargamento da União Europeia, anexo ao Tratado de Nice, com efeitos a partir da data da entrada em funções da primeira Comissão posterior a 1 de Novembro de 2004. A actual Comissão foi nomeada através da Decisão n.º 2004/780/CE, Euratom, do Conselho, de 19.11.2004 (JOUE, L 344, de 20.11.2004, pp. 33).

A redacção anterior era a seguinte:

«1. A Comissão é composta por vinte membros, escolhidos em função da sua competência geral e que ofereçam todas as garantias de independência.

O número de membros da Comissão pode ser modificado pelo Conselho, deliberando por unanimidade.

Só nacionais dos Estados-Membros podem ser membros da Comissão.

A Comissão deve ter, pelo menos, um nacional de cada Estado membro, mas o número de membros com a nacionalidade de um mesmo Estado não pode ser superior a dois.».

174 *Tratado de Roma (Comunidade Europeia)*

solene de respeitar, durante o exercício das suas funções e após a cessação destas, os deveres decorrentes do cargo, nomeadamente os de honestidade e discrição, relativamente à aceitação, após aquela cessação, de determinadas funções ou benefícios. Se estes deveres não forem respeitados, pode o Tribunal de Justiça, a pedido do Conselho ou da Comissão, conforme o caso, ordenar a demissão compulsiva do membro em causa, nos termos do artigo 216.°, ou a perda do seu direito a pensão ou de quaisquer outros benefícios que a substituam.

Artigo 214.°

1. Os membros da Comissão são nomeados segundo o procedimento previsto no n.° 2, por um período de cinco anos, sem prejuízo da eventual aplicação do disposto no artigo 201.°.
Podem ser reconduzidos nas suas funções.

2. *O Conselho, reunido a nível de Chefes de Estado ou de Governo e deliberando por maioria qualificada, designa a personalidade que tenciona nomear Presidente da Comissão; essa designação será aprovada pelo Parlamento Europeu.*

O Conselho, deliberando por maioria qualificada e de comum acordo com o Presidente designado, aprova a lista das outras personalidades que tenciona nomear membros da Comissão, estabelecida em conformidade com as propostas apresentadas por cada Estado-Membro.

O Presidente e os demais membros da Comissão assim designados são colegialmente sujeitos a um voto de aprovação do Parlamento Europeu. Após a aprovação pelo Parlamento Europeu, o Presidente e os demais membros da Comissão são nomeados pelo Conselho, deliberando por maioria qualificada. [1]

---

[1] Redacção dada pelo Tratado de Nice. A redacção anterior era a seguinte:
"2. Os governos dos Estados-Membros designam, de comum acordo, a personalidade que tencionam nomear Presidente da Comissão; essa designação será aprovada pelo Parlamento Europeu.

Os governos dos Estados-Membros designam, de comum acordo com o Presidente designado, as outras personalidades que tencionam nomear membros da Comissão.

O Presidente e os demais membros da Comissão assim designados são colegialmente sujeitos a um voto de aprovação do Parlamento Europeu. Após a aprovação do Parlamento Europeu, o Presidente e os demais membros da Comissão são nomeados, de comum acordo, pelos governos dos Estados-Membros".

Tratado de Roma (Comunidade Europeia)   175

Artigo 215.°[2]

Para além das substituições normais e dos casos de morte, as funções de membro da Comissão cessam individualmente por demissão voluntária ou compulsiva.

O membro demissionário, demitido ou falecido será substituído por um novo membro, nomeado pelo Conselho, deliberando por maioria qualificada, pelo período remanescente do seu mandato. O Conselho, deliberando por unanimidade, pode decidir pela não substituição durante esse período.

Em caso de demissão voluntária ou compulsiva, ou de morte, o Presidente é substituído pelo período remanescente do seu mandato. É aplicável à substituição do Presidente o procedimento previsto no n.° 2 do artigo 214.°.

Excepto no caso de demissão compulsiva previsto no artigo 216.°, os membros da Comissão permanecem em funções até serem substituídos ou até o Conselho decidir pela não substituição, em conformidade com o segundo parágrafo do presente artigo.

Artigo 216.°

Qualquer membro da Comissão que deixe de preencher os requisitos necessários ao exercício das suas funções ou tenha cometido falta grave pode ser demitido pelo Tribunal de Justiça, a pedido do Conselho ou da Comissão.

---

[2] Redacção dada pelo Tratado de Nice. A redacção anterior dos parágrafos modificados era a seguinte:

"O membro em causa será substituído por um novo membro, nomeado de comum acordo pelos governos dos Estados-Membros, pelo tempo que faltar para o termo do período de exercício das suas funções. O Conselho, deliberando por unanimidade, pode decidir pela não substituição durante esse período.

Em caso de demissão ou morte, o Presidente é substituído pelo tempo que faltar para o termo do período de exercício das suas funções. É aplicável à substituição do Presidente o procedimento previsto no n.° 2 do artigo 214.°.

Excepto no caso de demissão compulsiva previsto no artigo 216.°, os membros da Comissão permanecem em funções até serem substituídos".

176 Tratado de Roma (Comunidade Europeia)

Artigo 217.° [1]

1. A Comissão actuará sob a orientação política do seu Presidente, que decide da sua organização interna, a fim de assegurar a coerência, a eficácia e a colegialidade da sua acção.
2. As responsabilidades que incumbem à Comissão são estruturadas e distribuídas entre os seus membros pelo Presidente. Este pode alterar a distribuição dessas responsabilidades no decurso do mandato. Os membros da Comissão exercem as funções que lhes foram atribuídas pelo Presidente sob a responsabilidade deste.
3. Após aprovação pelo colégio, o Presidente nomeia vice-presidentes de entre os membros da Comissão.
4. Qualquer membro da Comissão deve apresentar a sua demissão se o Presidente lho pedir, após aprovação pelo colégio.

Artigo 218.°

1. O Conselho e a Comissão procederão a consultas recíprocas, organizando, de comum acordo, as modalidades da sua colaboração.
2. A Comissão estabelece o seu regulamento interno, de forma a garantir o seu próprio funcionamento e o dos seus serviços, nas condições previstas no presente Tratado. A Comissão assegura a publicação desse regulamento interno.

Artigo 219.° [2]

As deliberações da Comissão são tomadas por maioria do número de membros previsto no artigo 213.°.
A Comissão só pode reunir-se validamente se estiver presente o número de membros fixado no seu regulamento interno.

---

[1] Redacção dada pelo Tratado de Nice. A redacção anterior era a seguinte:
"A Comissão pode nomear, de entre os seus membros, um ou dois Vice-Presidentes".
[2] Foi suprimido o primeiro parágrafo, com a seguinte redacção:
"A Comissão actuará sob a orientação política do seu Presidente."

SECÇÃO IV
O Tribunal de Justiça

Artigo 220.° [1]

No âmbito das respectivas competências, o Tribunal de Justiça e o Tribunal de Primeira Instância garantem o respeito do direito na interpretação e aplicação do presente Tratado.

Além disso, nas condições previstas no artigo 225.°-A, podem ser adstritas ao Tribunal de Primeira Instância câmaras jurisdicionais que, em certos domínios específicos, exercerão as competências jurisdicionais previstas pelo presente Tratado.

Artigo 221.° [2]

O Tribunal de Justiça é composto de um juiz por Estado--Membro.

O Tribunal de Justiça reúne-se em secções ou em grande secção, em conformidade com as regras previstas para o efeito no seu Estatuto.

Nos casos previstos no Estatuto, o Tribunal de Justiça pode também reunir em tribunal pleno.

---

[1] Redacção dada pelo Tratado de Nice. A redacção anterior era a seguinte:
"O Tribunal de Justiça garante o respeito do direito na interpretação e aplicação do presente Tratado".

[2] Redacção dada pelo Tratado de Nice. A redacção anterior era a seguinte:
"O Tribunal de Justiça é composto por quinze juízes.

O Tribunal de Justiça reúne-se em sessão plenária. Pode, no entanto, criar secções, cada uma delas constituída por três, cinco ou sete juízes, quer para procederem a certas diligências de instrução, quer para julgarem certas categorias de causas, de acordo com regras estabelecidas para o efeito.

O Tribunal de Justiça reúne-se em sessão plenária sempre que um Estado--Membro ou uma instituição da Comunidade que seja parte na instância o solicitar.

Se o Tribunal de Justiça lho solicitar, o Conselho, deliberando por unanimidade, pode aumentar o número de juízes e proceder às necessárias adaptações do segundo e terceiro parágrafos do presente artigo e do segundo parágrafo do artigo 223.°".

178   *Tratado de Roma (Comunidade Europeia)*

Artigo 222.° [1]

O Tribunal de Justiça é assistido por oito advogados-gerais. Se o Tribunal de Justiça lho solicitar, o Conselho, deliberando por unanimidade, pode aumentar o número de advogados-gerais.

Ao advogado-geral cabe apresentar publicamente, com toda a imparcialidade e independência, conclusões fundamentadas sobre as causas que, nos termos do Estatuto do Tribunal de Justiça, requeiram a sua intervenção.

Artigo 223.° [2]

Os juízes e os advogados-gerais do Tribunal de Justiça, escolhidos de entre personalidades que ofereçam todas as garantias de independência e reúnam as condições exigidas, nos respectivos países, para o exercício das mais altas funções jurisdicionais ou que sejam jurisconsultos de reconhecida competência, são nomeados de comum acordo, por seis anos pelos Governos dos Estados-Membros.

---

[1] Redacção dada pelo Tratado de Nice. A redacção anterior era a seguinte:

"O Tribunal de Justiça é assistido por 8 advogados-gerais. Contudo, a partir de 1 de Janeiro de 1995, até 6 de Outubro de 2006, será nomeado um novo advogado-geral.

Ao advogado-geral cabe apresentar publicamente, com toda a imparcialidade e independência, conclusões fundamentadas sobre as causas submetidas ao Tribunal de Justiça, para assistir este último no desempenho das suas atribuições, tal como vêm definidas no artigo 220.°.

Se o Tribunal de Justiça lho solicitar, o Conselho, deliberando por unanimidade, pode aumentar o número de advogados-gerais e proceder às necessárias adaptações do terceiro parágrafo do artigo 223.°".

[2] Redacção dada pelo Tratado de Nice. A redacção anterior era a seguinte:

"Os juízes e os advogados-gerais, escolhidos de entre personalidades que ofereçam todas as garantias de independência e reúnam as condições exigidas, nos respectivos países, para o exercício das mais altas funções jurisdicionais, ou que sejam jurisconsultos de reconhecida competência, são nomeados, de comum acordo, pelos governos dos Estados-Membros, por um período de 6 anos.

De 3 em 3 anos proceder-se-á a uma substituição parcial dos juízes, a qual incidirá alternadamente em 8 e 7 juízes.

De 3 em 3 anos proceder-se-á a uma substituição parcial dos advogados-gerais, a qual incidirá de cada vez em 4 advogados-gerais.

Os juízes e os advogados-gerais cessantes podem ser nomeados de novo.

Os juízes designam de entre si, por um período de 3 anos, o presidente do Tribunal de Justiça, que pode ser reeleito".

Tratado de Roma (Comunidade Europeia)   179

De três em três anos, proceder-se-á à substituição parcial dos juízes e dos advogados-gerais, nas condições previstas no Estatuto do Tribunal de Justiça.

Os juízes designam de entre si, por um período de três anos, o Presidente do Tribunal de Justiça, que pode ser reeleito.

Os juízes e os advogados-gerais cessantes podem ser nomeados de novo.

O Tribunal de Justiça nomeia o seu secretário e estabelece o respectivo estatuto.

O Tribunal de Justiça estabelece o seu regulamento de processo. Esse regulamento é submetido à aprovação do Conselho, deliberando por maioria qualificada.

Artigo 224.º [1]

O Tribunal de Primeira Instância é composto de, pelo menos, um juiz por Estado-Membro. O número de juízes é fixado pelo Estatuto do Tribunal de Justiça. O Estatuto pode prever que o Tribunal seja assistido por advogados-gerais.

Os membros do Tribunal de Primeira Instância serão escolhidos de entre pessoas que ofereçam todas as garantias de independência e possuam a capacidade requerida para o exercício de altas funções jurisdicionais; são nomeados de comum acordo, por seis anos, pelos Governos dos Estados-Membros. De três em três anos, proceder-se-á à sua substituição parcial. Os membros cessantes podem ser nomeados de novo.

Os juízes designam de entre si, por um período de três anos, o Presidente do Tribunal de Primeira Instância, que pode ser reeleito.

O Tribunal de Primeira Instância nomeia o seu secretário e estabelece o respectivo estatuto.

O Tribunal de Primeira Instância estabelece o seu regulamento de processo, de comum acordo com o Tribunal de Justiça. Esse regulamento é submetido à aprovação do Conselho, deliberando por maioria qualificada.

Salvo disposição em contrário do Estatuto do Tribunal de Justiça, são aplicáveis ao Tribunal de Primeira Instância as disposições do presente Tratado relativas ao Tribunal de Justiça.

---

[1] Redacção dada pelo Tratado de Nice. A redacção anterior era a seguinte:
"O Tribunal de Justiça nomeia o seu escrivão e estabelece o respectivo Estatuto".

180 Tratado de Roma (Comunidade Europeia)

Artigo 225.° [1]

1. O Tribunal de Primeira Instância é competente para conhecer em primeira instância dos recursos referidos nos artigos 230.°, 232.°, 235.°, 236.° e 238.°, com excepção dos atribuídos a uma câmara jurisdicional e dos que o Estatuto reservar para o Tribunal de Justiça. O Estatuto pode prever que o Tribunal de Primeira Instância seja competente para outras categorias de recursos.

As decisões proferidas pelo Tribunal de Primeira Instância ao abrigo do presente número podem ser objecto de recurso para o Tribunal de Justiça limitado às questões de direito, nas condições e limites previstos no Estatuto.

2. O Tribunal de Primeira Instância é competente para conhecer dos recursos interpostos contra as decisões das câmaras jurisdicionais criadas nos termos do artigo 225.°-A.

As decisões proferidas pelo Tribunal de Primeira Instância ao abrigo do presente número podem ser reapreciadas a título excepcional pelo Tribunal de Justiça, nas condições e limites previstos no

---

[1] Redacção dada pelo Tratado de Nice. A redacção anterior era a seguinte:

"1. É associada ao Tribunal de Justiça uma jurisdição encarregada de conhecer em primeira instância, sem prejuízo de recurso para o Tribunal de Justiça limitado às questões de direito e nas condições estabelecidas pelo respectivo Estatuto, de certas categorias de acções determinadas nas condições definidas no n.° 2. O Tribunal de Primeira Instância não tem competência para conhecer das questões prejudiciais submetidas nos termos do artigo 234.°.

2. A pedido do Tribunal de Justiça e após consulta do Parlamento Europeu e da Comissão, o Conselho, deliberando por unanimidade, determina as categorias de acções a que se refere o n.° 1 e a composição do Tribunal de Primeira Instância e adopta as necessárias adaptações e disposições complementares ao Estatuto do Tribunal de Justiça. Salvo decisão em contrário do Conselho, são aplicáveis ao Tribunal de Primeira Instância as disposições do presente Tratado relativas ao Tribunal de Justiça, e nomeadamente as disposições do Protocolo relativo ao Estatuto do Tribunal de Justiça.

3. Os membros do Tribunal de Primeira Instância serão escolhidos de entre pessoas que ofereçam todas as garantias de independência e possuam a capacidade requerida para o exercício de funções jurisdicionais; são nomeados de comum acordo, por seis anos, pelos governos dos Estados-Membros. De três em três anos proceder-se-á a uma substituição parcial. Os membros cessantes podem ser nomeados de novo.

4. O Tribunal de Primeira Instância estabelece o respectivo regulamento processual de comum acordo com o Tribunal de Justiça. Esse regulamento será submetido à aprovação unânime do Conselho".

Estatuto, caso exista risco grave de lesão da unidade ou da coerência do direito comunitário.

3. O Tribunal de Primeira Instância é competente para conhecer das questões prejudiciais, submetidas por força do artigo 234.°, em matérias específicas determinadas pelo Estatuto.

Quando o Tribunal de Primeira Instância considerar que a causa exige uma decisão de princípio susceptível de afectar a unidade ou a coerência do direito comunitário, pode remeter essa causa ao Tribunal de Justiça, para que este delibere sobre ela.

As decisões proferidas pelo Tribunal de Primeira Instância sobre questões prejudiciais podem ser reapreciadas a título excepcional pelo Tribunal de Justiça, nas condições e limites previstos no Estatuto, caso exista risco grave de lesão da unidade ou da coerência do direito comunitário.

Artigo 225.°-A [1]

O Conselho, deliberando por unanimidade, sob proposta da Comissão e após consulta ao Parlamento Europeu e ao Tribunal de Justiça, ou a pedido do Tribunal de Justiça e após consulta ao Parlamento Europeu e à Comissão, pode criar câmaras jurisdicionais encarregadas de conhecer em primeira instância de certas categorias de recursos em matérias específicas.

A decisão que crie uma câmara jurisdicional fixará as regras relativas à composição dessa câmara e especificará o âmbito das competências que lhe forem conferidas.

As decisões das câmaras jurisdicionais podem ser objecto de recurso para o Tribunal de Primeira Instância limitado às questões de direito ou, quando tal estiver previsto na decisão que cria a câmara, que incida também sobre as questões de facto.

Os membros das câmaras jurisdicionais serão escolhidos de entre pessoas que ofereçam todas as garantias de independência e possuam a capacidade requerida para o exercício de funções jurisdicionais. São nomeados pelo Conselho, deliberando por unanimidade.

As câmaras jurisdicionais estabelecem o respectivo regulamento de processo, de comum acordo com o Tribunal de Justiça. Esse regu-

---

[1] Artigo aditado pelo Tratado de Nice.

182   *Tratado de Roma (Comunidade Europeia)*

lamento é submetido à aprovação do Conselho, deliberando por maioria qualificada.

Salvo disposição em contrário da decisão que cria a câmara jurisdicional, aplicam-se às câmaras jurisdicionais as disposições do presente Tratado relativas ao Tribunal de Justiça e as disposições do seu Estatuto.

Artigo 226.°

Se a Comissão considerar que um Estado-Membro não cumpriu qualquer das obrigações que lhe incumbem por força do presente Tratado, formulará um parecer fundamentado sobre o assunto, após ter dado a esse Estado oportunidade de apresentar as suas observações.

Se o Estado em causa não proceder em conformidade com este parecer no prazo fixado pela Comissão, esta pode recorrer ao Tribunal de Justiça.

Artigo 227.°

Qualquer Estado-Membro pode recorrer ao Tribunal de Justiça se considerar que outro Estado-Membro não cumpriu qualquer das obrigações que lhe incumbem por força do presente Tratado.

Antes de qualquer Estado-Membro introduzir recurso contra outro Estado-Membro, com fundamento em pretenso incumprimento das obrigações que a este incumbem por força do presente Tratado, deve submeter o assunto à apreciação da Comissão.

A Comissão formulará um parecer fundamentado, depois de os Estados interessados terem tido oportunidade de apresentar, em processo contraditório, as suas observações, escritas e orais.

Se a Comissão não tiver formulado parecer no prazo de 3 meses, a contar da data do pedido, a falta de parecer não impede o recurso ao Tribunal de Justiça.

Artigo 228.°

1. Se o Tribunal de Justiça declarar verificado que um Estado-Membro não cumpriu qualquer das obrigações que lhe incumbem por

Tratado de Roma (Comunidade Europeia)   183

força do presente Tratado, esse Estado deve tomar as medidas necessárias à execução do acórdão do Tribunal de Justiça.

2. Se a Comissão considerar que o Estado-Membro em causa não tomou as referidas medidas, e após ter dado a esse Estado a possibilidade de apresentar as suas observações, formulará um parecer fundamentado especificando os pontos em que o Estado-Membro não executou o acórdão do Tribunal de Justiça.

Se o referido Estado-Membro não tomar as medidas necessárias para a execução do acórdão do Tribunal de Justiça dentro do prazo fixado pela Comissão, esta pode submeter o caso ao Tribunal de Justiça. Ao fazê-lo, indicará o montante da quantia fixa ou progressiva correspondente à sanção pecuniária, a pagar pelo Estado-Membro, que considerar adequada às circunstâncias.

Se o Tribunal de Justiça declarar verificado que o Estado--Membro em causa não deu cumprimento ao seu acórdão, pode condená-lo ao pagamento de uma quantia fixa ou progressiva correspondente a uma sanção pecuniária.

Este procedimento não prejudica o disposto no artigo 227.º.

Artigo 229.º

No que respeita às sanções neles previstas, os regulamentos adoptados em conjunto pelo Parlamento Europeu e pelo Conselho, e pelo Conselho, por força das disposições do presente Tratado, podem atribuir plena jurisdição ao Tribunal de Justiça.

Artigo 229.º-A [1]

Sem prejuízo das restantes disposições do presente Tratado, o Conselho, deliberando por unanimidade, sob proposta da Comissão e após consulta ao Parlamento Europeu, pode aprovar disposições destinadas a atribuir ao Tribunal de Justiça, na medida determinada pelo Conselho, competência para decidir sobre litígios ligados à aplicação dos actos adoptados com base no presente Tratado que criem títulos comunitários de propriedade industrial. O Conselho recomendará a

---

[1] Artigo aditado pelo Tratado de Nice.

184 *Tratado de Roma (Comunidade Europeia)*

adopção dessas disposições pelos Estados-Membros, de acordo com as respectivas normas constitucionais.

Artigo 230.°

O Tribunal de Justiça fiscaliza a legalidade dos actos adoptados em conjunto pelo Parlamento Europeu e pelo Conselho, dos actos do Conselho, da Comissão e do BCE, que não sejam recomendações ou pareceres, e dos actos do Parlamento Europeu destinados a produzir efeitos jurídicos em relação a terceiros.

Para o efeito, o Tribunal de Justiça é competente para conhecer dos recursos com fundamento em incompetência, violação de formalidades essenciais, violação do presente Tratado ou de qualquer norma jurídica relativa à sua aplicação, ou em desvio de poder, interpostos por um Estado-Membro, *pelo Parlamento Europeu,* pelo Conselho ou pela Comissão.

O Tribunal de Justiça é competente, nas mesmas condições, para conhecer dos recursos interpostos pelo Tribunal de Contas e pelo BCE com o objectivo de salvaguardar as respectivas prerrogativas. [2]

Qualquer pessoa singular ou colectiva pode interpor, nas mesmas condições, recurso das decisões de que seja destinatária e das decisões que, embora tomadas sob a forma de regulamento ou de decisão dirigida a outra pessoa, lhe digam directa e individualmente respeito.

Os recursos previstos no presente artigo devem ser interpostos no prazo de dois meses a contar, conforme o caso, da publicação do acto, da sua notificação ao recorrente ou, na falta desta, do dia em que o recorrente tenha tomado conhecimento do acto.

---

[2] Redacção dada pelo Tratado de Nice. A redacção anterior era a seguinte:
"O Tribunal de Justiça é competente, nas mesmas condições, para conhecer dos recursos interpostos pelo Parlamento Europeu, pelo Tribunal de Contas e pelo Banco Central Europeu com o objectivo de salvaguardar as respectivas prerrogativas".

Artigo 231.°

Se o recurso tiver fundamento, o Tribunal de Justiça anulará o acto impugnado.

Todavia, no que respeita aos regulamentos, o Tribunal de Justiça indicará, quando o considerar necessário, quais os efeitos do regulamento anulado que se devem considerar subsistentes.

Artigo 232.°

Se, em violação do presente Tratado, o Parlamento Europeu, o Conselho ou a Comissão se abstiverem de pronunciar-se, os Estados-Membros e as outras instituições da Comunidade podem recorrer ao Tribunal de Justiça para que declare verificada essa violação.

Este recurso só é admissível se a Instituição em causa tiver sido previamente convidada a agir. Se, decorrido um prazo de dois meses a contar da data do convite, a instituição não tiver tomado posição, o recurso pode ser introduzido dentro de novo prazo de dois meses.

Qualquer pessoa singular ou collectiva pode recorrer ao Tribunal de Justiça, nos termos dos parágrafos anteriores, para acusar uma das instituições da Comunidade de não lhe ter dirigido um acto que não seja recomendação ou parecer.

O Tribunal de Justiça é competente, nas mesmas condições, para conhecer dos recursos interpostos pelo BCE no domínio das suas atribuições, ou das acções contra este intentadas.

Artigo 233.°

A instituição ou as instituições de que emane o acto anulado, ou cuja abstenção tenha sido declarada contrária ao presente Tratado, devem tomar as medidas necessárias à execução do acórdão do Tribunal de Justiça.

Esta obrigação não prejudica aquela que decorre da aplicação do segundo parágrafo do artigo 288.°.

O presente artigo aplica-se igualmente ao BCE.

Artigo 234.º

O Tribunal de Justiça é competente para decidir, a título prejudicial:

a) Sobre a interpretação do presente Tratado;

b) Sobre a validade e a interpretação dos actos adoptados pelas Instituições da Comunidade e pelo BCE;

c) Sobre a interpretação dos estatutos dos organismos criados por acto do Conselho, desde que estes estatutos o prevejam.

Sempre que uma questão desta natureza seja suscitada perante qualquer órgão jurisdicional de um dos Estados-Membros, esse órgão pode, se considerar que uma decisão sobre essa questão é necessária ao julgamento da causa, pedir ao Tribunal de Justiça que sobre ela se pronuncie.

Sempre que uma questão desta natureza seja suscitada em processo pendente perante um órgão jurisdicional nacional cujas decisões não sejam susceptíveis de recurso judicial previsto no direito interno, esse órgão é obrigado a submeter a questão ao Tribunal de Justiça.

Artigo 235.º

O Tribunal de Justiça é competente para conhecer dos litígios relativos à reparação dos danos referidos no segundo parágrafo do artigo 288.º.

Artigo 236.º

O Tribunal de Justiça é competente para decidir sobre todo e qualquer litígio entre a Comunidade e os seus agentes, dentro dos limites e condições estabelecidos no estatuto ou decorrentes do regime que a estes é aplicável.

Artigo 237.°

Nos limites a seguir indicados, o Tribunal de Justiça é competente para conhecer dos litígios respeitantes:

a) À execução das obrigações dos Estados-Membros, decorrentes dos Estatutos do Banco Europeu de Investimento. O Conselho de Administração do Banco dispõe, para o efeito, dos poderes atribuídos à Comissão no artigo 226.°;

b) Às deliberações do Conselho de Governadores do Banco Europeu de Investimento. Qualquer Estado-Membro, a Comissão e o Conselho de Administração do Banco podem interpor recurso nesta matéria, nos termos do artigo 230.°;

c) Às deliberações do Conselho de Administração do Banco Europeu de Investimento. Os recursos destas deliberações só podem ser interpostos, nos termos do artigo 230.°, pelos Estados--Membros ou pela Comissão e apenas por violação das formalidades previstas nos n.ᵒˢ 2 e 5 a 7, inclusive, do artigo 21.° dos Estatutos do Banco;

d) À execução das obrigações resultantes do Tratado e dos Estatutos do SEBC pelos bancos centrais nacionais. O Conselho do BCE disporá, neste contexto, em relação aos bancos centrais nacionais, dos poderes atribuídos à Comissão no artigo 226.° em relação aos Estados-Membros. Se o Tribunal de Justiça declarar verificado que um banco central nacional não cumpriu qualquer das obrigações que lhe incumbem por força do presente Tratado, esse banco central deve tomar as medidas necessárias à execução do acórdão do Tribunal de Justiça.

Artigo 238.°

O Tribunal de Justiça é competente para decidir com fundamento em cláusula compromissória constante de um contrato de direito público ou de direito privado, celebrado pela Comunidade ou por sua conta.

Artigo 239.°

O Tribunal de Justiça é competente para decidir sobre qualquer diferendo entre os Estados-Membros, relacionado com o objecto do presente Tratado, se esse diferendo lhe for submetido por compromisso.

Artigo 240.°

Sem prejuízo da competência atribuída ao Tribunal de Justiça pelo presente Tratado, os litígios em que a Comunidade seja parte não ficam, por este motivo, subtraídos à competência dos órgãos jurisdicionais nacionais.

Artigo 241.°

Mesmo depois de decorrido o prazo previsto no quinto parágrafo do artigo 230.°, qualquer parte pode, em caso de litígio que ponha em causa um regulamento adoptado em conjunto pelo Parlamento Europeu e pelo Conselho ou um regulamento do Conselho, da Comissão ou do BCE, recorrer aos meios previstos no segundo parágrafo do artigo 230.° para arguir, no Tribunal de Justiça, a inaplicabilidade desse regulamento.

Artigo 242.°

Os recursos perante o Tribunal de Justiça não têm efeito suspensivo. Todavia, o Tribunal de Justiça pode ordenar a suspensão da execução do acto impugnado, se considerar que as circunstâncias o exigem.

Artigo 243.°

O Tribunal de Justiça, nas causas submetidas à sua apreciação, pode ordenar as medidas provisórias necessárias.

Tratado de Roma (Comunidade Europeia) 189

Artigo 244.°

Os acórdãos do Tribunal de Justiça têm força executiva, nos termos do artigo 256.°.

Artigo 245.° [1]

O Estatuto do Tribunal de Justiça é fixado em Protocolo separado.
O Conselho, deliberando por unanimidade, a pedido do Tribunal de Justiça e após consulta ao Parlamento Europeu e à Comissão, ou a pedido da Comissão e após consulta ao Parlamento Europeu e ao Tribunal de Justiça, pode alterar as disposições do Estatuto, com excepção do Título I.

SECÇÃO V
O Tribunal de Contas

Artigo 246.°

A fiscalização das contas é efectuada pelo Tribunal de Contas.

Artigo 247.° [2]

1. O Tribunal de Contas é composto por um nacional de cada Estado-Membro.

---

[1] Redacção dada pelo Tratado de Nice. A redacção anterior dos §§ 2 e 3 era a seguinte:
"O Tribunal de Justiça estabelecerá o seu regulamento processual. Este será submetido à aprovação, por unanimidade, do Conselho.
O Conselho, deliberando por unanimidade, a pedido do Tribunal de Justiça e após consulta da Comissão e do Parlamento Europeu, pode alterar as disposições do título III do Estatuto".

[2] N.ºs 1 e 3 alterados pelo Tratado de Nice. A anterior redacção destes números era a seguinte:
"1. O Tribunal de Contas é composto por quinze membros.
3. Os membros do Tribunal de Contas são nomeados por um período de seis

192   *Tratado de Roma (Comunidade Europeia)*

organismo criado pela Comunidade, na medida em que o respectivo acto constitutivo não exclua esse exame.

O Tribunal de Contas envia ao Parlamento Europeu e ao Conselho uma declaração sobre a fiabilidade das contas e a regularidade e legalidade das operações a que elas se referem, que será publicada no Jornal Oficial da União Europeia. Essa declaração pode ser completada por apreciações específicas sobre cada domínio importante da actividade comunitária.

2. O Tribunal de Contas examina a legalidade e a regularidade das receitas e despesas e garante a boa gestão financeira. Ao fazê-lo, assinalará, em especial, quaisquer irregularidades.

A fiscalização das receitas efectua-se com base na verificação dos créditos e dos pagamentos feitos à Comunidade.

A fiscalização das despesas efectua-se com base nas autorizações e nos pagamentos.

Estas fiscalizações podem ser efectuadas antes do encerramento das contas do exercício orçamental em causa.

3. A fiscalização é feita com base em documentos e, se necessário, nas próprias instalações das outras instituições da Comunidade, nas instalações de qualquer organismo que efectue a gestão de receitas ou despesas em nome da Comunidade, e nos Estados-Membros, inclusivamente nas instalações de qualquer pessoa singular ou colectiva beneficiária de pagamentos provenientes do orçamento. A fiscalização nos Estados-Membros é feita em colaboração com as instituições de fiscalização nacionais ou, se estas para isso não tiverem competência, com os serviços nacionais competentes. O Tribunal de Contas e as instituições de fiscalização nacionais dos Estados-Membros cooperarão num espírito de confiança, mantendo embora a respectiva independência. Estas instituições ou serviços darão a conhecer ao Tribunal de Contas a sua intenção de participar na fiscalização.

Todos os documentos ou informações necessários ao desempenho das funções do Tribunal de Contas ser-lhe-ão comunicados, a seu pedido, pelas outras instituições da Comunidade, pelos organismos que efectuem a gestão de receitas ou despesas em nome da Comunidade, pelas pessoas singulares ou colectivas beneficiárias de pagamentos provenientes do orçamento e pelas instituições de fiscalização nacionais ou, se estas não tiverem competência para o efeito, pelos serviços nacionais competentes.

No que respeita à actividade de gestão de despesas e receitas comunitárias exercida pelo Banco Europeu de Investimento, o direito de acesso do Tribunal às informações detidas pelo Banco será regido por um acordo celebrado entre o Tribunal, o Banco e a Comissão. Na ausência de um acordo, o Tribunal terá, contudo, acesso às informações necessárias para efectuar a fiscalização das despesas e receitas comunitárias geridas pelo Banco.

4. O Tribunal de Contas elabora um relatório anual após o encerramento de cada exercício. Este relatório é transmitido às outras Instituições da Comunidade e publicado no Jornal Oficial da União Europeia, acompanhado das respostas das referidas instituições às observações do Tribunal de Contas.

O Tribunal de Contas pode ainda, em qualquer momento, apresentar observações, nomeadamente sob a forma de relatórios especiais, sobre determinadas questões e formular pareceres a pedido de uma das outras instituições da Comunidade.

O Tribunal de Contas adopta os relatórios anuais, os relatórios especiais ou os pareceres, por maioria dos membros que o compõem. Todavia, pode criar secções para adoptar determinadas categorias de relatórios ou de pareceres nas condições previstas no seu regulamento interno.

O Tribunal de Contas assiste o Parlamento Europeu e o Conselho no exercício da respectiva função de controlo da execução do orçamento.

O Tribunal de Contas estabelece o seu regulamento interno. Esse regulamento é submetido à aprovação do Conselho, deliberando por maioria qualificada.

CAPÍTULO II
Disposições comuns a várias instituições

Artigo 249.°

Para o desempenho das suas atribuições e nos termos do presente Tratado, o Parlamento Europeu, em conjunto com o Conselho, o Conselho e a Comissão adoptam regulamentos e directivas, tomam decisões e formulam recomendações ou pareceres.

O regulamento tem carácter geral. É obrigatório em todos os seus elementos e directamente aplicável em todos os Estados-Membros.

194 *Tratado de Roma (Comunidade Europeia)*

A directiva vincula o Estado-Membro destinatário quanto ao resultado a alcançar, deixando, no entanto, às instâncias nacionais a competência quanto à forma e aos meios.

A decisão é obrigatória em todos os seus elementos para os destinatários que designar.

As recomendações e os pareceres não são vinculativos.

Artigo 250.°

1. Sempre que, por força do presente Tratado, um acto do Conselho seja adoptado sob proposta da Comissão, o Conselho só pode adoptar um acto que constitua alteração dessa proposta deliberando por unanimidade, sem prejuízo do disposto nos n.ºs 4 e 5 do artigo 251.°.

2. Enquanto o Conselho não tiver deliberado, a Comissão pode alterar a sua proposta em qualquer fase dos procedimentos para a adopção de um acto comunitário.

Artigo 251.°

1. Sempre que no presente Tratado se remeta para o presente artigo para a adopção de um acto, aplicar-se-á o processo a seguir enunciado.

2. A Comissão apresenta uma proposta ao Parlamento Europeu e ao Conselho. O Conselho, deliberando por maioria qualificada, após parecer do Parlamento Europeu:

– se aprovar todas as emendas constantes do parecer do Parlamento Europeu, pode adoptar o acto proposto assim alterado;

– se o Parlamento Europeu não propuser emendas, pode adoptar o acto proposto;

– nos demais casos, adopta uma posição comum e transmite-a ao Parlamento Europeu. O Conselho informa plenamente o Parlamento Europeu das razões que o conduziram a adoptar a posição comum. A Comissão informa plenamente o Parlamento Europeu da sua posição.

Se, no prazo de três meses após essa comunicação, o Parlamento Europeu:

a) Aprovar a posição comum ou não se tiver pronunciado, considera-se que o acto em causa foi adoptado nos termos dessa posição comum;

b) Rejeitar a posição comum por maioria absoluta dos membros que o compõem, considera-se que o acto proposto não foi adoptado;

c) Propuser emendas à posição comum por maioria absoluta dos membros que o compõem, o texto assim alterado será enviado ao Conselho e à Comissão, que emitirá parecer sobre essas emendas.

3. Se, no prazo de três meses após a recepção das emendas do Parlamento Europeu, o Conselho, deliberando por maioria qualificada, aprovar todas essas emendas, considera-se que o acto em causa foi adoptado sob a forma da posição comum assim alterada; todavia, o Conselho delibera por unanimidade sobre as emendas em relação às quais a Comissão tenha dado parecer negativo. Se o Conselho não aprovar todas as emendas, o Presidente do Conselho, de acordo com o Presidente do Parlamento Europeu, convoca o Comité de Conciliação no prazo de seis semanas.

4. O Comité de Conciliação, que reúne os membros do Conselho ou os seus representantes e igual número de representantes do Parlamento Europeu, tem por missão chegar a acordo sobre um projecto comum, por maioria qualificada dos membros do Conselho ou dos seus representantes e por maioria dos representantes do Parlamento Europeu. A Comissão participa nos trabalhos do Comité de Conciliação e toma todas as iniciativas necessárias para promover uma aproximação das posições do Parlamento Europeu e do Conselho. No cumprimento da sua missão, o Comité de Conciliação analisa a posição comum com base nas emendas propostas pelo Parlamento Europeu.

5. Se, no prazo de seis semanas após ter sido convocado, o Comité de Conciliação aprovar um projecto comum, o Parlamento Europeu e o Conselho disporão de um prazo de seis semanas a contar dessa aprovação para adoptar o acto em causa de acordo com o projecto comum, por maioria absoluta dos votos expressos, no caso do Parlamento Europeu, e por maioria qualificada, no caso do Conselho. Se qualquer destas instituições não aprovar o acto proposto dentro desse prazo, considera-se que não foi adoptado.

6. Quando o Comité de Conciliação não aprovar um projecto comum, considera-se que o acto proposto não foi adoptado.

7. Os prazos de três meses e de seis semanas a que se refere o presente artigo podem ser prorrogados, respectivamente, por um mês e por duas semanas, no máximo, por iniciativa do Parlamento Europeu ou do Conselho.

Artigo 252.º

Sempre que no presente Tratado se remeta para o presente artigo para a adopção de um acto, é aplicável o seguinte procedimento:

a) O Conselho, deliberando por maioria qualificada, sob proposta da Comissão e após parecer do Parlamento Europeu, adopta uma posição comum;

b) A posição comum do Conselho é transmitida ao Parlamento Europeu. O Conselho e a Comissão informam plenamente o Parlamento Europeu das razões que conduziram o Conselho a adoptar a sua posição comum, bem como da posição da Comissão.

Se, no prazo de três meses após essa comunicação, o Parlamento Europeu aprovar essa posição comum ou se não se tiver pronunciado nesse prazo, o Conselho adopta definitivamente o acto em causa de acordo com a posição comum;

c) O Parlamento Europeu pode, no prazo de três meses a que se refere a alínea b), por maioria absoluta dos membros que o compõem, propor alterações à posição comum do Conselho. O Parlamento Europeu pode igualmente, pela mesma maioria, rejeitar a posição comum do Conselho. O resultado das deliberações é transmitido ao Conselho e à Comissão.

Se o Parlamento Europeu tiver rejeitado a posição comum do Conselho, este só pode deliberar em segunda leitura por unanimidade;

d) A Comissão reexamina, no prazo de um mês, a proposta em que o Conselho se baseou ao adoptar a posição comum, a partir das alterações propostas pelo Parlamento Europeu.

A Comissão transmite ao Conselho, simultaneamente com a sua proposta reexaminada, as alterações do Parlamento Europeu que não tenham recebido o seu acordo, acompanhadas de um parecer sobre estas. O Conselho pode adoptar essas alterações por unanimidade;

e) O Conselho, deliberando por maioria qualificada, adopta a proposta reexaminada da Comissão;

O Conselho só pode alterar a proposta reexaminada da Comissão por unanimidade;

f) Nos casos referidos nas alíneas c), d) e e), o Conselho deve deliberar no prazo de três meses. Se não houver decisão nesse prazo, considera-se que a proposta da Comissão não foi adoptada;

g) Os prazos referidos nas alíneas b) e f) podem ser prorrogados por comum acordo entre o Conselho e o Parlamento Europeu, por um mês, no máximo.

Tratado de Roma (Comunidade Europeia) 197

Artigo 253.°

Os regulamentos, directivas e decisões adoptadas em conjunto pelo Parlamento Europeu e pelo Conselho, e esses mesmos actos adoptados pelo Conselho e pela Comissão serão fundamentados e referir--se-ão às propostas ou pareceres obrigatoriamente obtidos por força do presente Tratado.

Artigo 254.°

1. Os regulamentos, directivas e decisões adoptados de acordo com o procedimento a que se refere o artigo 251.° são assinados pelo Presidente do Parlamento Europeu e pelo Presidente do Conselho e publicados no Jornal Oficial *da União Europeia*[1], entrando em vigor na data por eles fixada ou, na falta desta, no vigésimo dia seguinte ao da publicação.

2. Os regulamentos do Conselho e da Comissão, assim como as directivas destas instituições dirigidas a todos os Estados-Membros, são publicados no Jornal Oficial *da União Europeia*[1] e entram em vigor na data por eles fixada ou, na falta desta, no vigésimo dia subsequente ao da publicação.

3. As outras directivas, bem como as decisões, são notificadas aos respectivos destinatários, produzindo efeitos mediante essa notificação.

Artigo 255.°

1. Todos os cidadãos da União e todas as pessoas singulares ou colectivas que residam ou tenham a sua sede social num Estado-Membro têm direito de acesso aos documentos do Parlamento Europeu, do Conselho e da Comissão, sob reserva dos princípios e condições a definir nos termos dos n.ºs 2 e 3.

2. Os princípios gerais e os limites que, por razões de interesse público ou privado, hão-de reger o exercício do direito de acesso aos documentos serão definidos pelo Conselho, deliberando nos termos do

---

[1] Na redacção anterior lia-se: "Jornal Oficial das Comunidades Europeias".

198 *Tratado de Roma (Comunidade Europeia)*

artigo 251.º, no prazo de dois anos a contar da data da entrada em vigor do Tratado de Amesterdão.

3. Cada uma das citadas instituições estabelecerá, no respectivo regulamento interno, disposições específicas sobre o acesso aos seus documentos.

Artigo 256.º

As decisões do Conselho ou da Comissão que imponham uma obrigação pecuniária a pessoas que não sejam Estados constituem título executivo.

A execução é regulada pelas normas de processo civil em vigor no Estado em cujo território se efectuar. A fórmula executória é aposta, sem outro controle além da verificação da autenticidade do título, pela autoridade nacional que o governo de cada um dos Estados--Membros designará para o efeito e de que dará conhecimento à Comissão e ao Tribunal de Justiça.

Após o cumprimento destas formalidades a pedido do interessado, este pode promover a execução, recorrendo directamente ao órgão competente, em conformidade com a legislação nacional.

A execução só pode ser suspensa por força de uma decisão do Tribunal de Justiça. No entanto, a fiscalização da regularidade das medidas de execução é da competência dos órgãos jurisdicionais nacionais.

CAPÍTULO III
O Comité Económico e Social

Artigo 257.º [1]

É instituído um Comité Económico e Social, de natureza consultiva.

O Comité é composto por representantes das diferentes componentes de carácter económico e social da sociedade civil organizada,

---

[1] A anterior redacção do segundo parágrafo era a seguinte:

O Comité é composto por representantes dos diferentes sectores da vida económica e social, designadamente dos produtores, agricultores, transportadores, trabalhadores, comerciantes e artífices, das profissões liberais e do interesse geral.

*designadamente dos produtores, agricultores, transportadores, traba-
lhadores, comerciantes e artífices, das profissões liberais, dos consumidores e do interesse geral.*

Artigo 258.º

*O número de membros do Comité Económico e Social não será
superior a trezentos e cinquenta.*

O número de membros do Comité é estabelecido do seguinte
modo:

Bélgica	12
República Checa	12
Dinamarca	9
Alemanha	24
Estónia	7
Grécia	12
Espanha	21
França	24
Irlanda	9
Itália	24
Chipre	6
Letónia	7
Lituânia	9
Luxemburgo	6
Hungria	12
Malta	5
Países Baixos	12
Áustria	12
Polónia	21
Portugal	12
Eslovénia	7
Eslováquia	9
Finlândia	9
Suécia	12
Reino Unido	24[1]

Os membros do Comité não devem estar vinculados a quaisquer
instruções. Exercerão as suas funções com plena independência, no
interesse geral da Comunidade.

O Conselho, deliberando por maioria qualificada, fixa os subsídios dos membros do Comité.

---

[1] Redacção dada pelo artigo 14.º do Acto de Adesão de 16 de Abril de 2003.

200 *Tratado de Roma (Comunidade Europeia)*

Artigo 259.º

1. Os membros do Comité são nomeados por quatro anos, sob proposta dos Estados-Membros. O Conselho, deliberando por maioria qualificada, aprova a lista dos membros estabelecida em conformidade com as propostas apresentadas por cada Estado-Membro. Os membros do Comité podem ser reconduzidos nas suas funções. [1]

2. O Conselho consultará a Comissão, podendo obter o parecer das organizações europeias representativas dos diferentes sectores económicos e sociais interessados nas actividades da Comunidade.

Artigo 260.º

O Comité designa, de entre os seus membros, o Presidente e a Mesa, por um período de dois anos.

O Comité estabelece o seu regulamento interno.

O Comité é convocado pelo Presidente, a pedido do Conselho ou da Comissão. Pode igualmente reunir-se por iniciativa própria.

Artigo 261.º

O Comité compreende secções especializadas para os principais sectores abrangidos pelo presente Tratado.

O funcionamento das secções especializadas exercer-se-á no âmbito das competências gerais do Comité. As secções especializadas não podem ser consultadas independentemente do Comité.

Podem, por outro lado, ser instituídos, no seio do Comité, sub--comités, chamados a elaborar projectos de pareceres a submeter à consideração do Comité sobre questões ou em domínios determinados.

O regulamento interno fixará as modalidades de composição e as normas de competência das secções especializadas e dos subcomités.

---

[1] Redacção do Tratado de Nice. A redacção anterior do n.º 1 era a seguinte:

"1. Tendo em vista a nomeação dos membros do Comité, cada Estado-Membro enviará ao Conselho uma lista contendo um número de candidatos duplo do de lugares atribuídos aos seus nacionais.

Ao constituir-se o Comité ter-se-á em consideração a necessidade de assegurar uma representação adequada aos diferentes sectores da vida económica e social".

Artigo 262.°

O Comité será obrigatoriamente consultado pelo Conselho ou pela Comissão nos casos previstos no presente Tratado, podendo igualmente ser consultado por estas Instituições sempre que o considerem oportuno. O Comité pode tomar a iniciativa de emitir parecer, sempre que o considere oportuno.

O Conselho ou a Comissão, se o considerarem necessário, fixam ao Comité um prazo para a apresentação do seu parecer, que não pode ser inferior a um mês a contar da data da comunicação para esse efeito enviada ao presidente. Decorrido o prazo fixado sem que tenha sido recebido o parecer, pode prescindir-se deste.

O parecer do Comité e o da secção especializada, bem como um relatório das deliberações, serão transmitidos ao Conselho e à Comissão.

O Comité pode ser consultado pelo Parlamento Europeu.

CAPÍTULO IV
O Comité das Regiões

Artigo 263.°

É instituído um comité de natureza consultiva, adiante designado por "Comité das Regiões", composto por representantes das colectividades regionais e locais, quer titulares de um mandato eleitoral a nível regional ou local, quer politicamente responsáveis perante uma assembleia eleita.

O número de membros do Comité das Regiões não será superior a trezentos e cinquenta.

O número de membros do Comité das Regiões é estabelecido do seguinte modo:

Bélgica	12
República Checa	12
Dinamarca	9
Alemanha	24
Estónia	7
Grécia	12

Espanha	21
França	24
Irlanda	9
Itália	24
Chipre	6
Letónia	7
Lituânia	9
Luxemburgo	6
Hungria	12
Malta	5
Países Baixos	12
Áustria	12
Polónia	21
Portugal	12
Eslovénia	7
Eslováquia	9
Finlândia	9
Suécia	12
Reino Unido	24[1]

Os membros do Comité, bem como igual número de suplentes, são nomeados por quatro anos, sob proposta dos respectivos Estados-Membros. Podem ser reconduzidos nas suas funções. O Conselho, deliberando por maioria qualificada, aprova a lista dos membros efectivos e suplentes estabelecida em conformidade com as propostas apresentadas por cada Estado-Membro. O mandato dos membros do Comité cessa automaticamente no termo do mandato, referido no primeiro parágrafo, em virtude do qual foram propostos, sendo substituídos pelo período remanescente do mandato no Comité de acordo com o mesmo processo. Nenhum membro do Comité pode ser simultaneamente membro do Parlamento Europeu.

Os membros do Comité não devem estar vinculados a quaisquer instruções. Exercerão as suas funções com plena independência, no interesse geral da Comunidade.

Artigo 264.º

O Comité das Regiões designa, de entre os seus membros, o Presidente e a Mesa, por um período de dois anos.

O Comité aprova o seu regulamento interno.

---

[1] Redacção dada pelo artigo 15.º do Acto de Adesão de 16 de Abril de 2003.

Tratado de Roma (Comunidade Europeia)

O Comité será convocado pelo seu Presidente, a pedido do Conselho ou da Comissão. Pode igualmente reunir-se por iniciativa própria.

Artigo 265.º

O Comité das Regiões será consultado pelo Conselho ou pela Comissão nos casos previstos no presente Tratado e em todos os outros casos, nomeadamente aqueles que digam respeito à cooperação transfronteiriça, em que uma destas instituições o considere oportuno.

O Conselho ou a Comissão, se o considerarem necessário, fixam ao Comité um prazo para a apresentação do seu parecer, que não pode ser inferior a um mês a contar da data da comunicação para o efeito enviada ao Presidente. Decorrido o prazo fixado sem que tenha sido recebido o parecer, pode prescindir-se deste.

Sempre que o Comité Económico e Social seja consultado ao abrigo do artigo 262.º, o Comité das Regiões será informado pelo Conselho ou pela Comissão desse pedido de parecer. Sempre que considerar que estão em causa interesses regionais específicos, o Comité das Regiões pode emitir parecer a esse respeito.

O Comité das Regiões pode ser consultado pelo Parlamento Europeu.

Sempre que o considerar oportuno, o Comité das Regiões pode emitir parecer por sua própria iniciativa.

O parecer do Comité, bem como um relatório das deliberações, serão transmitidos ao Conselho e à Comissão.

CAPÍTULO V
Banco Europeu de Investimento

Artigo 266.º [1]

O Banco Europeu de Investimento goza de personalidade jurídica.

Os Estados-Membros são os membros do Banco Europeu de Investimento.

---

[1] Artigo alterado pelo Tratado de Nice.

204   *Tratado de Roma (Comunidade Europeia)*

Os Estatutos do Banco Europeu de Investimento constam de um Protocolo anexo ao presente Tratado. *O Conselho, deliberando por unanimidade, a pedido do Banco Europeu de Investimento e após consulta ao Parlamento Europeu e à Comissão, ou a pedido da Comissão e após consulta ao Parlamento Europeu e ao Banco Europeu de Investimento, pode alterar os artigos 4.º, 11.º e 12.º e o n.º 5 do artigo 18.º dos referidos Estatutos.*

Artigo 267.º

O Banco Europeu de Investimento tem por missão contribuir, recorrendo ao mercado de capitais e utilizando os seus próprios recursos, para o desenvolvimento equilibrado e harmonioso do mercado comum no interesse da Comunidade. Para o efeito, o Banco facilitará, mediante a concessão de empréstimos e de garantias, sem prosseguir qualquer fim lucrativo, o financiamento dos seguintes projectos, em todos os sectores da economia:

a) Projectos para a valorização das regiões menos desenvolvidas;

b) Projectos de modernização ou reconversão de empresas, ou de criação de novas actividades necessárias ao estabelecimento progressivo do mercado comum que, pela sua amplitude ou natureza, não possam ser inteiramente financiados pelos diversos meios existentes em cada um dos Estados-Membros;

c) Projectos de interesse comum para vários Estados-Membros que, pela sua amplitude ou natureza, não possam ser inteiramente financiados pelos diversos meios existentes em cada um dos Estados--Membros.

No cumprimento da sua missão, o Banco facilitará o financiamento de programas de investimento em articulação com as intervenções dos fundos estruturais e dos demais instrumentos financeiros comunitários.

TÍTULO II
Disposições financeiras

Artigo 268.°

Todas as receitas e despesas da Comunidade, incluindo as relativas ao Fundo Social Europeu, devem ser objecto de previsões para cada exercício orçamental e ser inscritas no orçamento.

As despesas administrativas ocasionadas às instituições pelas disposições do Tratado da União Europeia relativas à política externa e de segurança comum e à cooperação nos domínios da justiça e dos assuntos internos ficarão a cargo do orçamento. As despesas operacionais ocasionadas pela aplicação das referidas disposições podem, nas condições nelas referidas, ficar a cargo do orçamento.

As receitas e despesas previstas no orçamento devem estar equilibradas.

Artigo 269.°

O orçamento é integralmente financiado por recursos próprios, sem prejuízo de outras receitas.

O Conselho, deliberando por unanimidade, sob proposta da Comissão, e após consulta do Parlamento Europeu, aprova as disposições relativas ao sistema de recursos próprios da Comunidade, cuja adopção recomendará aos Estados-Membros, de acordo com as respectivas normas constitucionais.

Artigo 270.°

Para assegurar a manutenção da disciplina orçamental, a Comissão não apresentará propostas de actos comunitários, não alterará as suas propostas nem adoptará medidas de execução susceptíveis de ter uma incidência sensível no orçamento, sem dar a garantia de que essas propostas ou medidas podem ser financiadas nos limites dos recursos próprios da Comunidade decorrentes das disposições estabelecidas pelo Conselho por força do artigo 269.°.

Artigo 271.º

Salvo disposição em contrário da regulamentação adoptada por força do artigo 279.º, as despesas inscritas no orçamento são autorizadas para o período de um ano financeiro.

Os créditos que não tenham sido utilizados até final do ano financeiro, exceptuando os respeitantes às despesas de pessoal, podem transitar para o ano financeiro seguinte, e unicamente para esse, nas condições que serão fixadas em execução do artigo 279.º.

Os créditos são especificados em capítulos, agrupando as despesas segundo a sua natureza ou destino, e subdivididos, quando necessário, em conformidade com a regulamentação adoptada por força do artigo 279.º.

As despesas do Parlamento Europeu, do Conselho, da Comissão e do Tribunal de Justiça são objecto de partes separadas do orçamento, sem prejuízo de um regime especial destinado a certas despesas comuns.

Artigo 272.º

1. O ano financeiro tem início em 1 de Janeiro e termina em 31 de Dezembro.

2. Cada uma das instituições da Comunidade elaborará, antes de 1 de Julho, uma previsão das suas despesas. A Comissão reunirá essas previsões num anteprojecto de orçamento, juntando-lhe um parecer que pode incluir previsões divergentes.

Este anteprojecto compreenderá uma previsão das receitas e uma previsão das despesas.

3. A Comissão deve submeter à apreciação do Conselho o anteprojecto de orçamento, o mais tardar até 1 de Setembro do ano que antecede o da execução do orçamento.

O Conselho consultará a Comissão e, se for caso disso, as outras Instituições interessadas, sempre que pretenda afastar-se desse anteprojecto.

O Conselho, deliberando por maioria qualificada, elaborará o projecto de orçamento e transmiti-lo-á ao Parlamento Europeu.

4. O projecto de orçamento deve ser submetido à apreciação do Parlamento Europeu o mais tardar até 5 de Outubro do ano que antecede o da execução do orçamento.

O Parlamento Europeu tem o direito de alterar, por maioria dos membros que o compõem, o projecto de orçamento e de propor ao Conselho, por maioria absoluta dos votos expressos, modificações ao projecto, relativas às despesas que decorrem obrigatoriamente do Tratado ou dos actos adoptados por força deste.

Se, no prazo de 45 dias após comunicação do projecto de orçamento, o Parlamento Europeu tiver dado a sua aprovação, o orçamento fica definitivamente aprovado. Se dentro do mesmo prazo o Parlamento Europeu não tiver alterado o projecto de orçamento nem tiver proposto modificações, o orçamento considerar-se-á definitivamente aprovado.

Se dentro do mesmo prazo o Parlamento Europeu tiver adoptado alterações ou proposto modificações, o projecto de orçamento, assim alterado ou incluindo as propostas de modificação, será transmitido ao Conselho.

5. Após discussão do projecto de orçamento com a Comissão e, se for caso disso, com as outras instituições interessadas, o Conselho deliberará nas condições seguintes:

a) O Conselho pode, deliberando por maioria qualificada, modificar qualquer uma das alterações adoptadas pelo Parlamento Europeu;

b) No que diz respeito às propostas de modificação:

– se uma modificação proposta pelo Parlamento Europeu não tiver por efeito aumentar o montante global das despesas de uma Instituição, nomeadamente porque o aumento das despesas que ela implica seria expressamente compensado por uma ou várias modificações propostas que comportassem uma correspondente diminuição das despesas, o Conselho pode, deliberando por maioria qualificada, rejeitar essa proposta de modificação. Na falta de uma decisão de rejeição, a proposta de modificação será aceite;

– se uma modificação proposta pelo Parlamento Europeu tiver por efeito aumentar o montante global das despesas de uma Instituição, o Conselho pode, deliberando por maioria qualificada, aceitar essa proposta de modificação. Na falta de uma decisão de aceitação, a proposta de modificação será rejeitada;

– se, nos termos de um dos dois travessões anteriores, o Conselho tiver rejeitado uma proposta de modificação, pode, deliberando por maioria qualificada, quer manter o montante inscrito no projecto de orçamento quer fixar outro montante.

O projecto de orçamento será modificado em função das propostas de modificação aceites pelo Conselho.

Se, no prazo de 15 dias após comunicação do projecto de orçamento, o Conselho não tiver modificado nenhuma das alterações adoptadas pelo Parlamento Europeu e tiver aceite as propostas de modificação por ele apresentadas, o orçamento considerar-se-á definitivamente aprovado. O Conselho informará o Parlamento Europeu de que não modificou nenhuma das alterações e de que aceitou as propostas de modificação.

Se, dentro do mesmo prazo, o Conselho tiver modificado uma ou várias das alterações adoptadas pelo Parlamento Europeu ou se as propostas de modificação por ele apresentadas tiverem sido rejeitadas ou modificadas, o projecto de orçamento modificado será novamente transmitido ao Parlamento Europeu. O Conselho expor-lhe-á o resultado das suas deliberações.

6. No prazo de 15 dias após comunicação do projecto de orçamento, o Parlamento Europeu, informado sobre o seguimento dado às suas propostas de modificação, pode, deliberando por maioria dos membros que o compõem e três quintos dos votos expressos, alterar ou rejeitar as modificações introduzidas pelo Conselho às suas alterações e, consequentemente, aprovar o orçamento. Se dentro do mesmo prazo o Parlamento Europeu não tiver deliberado, o orçamento considerar-se-á definitivamente aprovado.

7. Terminado o processo previsto no presente artigo, o presidente do Parlamento Europeu declarará verificado que o orçamento se encontra definitivamente aprovado.

8. Todavia, o Parlamento Europeu, deliberando por maioria dos membros que o compõem e dois terços dos votos expressos, pode, por motivo importante, rejeitar o projecto de orçamento e solicitar que um novo projecto lhe seja submetido.

9. Para a totalidade das despesas que não sejam as que decorrem obrigatoriamente do Tratado ou dos actos adoptados por força deste, será fixada anualmente uma taxa máxima de aumento, em relação às despesas da mesma natureza do ano financeiro em curso.

A Comissão, após consulta do Comité de Política Económica, fixará esta taxa máxima, que resulta:

– da evolução do produto nacional bruto em volume na Comunidade;

– da variação média dos orçamentos dos Estados membros; e

– da evolução do custo de vida durante o último ano financeiro.

A taxa máxima será comunicada, antes de 1 de Maio, a todas as instituições da Comunidade. Estas instituições devem respeitá-la no

Tratado de Roma (Comunidade Europeia)   209

decurso do processo orçamental, sem prejuízo do disposto nos quarto e quinto parágrafos do presente número.

Se para as despesas que não sejam as que decorrem obrigatoriamente do Tratado ou dos actos adoptados por força deste a taxa de aumento resultante do projecto de orçamento elaborado pelo Conselho for superior a metade da taxa máxima, o Parlamento Europeu, no exercício do seu direito de alterar, pode ainda aumentar o montante total das despesas referidas até ao limite de metade da taxa máxima.

Quando o Parlamento Europeu, o Conselho ou a Comissão entenderem que as actividades das Comunidades exigem que se ultrapasse a taxa estabelecida de acordo com o processo definido no presente número, pode ser fixada uma nova taxa, por acordo entre o Conselho, deliberando por maioria qualificada, e o Parlamento Europeu, deliberando por maioria dos membros que o compõem e três quintos dos votos expressos.

10. Cada instituição exercerá os poderes que lhe são atribuídos pelo presente artigo no respeito pelas disposições do Tratado e dos actos adoptados por força deste, nomeadamente em matéria de recursos próprios das Comunidades e de equilíbrio entre as receitas e as despesas.

Artigo 273.º

Se, no início de um ano financeiro, o orçamento ainda não tiver sido votado, as despesas podem ser efectuadas mensalmente, por capítulo ou segundo outra subdivisão, em conformidade com a regulamentação adoptada por força do artigo 279.º, e até ao limite de um duodécimo dos créditos abertos no orçamento do ano financeiro anterior. Esta medida não pode ter por efeito colocar à disposição da Comissão créditos superiores ao duodécimo dos previstos no projecto de orçamento em preparação.

O Conselho, deliberando por maioria qualificada, pode, desde que se respeitem as outras condições previstas no primeiro parágrafo, autorizar despesas que excedam o referido duodécimo.

Se esta decisão disser respeito a despesas que não sejam as que decorrem obrigatoriamente do Tratado ou dos actos adoptados por força deste, o Conselho transmiti-la-á imediatamente ao Parlamento Europeu. No prazo de 30 dias, o Parlamento Europeu, deliberando por maioria dos membros que o compõem e três quintos dos votos expressos, pode

210 Tratado de Roma (Comunidade Europeia)

tomar uma decisão diferente sobre estas despesas, no que diz respeito à parte que excede o duodécimo a que se refere o primeiro parágrafo. Esta parte da decisão do Conselho fica suspensa até que o Parlamento Europeu tenha tomado a sua decisão. Se, dentro do mesmo prazo, o Parlamento Europeu não tiver tomado uma decisão diferente da decisão do Conselho, esta última considera-se definitivamente adoptada.

As decisões a que se referem o segundo e terceiro parágrafos devem prever as medidas necessárias, em matéria de recursos, tendo em vista a aplicação do presente artigo.

Artigo 274.°

A Comissão executa o orçamento nos termos da regulamentação adoptada em execução do artigo 279.°, sob sua própria responsabilidade e até ao limite das dotações concedidas, de acordo com os princípios da boa gestão financeira. Os Estados-Membros cooperarão com a Comissão a fim de assegurar que as dotações sejam utilizadas de acordo com os princípios da boa gestão financeira.

A regulamentação deve prever normas específicas segundo as quais cada instituição participa na execução das suas despesas próprias.

Dentro do orçamento e nos limites e condições fixados pela regulamentação adoptada por força do artigo 279.°, a Comissão pode proceder a transferências de dotações, quer de capítulo para capítulo, quer de subdivisão para subdivisão.

Artigo 275.°

A Comissão apresentará todos os anos ao Conselho e ao Parlamento Europeu as contas do ano financeiro findo relativas às operações orçamentais. A Comissão comunicar-lhes-á, além disso, um balanço financeiro que descreva o activo e passivo da Comunidade.

Artigo 276.°

1. O Parlamento Europeu, sob recomendação do Conselho, que delibera por maioria qualificada, dá quitação à Comissão quanto à exe-

cução do orçamento. Para o efeito, o Parlamento Europeu examina, posteriormente ao Conselho, as contas e o balanço financeiro a que se refere o artigo 275.° e o relatório anual do Tribunal de Contas, acompanhado das respostas das instituições fiscalizadas às observações do Tribunal de Contas, a declaração de fiabilidade prevista no n.° 1, segundo parágrafo, do artigo 248.°, bem como quaisquer relatórios especiais pertinentes deste Tribunal.

2. Antes de dar quitação à Comissão, ou para qualquer outro efeito relacionado com o exercício das atribuições desta Instituição em matéria de execução do orçamento, o Parlamento Europeu pode solicitar que a Comissão seja ouvida sobre a execução das despesas ou o funcionamento dos sistemas de controlo financeiro. A Comissão apresentará ao Parlamento Europeu, a pedido deste, todas as informações necessárias.

3. A Comissão tomará todas as medidas necessárias para dar seguimento às observações que acompanham as decisões de quitação e às demais observações do Parlamento Europeu sobre a execução das despesas, bem como aos comentários que acompanharem as recomendações de quitação aprovadas pelo Conselho.

A pedido do Parlamento Europeu ou do Conselho, a Comissão apresentará um relatório sobre as medidas tomadas em função dessas observações e comentários, e nomeadamente sobre as instruções dadas aos serviços encarregados da execução do orçamento. Esses relatórios serão igualmente enviados ao Tribunal de Contas.

Artigo 277.°

O Orçamento será elaborado na unidade de conta fixada em conformidade com a regulamentação adoptada por força do artigo 279.°.

Artigo 278.°

A Comissão, desde que informe do facto as autoridades competentes dos Estados-Membros interessados, pode transferir para a moeda de um dos Estados-Membros os haveres que detenha na moeda de outro Estado-Membro, na medida em que se torne necessário utilizar tais haveres para os fins previstos no presente Tratado. A Comissão evitará, na medida do possível, proceder a tais transfe-

212 Tratado de Roma (Comunidade Europeia)

rências, caso detenha haveres disponíveis ou realizáveis nas moedas de que necessita.

A Comissão tratará com cada um dos Estados-Membros por intermédio da autoridade por este designada. Na execução das operações financeiras, a Comissão recorrerá ao Banco emissor do Estado-Membro interessado ou a qualquer outra instituição financeira por este aprovada.

Artigo 279.º [1]

1. O Conselho, deliberando por unanimidade, sob proposta da Comissão, e após consulta ao Parlamento Europeu e parecer do Tribunal de Contas:

a) Adopta a regulamentação financeira que especifique nomeadamente as modalidades relativas à elaboração e execução do orçamento e à prestação e fiscalização das contas;

b) Determina as regras relativas à responsabilidade dos auditores financeiros, dos gestores orçamentais e dos contabilistas, assim como ao seu controlo.

A partir de 1 de Janeiro de 2007, o Conselho delibera por maioria qualificada, sob proposta da Comissão e após consulta ao Parlamento Europeu e parecer do Tribunal de Contas.

2. O Conselho, deliberando por unanimidade, sob proposta da Comissão e após consulta ao Parlamento Europeu e parecer do Tribunal de Contas, fixa as modalidades e o processo segundo os quais as receitas orçamentais previstas no regime dos recursos próprios da Comunidade são colocadas à disposição da Comissão e estabelece as medidas a aplicar para fazer face, se necessário, às necessidades de tesouraria.

---

[1] Artigo alterado pelo Tratado de Nice. Na parte alterada, a redacção aterior era a seguinte:

"*b*) Fixa as modalidades e o processo segundo os quais as receitas orçamentais previstas no regime dos recursos próprios da Comunidade são colocadas à disposição da Comissão e estabelece as medidas a aplicar para fazer face, se necessário, às necessidades de tesouraria;

c) Determina as regras relativas à responsabilidade dos auditores financeiros, dos ordenadores orçamentais e dos contabilistas".

Artigo 280.º

1. A Comunidade e os Estados-Membros combaterão as fraudes e quaisquer outras actividades ilegais lesivas dos interesses financeiros da Comunidade, por meio de medidas a tomar ao abrigo do presente artigo, que tenham um efeito dissuasor e proporcionem uma protecção efectiva nos Estados-Membros.

2. Para combater as fraudes lesivas dos interesses financeiros da Comunidade, os Estados-Membros tomarão medidas análogas às que tomarem para combater as fraudes lesivas dos seus próprios interesses financeiros.

3. Sem prejuízo de outras disposições do presente Tratado, os Estados-Membros coordenarão as respectivas acções no sentido de defender os interesses financeiros da Comunidade contra a fraude. Para o efeito, organizarão, em conjunto com a Comissão, uma colaboração estreita e regular entre as autoridades competentes.

4. O Conselho, deliberando nos termos do artigo 251.º e após consulta ao Tribunal de Contas, adoptará as medidas necessárias nos domínios da prevenção e combate das fraudes lesivas dos interesses financeiros da Comunidade, tendo em vista proporcionar uma protecção efectiva e equivalente nos Estados-Membros. Estas medidas não dirão respeito à aplicação do direito penal nacional, nem à administração da justiça nos Estados-Membros.

5. A Comissão, em cooperação com os Estados-Membros, apresentará anualmente ao Parlamento Europeu e ao Conselho um relatório sobre as medidas tomadas em aplicação do presente artigo.

PARTE VI
Disposições gerais e finais

Artigo 281.º

A Comunidade tem personalidade jurídica.

Artigo 282.º

Em cada um dos Estados-Membros a Comunidade goza da mais ampla capacidade jurídica reconhecida às pessoas colectivas pelas legislações nacionais, podendo, designadamente, adquirir ou alienar bens móveis e imóveis e estar em juízo. Para o efeito, é representada pela Comissão.

Artigo 283.º

O Conselho, deliberando por maioria qualificada, estabelecerá, sob proposta da Comissão e após consulta das outras instituições interessadas, o Estatuto dos Funcionários das Comunidades Europeias e o regime aplicável aos outros agentes destas Comunidades.

Artigo 284.º

Para o desempenho das funções que lhe são confiadas, a Comissão pode recolher todas as informações e proceder a todas as verificações necessárias, dentro dos limites e condições fixados pelo Conselho, nos termos do presente Tratado.

Artigo 285.°

1. Sem prejuízo do artigo 5.° do Protocolo relativo aos Estatutos do Sistema Europeu de Bancos Centrais e do Banco Central Europeu, o Conselho, deliberando nos termos do artigo 251.°, adoptará medidas relativas à elaboração de estatísticas, sempre que necessário, para a realização das actividades da Comunidade.

2. A elaboração das estatísticas comunitárias far-se-á no respeito pela imparcialidade, fiabilidade, objectividade, isenção científica, eficácia em relação aos custos e pelo segredo estatístico, não devendo acarretar encargos excessivos para os agentes económicos.

Artigo 286°

1. A partir de 1 de Janeiro de 1999, os actos comunitários relativos à protecção das pessoas singulares em matéria de tratamento de dados de carácter pessoal e de livre circulação desses dados serão aplicáveis às instituições e órgãos instituídos pelo presente Tratado, ou com base nele.

2. Antes da data prevista no n.° 1, o Conselho, deliberando nos termos do artigo 251.°, criará um órgão independente de supervisão, incumbido de fiscalizar a aplicação dos citados actos comunitários às instituições e órgãos da Comunidade e adoptará as demais disposições que se afigurem adequadas.

Artigo 287.°

Os membros das instituições da Comunidade, os membros dos Comités, bem como os funcionários e agentes da Comunidade, são obrigados, mesmo após a cessação das suas funções, a não divulgar as informações que, pela sua natureza, estejam abrangidas pelo segredo profissional, designadamente as respeitantes às empresas e respectivas relações comerciais ou elementos dos seus preços de custo.

Artigo 288.°

A responsabilidade contratual da Comunidade é regulada pela lei aplicável ao contrato em causa.

Em matéria de responsabilidade extracontratual, a Comunidade deve indemnizar, de acordo com os princípios gerais comuns aos direitos dos Estados-Membros, os danos causados pelas suas instituições ou pelos seus agentes no exercício das suas funções.

O parágrafo anterior aplica-se nas mesmas condições aos danos causados pelo Banco Central Europeu ou pelos seus agentes no exercício das suas funções.

A responsabilidade pessoal dos agentes perante a Comunidade é regulada pelas disposições do respectivo estatuto ou do regime que lhes é aplicável.

Artigo 289.º

A sede das instituições da Comunidade será fixada, de comum acordo, pelos governos dos Estados-Membros.

Artigo 290.º [1]

Sem prejuízo das disposições previstas no Estatuto do Tribunal de Justiça, o regime linguístico das instituições da Comunidade é fixado pelo Conselho, deliberando por unanimidade.

Artigo 291.º

A Comunidade goza, no território dos Estados-Membros, dos privilégios e imunidades necessários ao cumprimento da sua missão, nas condições definidas no Protocolo de 8 de Abril de 1965 relativo aos Privilégios e Imunidades das Comunidades Europeias. O mesmo regime é aplicável ao Banco Central Europeu, ao Instituto Monetário Europeu e ao Banco Europeu de Investimento.

---

[1] A redacção anterior era a seguinte:
"O regime linguístico das instituições da Comunidade será fixado, sem prejuízo das disposições previstas no regulamento do Tribunal de Justiça, pelo Conselho, deliberando por unanimidade".

Artigo 292.º

Os Estados-Membros comprometem-se a não submeter qualquer diferendo relativo à interpretação ou aplicação do presente Tratado a um modo de resolução diverso dos que nele estão previstos.

Artigo 293.º

Os Estados-Membros entabularão entre si, sempre que necessário, negociações destinadas a garantir, em benefício dos seus nacionais:

– a protecção das pessoas, bem como o gozo e a protecção dos direitos, nas mesmas condições que as concedidas por cada Estado aos seus próprios nacionais;

– a eliminação da dupla tributação na Comunidade;

– o reconhecimento mútuo das sociedades, na acepção do segundo parágrafo do artigo 48.º, a manutenção da personalidade jurídica em caso de transferência da sede de um país para outro e a possibilidade de fusão de sociedades sujeitas a legislações nacionais diferentes;

– a simplificação das formalidades a que se encontram subordinados o reconhecimento e a execução recíprocos tanto das decisões judiciais como das decisões arbitrais.

Artigo 294.º

Os Estados-Membros concederão aos nacionais dos outros Estados-Membros o mesmo tratamento que aos seus próprios nacionais, no que diz respeito à participação financeira daqueles no capital das sociedades, na acepção do artigo 48.º, sem prejuízo da aplicação das outras disposições do presente Tratado.

Artigo 295.º

O presente Tratado em nada prejudica o regime da propriedade nos Estados-Membros.

Tratado de Roma (Comunidade Europeia) 219

Artigo 296.º

1. As disposições do presente Tratado não prejudicam a aplicação das seguintes regras:

a) Nenhum Estado-Membro é obrigado a fornecer informações cuja divulgação considere contrária aos interesses essenciais da sua própria segurança;

b) Qualquer Estado-Membro pode tomar as medidas que considere necessárias à protecção dos interesses essenciais da sua segurança e que estejam relacionadas com a produção ou o comércio de armas, munições e material de guerra; tais medidas não devem alterar as condições de concorrência no mercado comum no que diz respeito aos produtos não destinados a fins especificamente militares.

2. O Conselho, deliberando por unanimidade, sob proposta da Comissão, pode introduzir modificações nesta lista, que foi fixada em 15 de Abril de 1958, dos produtos com os quais se aplicam as disposições da alínea b) do n.º 1.

Artigo 297.º

Os Estados-Membros procederão a consultas recíprocas tendo em vista estabelecer de comum acordo as providências necessárias para evitar que o funcionamento do mercado comum seja afectado pelas medidas que qualquer Estado-Membro possa ser levado a tomar em caso de graves perturbações internas que afectem a ordem pública, em caso de guerra ou de tensão internacional grave que constitua ameaça de guerra ou para fazer face a compromissos assumidos por esse Estado para a manutenção da paz e da segurança internacional.

Artigo 298.º

Se as medidas tomadas nos casos previstos nos artigos 296.º e 297.º tiverem por efeito falsear as condições de concorrência no mercado comum, a Comissão analisará com o Estado interessado as condições em que tais medidas podem ser adaptadas às disposições constantes do presente Tratado.

Em derrogação do processo previsto nos artigos 226.º e 227.º, a Comissão ou qualquer Estado-Membro podem recorrer directamente

220 *Tratado de Roma (Comunidade Europeia)*

ao Tribunal de Justiça, se considerarem que outro Estado-Membro está a fazer utilização abusiva das faculdades previstas nos artigos 296.º e 297.º. O Tribunal de Justiça decide à porta fechada.

Artigo 299.º

1. O presente Tratado é aplicável ao Reino da Bélgica, à República Checa, ao Reino da Dinamarca, à República Federal da Alemanha, à República da Estónia, à República Helénica, ao Reino de Espanha, à República Francesa, à Irlanda, à República Italiana, à República de Chipre, à República da Letónia, à República da Lituânia, ao Grão-Ducado do Luxemburgo, à República da Hungria, à República de Malta, ao Reino dos Países Baixos, à República da Áustria, à República da Polónia, à República Portuguesa, à República da Eslovénia, à República Eslovaca, à República da Finlândia, ao Reino da Suécia, e ao Reino Unido da Grã-Bretanha e Irlanda do Norte.[1]

2. O disposto no presente Tratado é aplicável aos departamentos franceses ultramarinos, aos Açores, à Madeira e às ilhas Canárias.

Todavia, tendo em conta a situação social e económica estrutural dos departamentos franceses ultramarinos, dos Açores, da Madeira e das ilhas Canárias, agravada pelo grande afastamento, pela insularidade, pela pequena superfície, pelo relevo e clima difíceis e pela sua dependência económica em relação a um pequeno número de produtos, factores estes cuja persistência e conjugação prejudicam gravemente o seu desenvolvimento, o Conselho, deliberando por maioria qualificada, sob proposta da Comissão e após consulta ao Parlamento Europeu, adoptará medidas específicas destinadas, em especial, a estabelecer as condições de aplicação do presente Tratado a essas regiões, incluindo as políticas comuns.

O Conselho, ao adoptar as medidas pertinentes a que se refere o parágrafo anterior, terá em consideração domínios como as políticas aduaneira e comercial, a política fiscal, as zonas francas, as políticas nos domínios da agricultura e das pescas, as condições de aprovisionamento em matérias-primas e bens de consumo de primeira necessidade, os auxílios estatais e as condições de acesso aos fundos estruturais e aos programas horizontais da Comunidade.

---

[1] Redacção dada pelo artigo 19.º do Acto de Adesão de 16 de Abril de 2003.

Tratado de Roma (Comunidade Europeia) 221

O Conselho adoptará as medidas a que se refere o segundo parágrafo tendo em conta as características e os condicionalismos especiais das regiões ultraperiféricas, sem pôr em causa a integridade e a coerência do ordenamento jurídico comunitário, incluindo o mercado interno e as políticas comuns.

3. O regime especial de associação definido na Parte IV do presente Tratado é aplicável aos países e territórios ultramarinos, cuja lista consta do anexo II deste Tratado.

O presente Tratado não é aplicável aos países e territórios ultramarinos que mantenham relações especiais com o Reino Unido da Grã-Bretanha e da Irlanda do Norte não mencionados na lista referida no parágrafo anterior.

4. As disposições do presente Tratado são aplicáveis aos territórios europeus cujas relações externas sejam asseguradas por um Estado-Membro.

5. As disposições do presente Tratado são aplicáveis às ilhas Åland nos termos das disposições constantes do Protocolo n.º 2 do Acto de Adesão da República da Áustria, da República da Finlândia e do Reino da Suécia.

6. Em derrogação do disposto nos números anteriores:

a) O presente Tratado não é aplicável às Ilhas Faroé;

b) O presente Tratado não é aplicável às zonas de soberania do Reino Unido da Grã-Bretanha e Irlanda do Norte em Chipre;

c) As disposições do presente Tratado só são aplicáveis às ilhas Anglo-Normandas e à ilha de Man, na medida em que tal seja necessário para assegurar a aplicação do regime previsto para essas ilhas no Tratado relativo à adesão de novos Estados-Membros à Comunidade Europeia e à Comunidade Europeia da Energia Atómica, assinado em 22 de Janeiro de 1972.

Artigo 300.º

1. Nos casos em que as disposições do presente Tratado prevêem a celebração de acordos entre a Comunidade e um ou mais Estados ou organizações internacionais, a Comissão apresenta recomendações ao Conselho, que a autoriza a dar início às negociações necessárias. Essas negociações são conduzidas pela Comissão em consulta com comités especiais designados pelo Conselho para a assistirem nessa tarefa e no âmbito das directrizes que o Conselho lhe pode endereçar.

No exercício das competências que lhe são atribuídas no presente número, o Conselho delibera por maioria qualificada, excepto nos casos em que o primeiro parágrafo do n.° 2 dispõe que o Conselho delibera por unanimidade.

2. Sem prejuízo das competências reconhecidas à Comissão nesta matéria, a assinatura, que poderá ser acompanhada de uma decisão de aplicação provisória antes da entrada em vigor, bem como a celebração dos acordos, são decididas pelo Conselho, deliberando por maioria qualificada, sob proposta da Comissão. O Conselho delibera por unanimidade sempre que o acordo seja relativo a um domínio no qual seja exigida a unanimidade para a adopção de normas internas, bem como no caso dos acordos a que se refere o artigo 310.°.

Em derrogação das regras constantes do n.° 3, é aplicável o mesmo processo para decidir da suspensão da aplicação de um acordo, bem como para definir as posições a tomar em nome da Comunidade numa instância criada por um acordo, quando essa instância for chamada a adoptar decisões que produzam efeitos jurídicos, com excepção das decisões que completem ou alterem o quadro institucional do acordo.

O Parlamento Europeu será imediata e plenamente informado de qualquer decisão tomada ao abrigo do presente número que diga respeito à aplicação provisória ou à suspensão de acordos, ou ainda à definição da posição da Comunidade numa instância criada por um acordo. [1]

3. O Conselho celebra os acordos após consulta do Parlamento Europeu, excepto nos casos previstos no n.° 3 do artigo 133.°, inclusivamente quando o acordo seja relativo a um domínio para o qual se exija o procedimento previsto no artigo 251.° ou no artigo 252.° para a adopção de normas internas. O Parlamento Europeu dará o seu parecer num prazo que o Conselho pode fixar em função da urgência da questão. Na falta de parecer nesse prazo, o Conselho pode deliberar.

---

[1] A redacção anterior dos segundo e terceiro parágrafos do n.° 2 era a seguinte: "Em derrogação das regras constantes do n.° 3, é aplicável o mesmo processo para decidir da suspensão da aplicação de um acordo, bem como para definir as posições a tomar em nome da Comunidade numa instância criada por um acordo baseado no artigo 310.°, quando essa instância for chamada a adoptar decisões que produzam efeitos jurídicos, com excepção das decisões que completem ou alterem o quadro institucional do acordo.

O Parlamento Europeu será imediata e plenamente informado de qualquer decisão tomada ao abrigo do presente número que diga respeito à aplicação provisória ou à suspensão de acordos, ou ainda à definição da posição da Comunidade numa instância criada por um acordo baseado no artigo 310.°"".

Em derrogação do disposto no parágrafo anterior, serão celebrados após parecer favorável do Parlamento Europeu os acordos a que se refere o artigo 310.°, bem como os demais acordos que criem um quadro institucional específico mediante a organização de processos de cooperação, os acordos com consequências orçamentais significativas para a Comunidade e os acordos que impliquem a alteração de um acto adoptado segundo o procedimento previsto no artigo 251.°.

O Conselho e o Parlamento Europeu podem, em caso de urgência, fixar um prazo para o parecer favorável.

4. Ao celebrar um acordo, o Conselho pode, em derrogação do disposto no n.° 2, conferir poderes à Comissão para aprovar, em nome da Comunidade, as adaptações cuja adopção se encontre prevista nesse acordo por um processo simplificado ou por um órgão criado pelo acordo, acompanhando eventualmente esses poderes de condições específicas.

5. Sempre que o Conselho preveja celebrar um acordo que implique alterações ao presente Tratado, estas devem ser previamente adoptadas segundo o procedimento previsto no artigo 48.° do Tratado da União Europeia.

6. *O Parlamento Europeu, o Conselho, a Comissão ou qualquer Estado-Membro podem obter previamente o parecer do Tribunal de Justiça sobre a compatibilidade de um projecto de acordo com as disposições do presente Tratado. Um acordo que tenha sido objecto de parecer negativo do Tribunal de Justiça só pode entrar em vigor nas condições previstas no artigo 48.° do Tratado da União Europeia.*

7. Os acordos celebrados nas condições definidas no presente artigo são vinculativos para as instituições da Comunidade e para os Estados-Membros.

Artigo 301.°

Sempre que uma posição comum ou uma acção comum adoptada nos termos das disposições do Tratado da União Europeia relativas

---

[1] A redacção anterior do n.° 6 era a seguinte:

"6. O Conselho, a Comissão ou qualquer Estado-Membro podem obter previamente o parecer do Tribunal de Justiça sobre a compatibilidade de um projecto de acordo com as disposições do presente Tratado. Um acordo que tenha sido objecto de parecer negativo do Tribunal de Justiça só pode entrar em vigor nas condições previstas no artigo 48.° do Tratado da União Europeia".

à política externa e de segurança comum prevejam uma acção da Comunidade para interromper ou reduzir, total ou parcialmente, as relações económicas com um ou mais países terceiros, o Conselho, deliberando por maioria qualificada, sob proposta da Comissão, toma as medidas urgentes necessárias.

Artigo 302.°

Cabe à Comissão assegurar todas as ligações úteis com os órgãos das Nações Unidas e das suas agências especializadas.

A Comissão assegurará, além disso, com todas as organizações internacionais, as ligações que considere oportunas.

Artigo 303.°

A Comunidade estabelecerá todas as formas úteis de cooperação com o Conselho da Europa.

Artigo 304.°

A Comunidade estabelecerá com a Organização de Cooperação e Desenvolvimento Económico uma estreita colaboração, cujas modalidades serão fixadas de comum acordo.

Artigo 305.°

1. As disposições do presente Tratado não alteram as do Tratado que institui a Comunidade Europeia do Carvão e do Aço, designadamente no que diz respeito aos direitos e obrigações dos Estados-Membros, aos poderes das instituições dessa Comunidade e às regras fixadas por esse Tratado para o funcionamento do mercado comum do carvão e do aço.

2. As disposições do presente Tratado não prejudicam as do Tratado que institui a Comunidade Europeia da Energia Atómica.

Artigo 306.º

As disposições do presente Tratado não constituem obstáculo à existência e aperfeiçoamento das uniões regionais entre a Bélgica e o Luxemburgo, bem como entre a Bélgica, o Luxemburgo e os Países Baixos, na medida em que os objectivos dessas uniões regionais não sejam atingidos pela aplicação do presente Tratado.

Artigo 307.º

As disposições do presente Tratado não prejudicam os direitos e obrigações decorrentes de convenções concluídas antes de 1 de Janeiro de 1958 ou, em relação aos Estados aderentes, anteriormente à data da respectiva adesão, entre um ou mais Estados-Membros, por um lado, e um ou mais Estados terceiros, por outro.

Na medida em que tais convenções não sejam compatíveis com o presente Tratado, o Estado ou os Estados-Membros em causa recorrerão a todos os meios adequados para eliminar as incompatibilidades verificadas. Caso seja necessário, os Estados-Membros auxiliar-se-ão mutuamente para atingir essa finalidade, adoptando, se for caso disso, uma atitude comum.

Ao aplicar as convenções referidas no primeiro parágrafo, os Estados-Membros terão em conta o facto de que as vantagens concedidas no presente Tratado por cada um dos Estados-Membros fazem parte integrante do estabelecimento da Comunidade, estando, por conseguinte, inseparavelmente ligadas à criação de instituições comuns, à atribuição de competências em seu favor e à concessão das mesmas vantagens por todos os outros Estados-Membros.

Artigo 308.º

Se uma acção da Comunidade for considerada necessária para atingir, no curso de funcionamento do mercado comum, um dos objectivos da Comunidade, sem que o presente Tratado tenha previsto os poderes de acção necessários para o efeito, o Conselho, deliberando por unanimidade, sob proposta da Comissão, e após consulta do Parlamento Europeu, adoptará as disposições adequadas.

Artigo 309.°

1. Se for decidida a suspensão do direito de voto do representante do Governo de um Estado-Membro, nos termos do *n.° 3* do artigo 7.° do Tratado da União Europeia, esse direito será igualmente suspenso no que se refere ao presente Tratado [1].

2. Além disso, sempre que tenha sido verificada, nos termos do *n.° 2* artigo 7.° do Tratado da União Europeia, a existência de uma violação grave e persistente, por parte de um Estado-Membro, de algum dos princípios enunciados no n.° 1 do artigo 6.° desse Tratado, o Conselho, deliberando por maioria qualificada, pode decidir suspender alguns dos direitos decorrentes da aplicação do presente Tratado a esse Estado-Membro. Ao fazê-lo, o Conselho terá em conta as eventuais consequências dessa suspensão nos direitos e obrigações das pessoas singulares e colectivas [2].

O Estado-Membro em questão continuará, de qualquer modo, vinculado às obrigações que lhe incumbem por força do presente Tratado.

3. O Conselho, deliberando por maioria qualificada, pode posteriormente decidir alterar ou revogar as medidas tomadas ao abrigo do n.° 2, se se alterar a situação que motivou a imposição dessas medidas.

4. Para a adopção das decisões previstas nos n.os 2 e 3, o Conselho delibera sem tomar em consideração os votos do representante do Governo do Estado-Membro em questão. Em derrogação do n.° 2 do artigo 205.°, a maioria qualificada é definida de acordo com a mesma proporção dos votos ponderados dos membros do Conselho em causa fixada no n.° 2 do artigo 205.°.

O presente número é igualmente aplicável em caso de suspensão do direito de voto nos termos do n.° 1. Nestes casos, as decisões que requeiram unanimidade serão tomadas sem o voto do representante do Governo do Estado-Membro em questão.

Artigo 310.°

A Comunidade pode celebrar com um ou mais Estados ou organizações internacionais acordos que criem uma associação caracterizada por direitos e obrigações recíprocos, acções comuns e procedimentos especiais.

---

[1] Na redacção anterior lia-se: "n.° 2 do artigo 7.°".
[2] Na redacção anterior lia-se: "n.° 1 do artigo 7.°".

Artigo 311.º

Os Protocolos que, de comum acordo entre os Estados-Membros, forem anexados ao presente Tratado fazem dele parte integrante.

Artigo 312.º

O presente Tratado tem vigência ilimitada.

Artigo 313.º

O presente Tratado será ratificado pelas Altas Partes Contratantes em conformidade com as respectivas normas constitucionais. Os instrumentos de ratificação serão depositados junto do Governo da República Italiana.

O presente Tratado entrará em vigor no primeiro dia do mês seguinte ao do depósito do instrumento de ratificação do Estado signatário que tiver procedido a esta formalidade em último lugar. Todavia, se esse depósito se efectuar menos de 15 dias antes do início do mês seguinte, a entrada em vigor do Tratado será adiada para o primeiro dia do segundo mês seguinte à data desse depósito.

Artigo 314.º

O presente Tratado, redigido num único exemplar, em língua alemã, francesa, italiana e neerlandesa, fazendo fé qualquer dos quatro textos, será depositado nos arquivos do governo da República Italiana, o qual remeterá uma cópia autenticada a cada um dos governos dos outros Estados signatários.

Em fé do que os plenipotenciários abaixo assinados apuseram as suas assinaturas no final do presente Tratado.

Por força dos Tratados de Adesão, fazem igualmente fé as versões do presente Tratado nas línguas dinamarquesa, espanhola, finlandesa, grega, inglesa, irlandesa, portuguesa e sueca.

Feito em Roma, aos vinte e cinco de Março de mil novecentos e cinquenta e sete.

ANEXO I

LISTA

prevista no artigo 32.º do Tratado

(1) Números da Nomenclatura de Bruxelas	(2) Designação dos produtos
Capítulo 1	Animais vivos
Capítulo 2	Carnes e miudezas, comestíveis
Capítulo 3	Peixes, crustáceos e moluscos
Capítulo 4	Leite e lacticínios; ovos de aves; mel natural
Capítulo 5	
05.04	Tripas, bexigas e buchos de animais, inteiros ou em bocados, com excepção dos de peixe
05.15	Produtos de origem animal, não especificados nem compreendidos noutras posições; animais dos capítulos 1 ou 3, mortos e impróprios para a alimentação humana
Capítulo 6	Plantas vivas e produtos de floricultura
Capítulo 7	Produtos hortícolas, plantas, raízes e tubérculos alimentares
Capítulo 8	Frutas, cascas de citrino e de melões
Capítulo 9	Café, chá e especiarias, com exclusão do mate (n.º 09.03)
Capítulo 10	Cereais
Capítulo 11	Produtos de moagem; malte; amidos e féculas; glúten; inulina
Capítulo 12	Sementes e frutos oleaginosos; sementes e frutos diversos; plantas industriais e medicinais; palhas e forragens
Capítulo 13	
x 13.03	Pectina
Capítulo 15	
15.01	Banha e outras gorduras de porco e de aves de capoeira, obtidas por expressão ou por fusão
15.02	Sebo de bovinos, ovinos e caprinos em bruto ou obtidos por fusão, compreendendo os sebos de primeira expressão
15.03	Estearina-solar, óleo-estearina; óleo de banha e óleo-margarina não emulsionada, sem qualquer mistura ou preparação
15.04	Gorduras e óleos, mesmo refinados, de peixe e de mamíferos marinhos
15.07	Óleos vegetais fixos, fluidos ou concretos em bruto purificados ou refinados
15.12	Óleos e gorduras, animais ou vegetais, hidrogenados, mesmo refinados, mas não preparados
15.13	Margarina, imitações de banha e outras gorduras alimentares preparadas
15.17	Resíduos provenientes do tratamento das matérias gordas ou das ceras animais ou vegetais
Capítulo 16	Preparados de carne, de peixe, de crustáceos e de moluscos

Tratado de Roma (Comunidade Europeia) 229

(1) Números da Nomenclatura de Bruxelas	(2) Designação dos produtos
Capítulo 17	
17.01	Açúcar de beterraba ou de cana, no estado sólido
17.02	Outros açúcares, xaropes: sucedâneos do mel, mesmo misturados com mel natural: açúcar e melaço, caramelizados
17.03	Melaços, mesmo descorados
17.05 (*)	Açúcares, xaropes e melaços aromatizados ou adicionados de corantes (incluindo o açúcar baunilhado ou vanilina), com excepção dos sumos de frutas adicionados de açúcar em qualquer proporção
Capítulo 18	
18.01	Cacau inteiro ou partido, em bruto ou torrado
18.02	Cascas, peles, películas e outros resíduos de cacau
Capítulo 20	Preparados de produtos hortícolas, de frutas e de outras plantas ou partes de plantas
Capítulo 22	
22.04	Mosto de uvas parcialmente fermentado, mesmo amuado, excepto com álcool
22.05	Vinhos de uvas frescas: mostos de uvas frescas amuados com álcool
22.07	Sidra, perada, hidromel e outras bebidas fermentadas
ex 22.08 (*) ex 22.09 (*)	Álcool etílico, desnaturado ou não, de qualquer teor alcoólico obtido a partir de produtos agrícolas constantes do anexo I ao presente Tratado, com excepção das aguardentes, licores e outras bebidas espirituosas, preparados alcoólicos compostos (designados por extractos concentrados) para o fabrico de bebidas
22.10 (*)	Vinagres e seus sucedâneos, para usos alimentares
Capítulo 23	Resíduos e desperdícios das indústrias alimentares: alimentos preparados para animais
Capítulo 24	
24.01	Tabaco não manipulado: desperdícios de tabaco
Capítulo 45	
45.01	Cortiça natural em bruto e desperdícios de cortiça: cortiça triturada, granulada ou pulverizada
Capítulo 54	
54.01	Linho em bruto, macerado, espadelado ou assedado, penteado ou tratado por qualquer outra forma, mas não fiado: estopa e desperdícios, de linho (incluindo o linho de trapo)
Capítulo 57	
57.01	Cânhamo (cannabis sativa) em bruto, macerado, espadelado ou assedado, penteado ou tratado por qualquer outra forma, mas não fiado: estopa e desperdícios, de cânhamo (incluindo o cânhamo de trapo)

(*) Posição aditada pelo artigo 1.º do Regulamento n.º 7-A do Conselho da Comunidade Económica Europeia, de 18 de Dezembro de 1959 (JO 7 de 30.1.1961, p. 71/61).

TRATADO DE AMESTERDÃO

PARTE I
Alterações Substantivas

Artigo 1.°

O Tratado da União Europeia é alterado nos termos das disposições constantes do presente artigo. *

Artigo 2.°

O Tratado que institui a Comunidade Europeia é alterado nos termos das disposições constantes do presente artigo. **

Artigo 3.°

O Tratado que institui a Comunidade Europeia do Carvão e do Aço é alterado nos termos das disposições constantes do presente artigo.

(Não reproduzido)

---

* As alterações foram introduzidas nos locais próprios.
** As alterações foram introduzidas nos locais próprios.

Artigo 4.º

O Tratado que institui a Comunidade Europeia da Energia Atómica é alterado nos termos das disposições constantes do presente artigo.

(Não reproduzido).

Artigo 5.º

O Acto relativo à eleição dos representantes ao Parlamento Europeu por sufrágio universal directo, anexo à Decisão do Conselho de 20 de Setembro de 1976, é alterado nos termos das disposições constantes do presente artigo.

1. Ao artigo 2.º é aditado o seguinte parágrafo:

Em caso de alteração ao presente artigo, o número de representantes eleitos em cada Estado-Membro deve assegurar a representação adequada dos povos dos Estados reunidos na Comunidade.

2. No n.º 1 do artigo 6.º é inserido o seguinte travessão, após o quinto travessão:

– membro do Comité das Regiões;

3. O n.º 2 do artigo 7.º passa a ter a seguinte redacção:

2. Até à entrada em vigor de um processo eleitoral uniforme ou de um processo baseado em princípios comuns, e sem prejuízo das demais disposições do presente Acto, o processo eleitoral será regulado, em cada um dos Estados-Membros, pelas disposições nacionais.

4. O artigo 11.º passa a ter a seguinte redacção:

Até à entrada em vigor do processo uniforme ou de um processo baseado em princípios comuns, previsto no artigo 7.º, o Parlamento Europeu verificará os poderes dos representantes. Para o efeito, registará os resultados proclamados oficialmente pelos Estados-Membros e deliberará sobre as reclamações que possam eventualmente ser feitas com base nas disposições do presente Acto, com excepção das disposições nacionais para que ele remete.

5. O n.º 1 do artigo 12.º passa a ter a seguinte redacção:

1. Até à entrada em vigor do processo uniforme ou de um processo baseado em princípios comuns, previsto no artigo 7.º, e sem prejuízo das demais disposições do presente Acto, cada um dos Estados-Membros estabelecerá o processo adequado ao preenchimento, até ao termo do período quinquenal a que se refere o artigo 3.º, das vagas ocorridas durante esse período.

PARTE II
Disposições de Simplificação

Artigo 6.º

O Tratado que institui a Comunidade Europeia incluindo os seus Anexos e Protocolos, é alterado nos termos das disposições do presente artigo, a fim de suprimir disposições caducas desse Tratado e de adaptar em consequência o texto de algumas das suas disposições.

I. TEXTO DOS ARTIGOS DO TRATADO *

II. ANEXOS

1. O Anexo I «Listas A a G previstas nos artigos 19.º e 20.º do Tratado» é suprimido.

2. O Anexo II «Lista prevista no artigo 38.º do Tratado» passa a ser o Anexo I e a referência ao «Anexo II do Tratado» nos n.ᵒˢ ex 22.08 e ex 22.09 passa a ser «Anexo I ao presente Tratado».

3. O Anexo III «Lista das Transacções de Invisíveis prevista no artigo 73.º-H do Tratado» é suprimido.

---

* As alterações foram introduzidas nos locais próprios.

236   *Tratado de Amesterdão*

4. Anexo IV «Países e Territórios Ultramarinos aos quais se aplicam as disposições da Parte IV do Tratado» passa a ser o Anexo II. É actualizado e passa a ter a seguinte redacção:

ANEXO II
PAÍSES E TERRITÓRIOS ULTRAMARINOS
aos quais se aplicam as disposições da Parte IV do Tratado

A Gronelândia,
A Nova Caledónia e dependências,
a Polinésia francesa,
as terras austrais e antárcticas francesas,

as ilhas Wallis e Futuna,
Mayotte,
São Pedro e Miquelon,
– Santa Helena e dependências,
Aruba,
Antilhas Neerlandesas:

– Bonaire,

– Curaçao,
– Saba,
– Santo Eustáquio,
– São Martinho,

– Anguilha,
– as ilhas Caimans,
– as ilhas Malvinas-Falkland,
– Geórgia do Sul e ilhas Sandwich do Sul,
– Montserrat

– Pitcairn,

– O território Antárctico britânico,
– o território britânico do Oceano Índico,

– as ilhas Turcas e Caiques,
– as ilhas Virgens britânicas,
– As Bermudas.

III. PROTOCOLOS E OUTROS ACTOS

1. São revogados os seguintes Protocolos e actos:

a) O Protocolo que altera o Protocolo relativo aos Privilégios e Imunidades das Comunidades Europeias;

b) O Protocolo relativo ao comércio interno alemão e às questões com ele relacionadas;

c) O Protocolo relativo a certas disposições respeitantes à França;

d) O Protocolo respeitante ao Grão-Ducado do Luxemburgo;

e) O Protocolo relativo ao regime a aplicar aos produtos submetidos à competência da Comunidade Europeia do Carvão e do Aço no que respeita à Argélia e aos Departamentos Ultramarinos da República Francesa;

f) O Protocolo relativo aos óleos minerais e alguns dos seus derivados;

Tratado de Amesterdão 237

g) O Protocolo relativo à aplicação do Tratado que institui a Comunidade Europeia às partes não europeias do Reino dos Países Baixos;

h) A Convenção de aplicação relativa à associação dos países e territórios ultramarinos à Comunidade;

– o Protocolo relativo ao contingente pautal para as importações de bananas (ex 08.01 da Nomenclatura de Bruxelas),

– o Protocolo relativo ao contingente pautal para as importações de café verde (ex 09.01 da Nomenclatura de Bruxelas).

2. No final do Protocolo relativo aos Estatutos do Banco Europeu de Investimento, a lista dos signatários é suprimida.

3. O Protocolo relativo ao Estatuto do Tribunal de Justiça da Comunidade Europeia é alterado do seguinte modo:

(Não reproduzido)

4. No artigo 40.º do Protocolo relativo aos Estatutos do Sistema Europeu de Bancos Centrais e do Banco Central Europeu, a expressão «anexo ao Tratado que institui um Conselho único e uma Comissão única das Comunidades Europeias» é suprimida.

5. No artigo 21.º do Protocolo relativo aos Estatutos do Instituto Monetário Europeu, a expressão «anexo ao Tratado que institui um Conselho único e uma Comissão única das Comunidades Europeias» é suprimida.

6. O Protocolo respeitante à Itália é alterado do seguinte modo:

(Não reproduzido)

7. O Protocolo relativo às mercadorias originárias e provenientes de certos países e que beneficiam de um regime especial aquando da importação num dos Estados-Membros é alterado do seguinte modo:

(Não reproduzido)

8. O Protocolo relativo às importações na Comunidade Europeia de produtos petrolíferos refinados nas Antilhas neerlandesas é alterado do seguinte modo:

(Não reproduzido)

9. No Protocolo relativo ao regime especial aplicável à Gronelândia, o artigo 3.º é revogado.

238 *Tratado de Amesterdão*

Artigo 7.º

O Tratado que institui a Comunidade Europeia do Carvão e do Aço, incluindo os seus Anexos, Protocolos e outros actos a ele anexados, é alterado nos termos das disposições do presente artigo, a fim de suprimir disposições caducas desse Tratado e de adaptar em consequência o texto de algumas das suas disposições.

(Não reproduzido)

Artigo 8.º

O Tratado que institui a Comunidade Europeia da Energia Atómica, incluindo os seus Anexos e Protocolos, é alterado nos termos das disposições do presente artigo, a fim de suprimir disposições caducas desse Tratado e de adaptar em consequência o texto de algumas das suas disposições.

(Não reproduzido)

Artigo 9.º

1. Sem prejuízo dos números seguintes, que visam conservar os elementos essenciais das suas disposições, são revogados a Convenção, de 25 de Março de 1957, relativa a certas instituições comuns às Comunidades Europeias e o Tratado, de 8 de Abril de 1965, que institui um Conselho único e uma Comissão única das Comunidades Europeias, exceptuando-se o Protocolo a que se refere o n.º 5.

2. As competências conferidas ao Parlamento Europeu, ao Conselho, à Comissão, ao Tribunal de Justiça e ao Tribunal de Contas pelo Tratado que institui a Comunidade Europeia, pelo Tratado que institui a Comunidade Europeia do Carvão e do Aço e pelo Tratado que institui Comunidade Europeia da Energia Atómica serão exercidos por Instituições únicas, nas condições previstas respectivamente nesses Tratados e no presente artigo.

As funções conferidas ao Comité Económico e Social pelo Tratado que institui a Comunidade Europeia e pelo Tratado que institui a Comunidade Europeia da Energia Atómica são exercidas por um Comité único, nas condições respectivamente previstas nesses Tratados. São aplicáveis ao Comité as disposições dos artigos 257.º e 261.º do Tratado que institui a Comunidade Europeia.

3. Os funcionários e outros agentes das Comunidades Europeias fazem parte da Administração única dessas Comunidades e são regidos pelas disposições adoptadas em aplicação do artigo 283.º do Tratado que institui a Comunidade Europeia.

4. As Comunidades Europeias gozam, no território dos Estados-Membros, dos privilégios e imunidades necessários ao cumprimento da sua missão, nas condições definidas no Protocolo a que se refere o n.º 5. O mesmo se aplica ao Banco Central Europeu, ao Instituto Monetário Europeu e ao Banco Europeu de Investimento.

5. No Protocolo, de 8 de Abril de 1965, relativo aos Privilégios e Imunidades das Comunidades Europeias é inserido um artigo 23.º, tal como constava do Protocolo ao citado Tratado; este artigo tem a seguinte redacção:

«Artigo 23.º

O presente Protocolo é igualmente aplicável ao Banco Central Europeu, aos membros dos seus órgãos e ao seu pessoal, sem prejuízo do disposto no Protocolo relativo aos Estatutos do Sistema Europeu de Bancos Centrais e do Banco Central Europeu.

O Banco Central Europeu fica, além disso, isento de qualquer imposição fiscal ou parafiscal ao proceder-se aos aumentos de capital, bem como das diversas formalidades que tais operações possam implicar no Estado da sua sede. As actividades do Banco e dos seus órgãos, desde que exercidas de acordo com os Estatutos do Sistema Europeu de Bancos Centrais e do Banco Central Europeu, não darão origem à aplicação de qualquer imposto sobre o volume de negócios.

As disposições anteriores serão igualmente aplicáveis ao Instituto Monetário Europeu. A sua dissolução ou liquidação não dará origem a qualquer imposição.».

6. As receitas e despesas da Comunidade Europeia, as despesas administrativas da Comunidade Europeia do Carvão e do Aço e as receitas a ela relativas, as receitas e despesas da Comunidade Europeia da Energia Atómica, com excepção das da Agência de Aprovisionamento e das Empresas Comuns, são inscritas no orçamento das Comunidades Europeias, nas condições respectivamente previstas nos Tratados que instituem estas três Comunidades.

7. Sem prejuízo da aplicação do artigo 289.º do Tratado que institui a Comunidade Europeia, do artigo 77.º do Tratado que institui a

Comunidade Europeia do Carvão e do Aço, do artigo 189.° do Tratado que institui a Comunidade Europeia da Energia Atómica e do segundo parágrafo do artigo 1.° do Protocolo relativo aos Estatutos do Fundo Europeu de Investimento, os representantes dos Governos dos Estados-Membros adoptarão, de comum acordo, as disposições necessárias para resolver certos problemas específicos do Grão-Ducado do Luxemburgo, que resultem da criação de um Conselho único e de uma Comissão única das Comunidades Europeias.

Artigo 10.°

1. A revogação e a supressão, na presente Parte, de disposições caducas do Tratado que institui a Comunidade Europeia, do Tratado que institui a Comunidade Europeia do Carvão e do Aço e do Tratado que institui a Comunidade Europeia da Energia Atómica, tal como se encontravam em vigor antes da entrada em vigor do presente Tratado de Amesterdão e a adaptação de algumas das suas disposições não afectam os efeitos jurídicos das disposições desses Tratados, em especial os resultantes dos prazos por eles fixados, nem os dos Tratados de Adesão.

2. Os efeitos jurídicos dos actos em vigor adoptados com base nos citados Tratados não são afectados.

3. O mesmo sucede relativamente à revogação da Convenção, de 25 de Março de 1957, relativa a certas instituições comuns às Comunidades Europeias e à revogação do Tratado, de 8 de Abril de 1965, que institui um Conselho único e uma Comissão única das Comunidades Europeias.

Artigo 11.°

As disposições do Tratado que institui a Comunidade Europeia, do Tratado que institui a Comunidade Europeia do Carvão e do Aço e do Tratado que institui a Comunidade Europeia da Energia Atómica relativas à competência do Tribunal de Justiça das Comunidades Europeias e ao exercício dessa competência são aplicáveis às disposições da presente Parte, bem como às disposições do Protocolo relativo aos Privilégios e Imunidades a que se refere o n.° 5 do artigo 9.°.

PARTE III
Disposições Gerais e Finais

Artigo 12.º

1. Os artigos, Títulos e Secções do Tratado da União Europeia e do Tratado que institui a Comunidade Europeia, tal como alterados pelas disposições do presente Tratado, serão renumerados de acordo com os quadros de correspondência que figura em anexo ao presente Tratado, do qual faz parte integrante.

2. As remissões cruzadas para artigos, Títulos e Secções do Tratado da União Europeia e do Tratado que institui a Comunidade Europeia, bem como entre estes, serão adaptadas do mesmo modo. O mesmo se aplica às remissões para os artigos, Títulos e Secções destes Tratados contidas nos outros Tratados comunitários.

3. As remissões para artigos, Títulos e Secções dos Tratados previstos no n.º 2, contidas noutros instrumentos ou actos, entendem-se como remissões feitas para os artigos, Títulos e Secções dos Tratados, tal como renumerados nos termos do n.º 1 e, respectivamente, para os números desses artigos, tal como renumerados por certas disposições do artigo 6.º.

4. As remissões, contidas noutros instrumentos ou actos, para números dos artigos dos Tratados a que se referem os artigos 7.º e 8.º entendem-se como sendo feitas para aqueles números, tal como renumerados por certas disposições dos citados artigos 7.º e 8.º.

Artigo 13.º

O presente Tratado tem vigência ilimitada.

242 *Tratado de Amesterdão*

Artigo 14.°

1. O presente Tratado será ratificado pelas Altas Partes Contratantes, de acordo com as respectivas normas constitucionais. Os instrumentos de ratificação serão depositados junto do Governo da República Italiana.*

2. O presente Tratado entra em vigor no primeiro dia do segundo mês seguinte ao do depósito do instrumento de ratificação do Estado signatário que proceder a esta formalidade em último lugar.

Artigo 15.°

O presente Tratado, redigido num único exemplar, nas línguas alemã, dinamarquesa, espanhola, finlandesa, francesa, grega, inglesa, italiana, irlandesa, neerlandesa, portuguesa e sueca, fazendo fé qualquer dos textos, será depositado nos arquivos do Governo da República Italiana, o qual dele remeterá uma cópia autenticada a cada um dos Governos dos outros Estados signatários.

Em fé do que, os plenipotenciários abaixo assinados apuseram as suas assinaturas no presente Tratado.

Feito em Amesterdão, em dois de Outubro de mil novecentos e noventa e sete.

---

* Ratificado por Portugal através do Decreto do P.R. n.° 65/99, de 19 de Fevereiro.

ANEXO

QUADROS DE CORRESPONDÊNCIA A QUE SE REFERE O ARTIGO 12º DO TRATADO DE AMESTERDÃO

A. Tratado da União Europeia

Numeração anterior	Nova numeração	Numeração anterior	Nova numeração
TÍTULO I	**TÍTULO I**	**TÍTULO VI (***)**	**TÍTULO VI**
Artigo A	Artigo 1º	Artigo K.1	Artigo 29º
Artigo B	Artigo 2º	Artigo K.2	Artigo 30º
Artigo C	Artigo 3º	Artigo K.3	Artigo 31º
Artigo D	Artigo 4º	Artigo K.4	Artigo 32º
Artigo E	Artigo 5º	Artigo K.5	Artigo 33º
Artigo F	Artigo 6º	Artigo K.6	Artigo 34º
Artigo F.1 (*)	Artigo 7º	Artigo K.7	Artigo 35º
TÍTULO II	**TÍTULO II**	Artigo K.8	Artigo 36º
Artigo G	Artigo 8º	Artigo K.9	Artigo 37º
TÍTULO III	**TÍTULO III**	Artigo K.10	Artigo 38º
Artigo H	Artigo 9º	Artigo K.11	Artigo 39º
TÍTULO IV	**TÍTULO IV**	Artigo K.12	Artigo 40º
Artigo I	Artigo 10º	Artigo K.13	Artigo 41º
TÍTULO V (***)	**TÍTULO V**	Artigo K.14	Artigo 42º
Artigo J.1	Artigo 11º		
Artigo J.2	Artigo 12º	**TÍTULO VI-A (**)**	**TÍTULO VII**
Artigo J.3	Artigo 13º	Artigo K.15 (*)	Artigo 43º
Artigo J.4	Artigo 14º	Artigo K.16 (*)	Artigo 44º
Artigo J.5	Artigo 15º	Artigo K.17 (*)	Artigo 45º
Artigo J.6	Artigo 16º		
Artigo J.7	Artigo 17º	**TÍTULO VII**	**TÍTULO VIII**
Artigo J.8	Artigo 18º	Artigo L	Artigo 46º
Artigo J.9	Artigo 19º	Artigo M	Artigo 47º
Artigo J.10	Artigo 20º	Artigo N	Artigo 48º
Artigo J.11	Artigo 21º	Artigo O	Artigo 49º
Artigo J.12	Artigo 22º	Artigo P	Artigo 50º
Artigo J.13	Artigo 23º	Artigo Q	Artigo 51º
Artigo J.14	Artigo 24º	Artigo R	Artigo 52º
Artigo J.15	Artigo 25º	Artigo S	Artigo 53º
Artigo J.16	Artigo 26º		
Artigo J.17	Artigo 27º		
Artigo J.18	Artigo 28º		

(*) Novo artigo introduzido pelo Tratado de Amesterdão.
(**) Novo Título introduzido pelo Tratado de Amesterdão.
(***) Título reformulado pelo Tratado de Amesterdão.

244 Tratado de Amesterdão

C 340/86 [PT] Jornal Oficial das Comunidades Europeias 10. 11. 97

B. Tratado que institui a Comunidade Europeia

Numeração anterior	Nova numeração	Numeração anterior	Nova numeração
PARTE I	**PARTE I**	**CAPÍTULO 1**	**CAPÍTULO 1**
Artigo 1º	Artigo 1º	Secção I	—
Artigo 2º	Artigo 2º	(suprimida)	
Artigo 3º	Artigo 3º	Artigo 12º	Artigo 25º
Artigo 3º-A	Artigo 4º	Artigo 13º (revogado)	—
Artigo 3º-B	Artigo 5º	Artigo 14º (revogado)	—
Artigo 3º-C (*)	Artigo 6º	Artigo 15º (revogado)	—
Artigo 4º	Artigo 7º	Artigo 16º (revogado)	—
Artigo 4º-A	Artigo 8º	Artigo 17º (revogado)	—
Artigo 4º-B	Artigo 9º	Secção 2	—
Artigo 5º	Artigo 10º	(suprimida)	
Artigo 5º-A (*)	Artigo 11º	Artigo 18º (revogado)	—
Artigo 6º	Artigo 12º	Artigo 19º (revogado)	—
Artigo 6º-A (*)	Artigo 13º	Artigo 20º (revogado)	—
Artigo 7º (revogado)	—	Artigo 21º (revogado)	—
Artigo 7º-A	Artigo 14º	Artigo 22º (revogado)	—
Artigo 7º-B (revogado)	—	Artigo 23º (revogado)	—
Artigo 7º-C	Artigo 15º	Artigo 24º (revogado)	—
Artigo 7º-D (*)	Artigo 16º	Artigo 25º (revogado)	—
		Artigo 26º (revogado)	—
PARTE II	**PARTE II**	Artigo 27º (revogado)	—
Artigo 8º	Artigo 17º	Artigo 28º	Artigo 26º
Artigo 8º-A	Artigo 18º	Artigo 29º	Artigo 27º
Artigo 8º-B	Artigo 19º		
Artigo 8º-C	Artigo 20º	**CAPÍTULO 2**	**CAPÍTULO 2**
Artigo 8º-D	Artigo 21º	Artigo 30º	Artigo 28º
Artigo 8º-E	Artigo 22º	Artigo 31º (revogado)	—
		Artigo 32º (revogado)	—
PARTE III	**PARTE III**	Artigo 33º (revogado)	—
TÍTULO I	**TÍTULO I**	Artigo 34º	Artigo 29º
Artigo 9º	Artigo 23º	Artigo 35º (revogado)	—
Artigo 10º	Artigo 24º	Artigo 36º	Artigo 30º
Artigo 11º (revogado)	—	Artigo 37º	Artigo 31º

(*) Novo artigo introduzido pelo Tratado de Amesterdão.

Tratado de Amesterdão

Numeração anterior	Nova numeração
TÍTULO II	TÍTULO II
Artigo 38º	Artigo 32º
Artigo 39º	Artigo 33º
Artigo 40º	Artigo 34º
Artigo 41º	Artigo 35º
Artigo 42º	Artigo 36º
Artigo 43º	Artigo 37º
Artigo 44º (revogado)	—
Artigo 45º (revogado)	—
Artigo 46º	Artigo 38º
Artigo 47º (revogado)	—
TÍTULO III	TÍTULO III
CAPÍTULO 1	CAPÍTULO 1
Artigo 48º	Artigo 39º
Artigo 49º	Artigo 40º
Artigo 50º	Artigo 41º
Artigo 51º	Artigo 42º
CAPÍTULO 2	CAPÍTULO 2
Artigo 52º	Artigo 43º
Artigo 53º (revogado)	—
Artigo 54º	Artigo 44º
Artigo 55º	Artigo 45º
Artigo 56º	Artigo 46º
Artigo 57º	Artigo 47º
Artigo 58º	Artigo 48º
CAPÍTULO 3	CAPÍTULO 3
Artigo 59º	Artigo 49º
Artigo 60º	Artigo 50º
Artigo 61º	Artigo 51º
Artigo 62º (revogado)	—
Artigo 63º	Artigo 52º
Artigo 64º	Artigo 53º
Artigo 65º	Artigo 54º
Artigo 66º	Artigo 55º
CAPÍTULO 4	CAPÍTULO 4
Artigo 67º (revogado)	—
Artigo 68º (revogado)	—

Numeração anterior	Nova numeração
Artigo 69º (revogado)	—
Artigo 70º (revogado)	—
Artigo 71º (revogado)	—
Artigo 72º (revogado)	—
Artigo 73º (revogado)	—
Artigo 73º-A (revogado)	—
Artigo 73º-B	Artigo 56º
Artigo 73º-C	Artigo 57º
Artigo 73º-D	Artigo 58º
Artigo 73º-E (revogado)	—
Artigo 73º-F	Artigo 59º
Artigo 73º-G	Artigo 60º
Artigo 73º-H (revogado)	—
TÍTULO III-A (**)	TÍTULO IV
Artigo 73º-I (*)	Artigo 61º
Artigo 73º-J (*)	Artigo 62º
Artigo 73º-K (*)	Artigo 63º
Artigo 73º-L (*)	Artigo 64º
Artigo 73º-M (*)	Artigo 65º
Artigo 73º-N (*)	Artigo 66º
Artigo 73º-O (*)	Artigo 67º
Artigo 73º-P (*)	Artigo 68º
Artigo 73º-Q (*)	Artigo 69º
TÍTULO IV	TÍTULO V
Artigo 74º	Artigo 70º
Artigo 75º	Artigo 71º
Artigo 76º	Artigo 72º
Artigo 77º	Artigo 73º
Artigo 78º	Artigo 74º
Artigo 79º	Artigo 75º
Artigo 80º	Artigo 76º
Artigo 81º	Artigo 77º
Artigo 82º	Artigo 78º
Artigo 83º	Artigo 79º
Artigo 84º	Artigo 80º

(*) Novo artigo introduzido pelo Tratado de Amesterdão.
(**) Novo Título introduzido pelo Tratado de Amesterdão.

246   *Tratado de Amesterdão*

C 340/88 [PT]   Jornal Oficial das Comunidades Europeias   10. 11. 97

Numeração anterior	Nova numeração
TÍTULO V	TÍTULO VI
CAPÍTULO 1	CAPÍTULO 1
SECÇÃO 1	SECÇÃO 1
Artigo 85º	Artigo 81º
Artigo 86º	Artigo 82º
Artigo 87º	Artigo 83º
Artigo 88º	Artigo 84º
Artigo 89º	Artigo 85º
Artigo 90º	Artigo 86º
Secção 2 (suprimida)	—
Artigo 91º (revogado)	—
SECÇÃO 3	SECÇÃO 2
Artigo 92º	Artigo 87º
Artigo 93º	Artigo 88º
Artigo 94º	Artigo 89º
CAPÍTULO 2	CAPÍTULO 2
Artigo 95º	Artigo 90º
Artigo 96º	Artigo 91º
Artigo 97º (revogado)	—
Artigo 98º	Artigo 92º
Artigo 99º	Artigo 93º
CAPÍTULO 3	CAPÍTULO 3
Artigo 100º	Artigo 94º
Artigo 100º-A	Artigo 95º
Artigo 100º-B (revogado)	—
Artigo 100º-C (revogado)	—
Artigo 100º-D (revogado)	—
Artigo 101º	Artigo 96º
Artigo 102º	Artigo 97º
TÍTULO VI	TÍTULO VII
CAPÍTULO 1	CAPÍTULO 1
Artigo 102º-A	Artigo 98º
Artigo 103º	Artigo 99º
Artigo 103º-A	Artigo 100º

Numeração anterior	Nova numeração
Artigo 104º	Artigo 101º
Artigo 104º-A	Artigo 102º
Artigo 104º-B	Artigo 103º
Artigo 104º-C	Artigo 104º
CAPÍTULO 2	CAPÍTULO 2
Artigo 105º	Artigo 105º
Artigo 105º-A	Artigo 106º
Artigo 106º	Artigo 107º
Artigo 107º	Artigo 108º
Artigo 108º	Artigo 109º
Artigo 108º-A	Artigo 110º
Artigo 109º	Artigo 111º
CAPÍTULO 3	CAPÍTULO 3
Artigo 109º-A	Artigo 112º
Artigo 109º-B	Artigo 113º
Artigo 109º-C	Artigo 114º
Artigo 109º-D	Artigo 115º
CAPÍTULO 4	CAPÍTULO 4
Artigo 109º-E	Artigo 116º
Artigo 109º-F	Artigo 117º
Artigo 109º-G	Artigo 118º
Artigo 109º-H	Artigo 119º
Artigo 109º-I	Artigo 120º
Artigo 109º-J	Artigo 121º
Artigo 109º-K	Artigo 122º
Artigo 109º-L	Artigo 123º
Artigo 109º-M	Artigo 124º
TÍTULO VI-A (**)	TÍTULO VIII
Artigo 109º-N (*)	Artigo 125º
Artigo 109º-O (*)	Artigo 126º
Artigo 109º-P (*)	Artigo 127º
Artigo 109º-Q (*)	Artigo 128º
Artigo 109º-R (*)	Artigo 129º
Artigo 109º-S (*)	Artigo 130º
TÍTULO VII	TÍTULO IX
Artigo 110º	Artigo 131º
Artigo 111º (revogado)	—
Artigo 112º	Artigo 132º
Artigo 113º	Artigo 133º

(*) Novo artigo introduzido pelo Tratado de Amesterdão.
(**) Novo Título introduzido pelo Tratado de Amesterdão.

Tratado de Amesterdão

247

10. 11. 97 — PT — Jornal Oficial das Comunidades Europeias — C 340/89

Numeração anterior	Nova numeração
Artigo 114º (revogado)	
Artigo 115º	Artigo 134º
TÍTULO VII-A (**)	TÍTULO X
Artigo 116º (*)	Artigo 135º
TÍTULO VIII	TÍTULO XI
CAPÍTULO 1 (***)	CAPÍTULO 1
Artigo 117º	Artigo 136º
Artigo 118º	Artigo 137º
Artigo 118º-A	Artigo 138º
Artigo 118º-B	Artigo 139º
Artigo 118º-C	Artigo 140º
Artigo 119º	Artigo 141º
Artigo 119º-A	Artigo 142º
Artigo 120º	Artigo 143º
Artigo 121º	Artigo 144º
Artigo 122º	Artigo 145º
CAPÍTULO 2	CAPÍTULO 2
Artigo 123º	Artigo 146º
Artigo 124º	Artigo 147º
Artigo 125º	Artigo 148º
CAPÍTULO 3	CAPÍTULO 3
Artigo 126º	Artigo 149º
Artigo 127º	Artigo 150º
TÍTULO IX	TÍTULO XII
Artigo 128º	Artigo 151º
TÍTULO X	TÍTULO XIII
Artigo 129º	Artigo 152º
TÍTULO XI	TÍTULO XIV
Artigo 129º-A	Artigo 153º
TÍTULO XII	TÍTULO XV
Artigo 129º-B	Artigo 154º
Artigo 129º-C	Artigo 155º
Artigo 129º-D	Artigo 156º
TÍTULO XIII	TÍTULO XVI
Artigo 130º	Artigo 157º

Numeração anterior	Nova numeração
TÍTULO XIV	TÍTULO XVII
Artigo 130º-A	Artigo 158º
Artigo 130º-B	Artigo 159º
Artigo 130º-C	Artigo 160º
Artigo 130º-D	Artigo 161º
Artigo 130º-E	Artigo 162º
TÍTULO XV	TÍTULO XVIII
Artigo 130º-F	Artigo 163º
Artigo 130º-G	Artigo 164º
Artigo 130º-H	Artigo 165º
Artigo 130º-I	Artigo 166º
Artigo 130º-J	Artigo 167º
Artigo 130º-K	Artigo 168º
Artigo 130º-L	Artigo 169º
Artigo 130º-M	Artigo 170º
Artigo 130º-N	Artigo 171º
Artigo 130º-O	Artigo 172º
Artigo 130º-P	Artigo 173º
Artigo 130º-Q (revogado)	—
TÍTULO XVI	TÍTULO XIX
Artigo 130º-R	Artigo 174º
Artigo 130º-S	Artigo 175º
Artigo 130º-T	Artigo 176º
TÍTULO XVII	TÍTULO XX
Artigo 130º-U	Artigo 177º
Artigo 130º-V	Artigo 178º
Artigo 130º-W	Artigo 179º
Artigo 130º-X	Artigo 180º
Artigo 130º-Y	Artigo 181º
PARTE IV	PARTE IV
Artigo 131º	Artigo 182º
Artigo 132º	Artigo 183º
Artigo 133º	Artigo 184º
Artigo 134º	Artigo 185º
Artigo 135º	Artigo 186º
Artigo 136º	Artigo 187º
Artigo 136º-A	Artigo 188º

(*) Novo artigo introduzido pelo Tratado de Amesterdão.
(**) Novo Título introduzido pelo Tratado de Amesterdão.
(***) Capítulo 1 reformulado pelo Tratado de Amesterdão.

Tratado de Amesterdão

Numeração anterior	Nova numeração
PARTE V	PARTE V
TÍTULO I	TÍTULO I
CAPÍTULO 1	CAPÍTULO 1
SECÇÃO 1	SECÇÃO 1
Artigo 137º	Artigo 189º
Artigo 138º	Artigo 190º
Artigo 138º-A	Artigo 191º
Artigo 138º-B	Artigo 192º
Artigo 138º-C	Artigo 193º
Artigo 138º-D	Artigo 194º
Artigo 138º-E	Artigo 195º
Artigo 139º	Artigo 196º
Artigo 140º	Artigo 197º
Artigo 141º	Artigo 198º
Artigo 142º	Artigo 199º
Artigo 143º	Artigo 200º
Artigo 144º	Artigo 201º
SECÇÃO 2	SECÇÃO 2
Artigo 145º	Artigo 202º
Artigo 146º	Artigo 203º
Artigo 147º	Artigo 204º
Artigo 148º	Artigo 205º
Artigo 149º (revogado)	—
Artigo 150º	Artigo 206º
Artigo 151º	Artigo 207º
Artigo 152º	Artigo 208º
Artigo 153º	Artigo 209º
Artigo 154º	Artigo 210º
SECÇÃO 3	SECÇÃO 3
Artigo 155º	Artigo 211º
Artigo 156º	Artigo 212º
Artigo 157º	Artigo 213º
Artigo 158º	Artigo 214º
Artigo 159º	Artigo 215º
Artigo 160º	Artigo 216º
Artigo 161º	Artigo 217º
Artigo 162º	Artigo 218º
Artigo 163º	Artigo 219º
SECÇÃO 4	SECÇÃO 4
Artigo 164º	Artigo 220º
Artigo 165º	Artigo 221º

Numeração anterior	Nova numeração
Artigo 166º	Artigo 222º
Artigo 167º	Artigo 223º
Artigo 168º	Artigo 224º
Artigo 168º-A	Artigo 225º
Artigo 169º	Artigo 226º
Artigo 170º	Artigo 227º
Artigo 171º	Artigo 228º
Artigo 172º	Artigo 229º
Artigo 173º	Artigo 230º
Artigo 174º	Artigo 231º
Artigo 175º	Artigo 232º
Artigo 176º	Artigo 233º
Artigo 177º	Artigo 234º
Artigo 178º	Artigo 235º
Artigo 179º	Artigo 236º
Artigo 180º	Artigo 237º
Artigo 181º	Artigo 238º
Artigo 182º	Artigo 239º
Artigo 183º	Artigo 240º
Artigo 184º	Artigo 241º
Artigo 185º	Artigo 242º
Artigo 186º	Artigo 243º
Artigo 187º	Artigo 244º
Artigo 188º	Artigo 245º
SECÇÃO 5	SECÇÃO 5
Artigo 188º-A	Artigo 246º
Artigo 188º-B	Artigo 247º
Artigo 188º-C	Artigo 248º
CAPÍTULO 2	CAPÍTULO 2
Artigo 189º	Artigo 249º
Artigo 189º-A	Artigo 250º
Artigo 189º-B	Artigo 251º
Artigo 189º-C	Artigo 252º
Artigo 190º	Artigo 253º
Artigo 191º	Artigo 254º
Artigo 191º-A (*)	Artigo 255º
Artigo 192º	Artigo 256º
CAPÍTULO 3	CAPÍTULO 3
Artigo 193º	Artigo 257º
Artigo 194º	Artigo 258º
Artigo 195º	Artigo 259º
Artigo 196º	Artigo 260º
Artigo 197º	Artigo 261º
Artigo 198º	Artigo 262º

(*) Novo artigo introduzido pelo Tratado de Amesterdão.

Tratado de Amesterdão

249

10. 11. 97 · PT · Jornal Oficial das Comunidades Europeias · C 340/91

Numeração anterior	Nova numeração	Numeração anterior	Nova numeração
CAPÍTULO 4	**CAPÍTULO 4**	Artigo 218º (*)	Artigo 291º
Artigo 198º-A	Artigo 263º	Artigo 219º	Artigo 292º
Artigo 198º-B	Artigo 264º	Artigo 220º	Artigo 293º
Artigo 198º-C	Artigo 265º	Artigo 221º	Artigo 294º
		Artigo 222º	Artigo 295º
CAPÍTULO 5	**CAPÍTULO 5**	Artigo 223º	Artigo 296º
Artigo 198º-D	Artigo 266º	Artigo 224º	Artigo 297º
Artigo 198º-E	Artigo 267º	Artigo 225º	Artigo 298º
		Artigo 226º (revogado)	—
TÍTULO II	**TÍTULO II**	Artigo 227º	Artigo 299º
Artigo 199º	Artigo 268º	Artigo 228º	Artigo 300º
Artigo 200º (revogado)	—	Artigo 228º-A	Artigo 301º
		Artigo 229º	Artigo 302º
Artigo 201º	Artigo 269º	Artigo 230º	Artigo 303º
Artigo 201º-A	Artigo 270º	Artigo 231º	Artigo 304º
Artigo 202º	Artigo 271º	Artigo 232º	Artigo 305º
Artigo 203º	Artigo 272º	Artigo 233º	Artigo 306º
Artigo 204º	Artigo 273º	Artigo 234º	Artigo 307º
Artigo 205º	Artigo 274º	Artigo 235º	Artigo 308º
Artigo 205º-A	Artigo 275º	Artigo 236º (*)	Artigo 309º
Artigo 206º	Artigo 276º	Artigo 237º (revogado)	—
Artigo 206º-A (revogado)	—	Artigo 238º	Artigo 310º
Artigo 207º	Artigo 277º	Artigo 239º	Artigo 311º
Artigo 208º	Artigo 278º	Artigo 240º	Artigo 312º
Artigo 209º	Artigo 279º	Artigo 241º (revogado)	—
Artigo 209º-A	Artigo 280º	Artigo 242º (revogado)	—
		Artigo 243º (revogado)	—
PARTE VI	**PARTE VI**	Artigo 244º (revogado)	—
Artigo 210º	Artigo 281º	Artigo 245º (revogado)	—
Artigo 211º	Artigo 282º	Artigo 246º (revogado)	—
Artigo 212º (*)	Artigo 283º		
Artigo 213º	Artigo 284º		
Artigo 213º-A (*)	Artigo 285º		
Artigo 213º-B (*)	Artigo 286º		
Artigo 214º	Artigo 287º	**DISPOSIÇÕES FINAIS**	**DISPOSIÇÕES FINAIS**
Artigo 215º	Artigo 288º	Artigo 247º	Artigo 313º
Artigo 216º	Artigo 289º	Artigo 248º	Artigo 314º
Artigo 217º	Artigo 290º		

(*) Novo artigo introduzido pelo Tratado de Amesterdão.

PROTOCOLOS ANEXOS
AO TRATADO DE AMESTERDÃO

A. PROTOCOLO ANEXO AO TRATADO DA UNIÃO EUROPEIA

Protocolo relativo ao artigo 17.° do Tratado da União Europeia

AS ALTAS PARTES CONTRATANTES,

TENDO PRESENTE a necessidade de aplicar plenamente as disposições do n.° 1, segundo parágrafo, e do n.° 3 do artigo 17.° do Tratado da União Europeia;

TENDO PRESENTE que a política da União, na acepção do artigo 17.°, não afectará o carácter específico da política de segurança e de defesa de determinados Estados-Membros, respeitará as obrigações decorrentes do Tratado do Atlântico-Norte para certos Estados--Membros que vêem a sua defesa comum realizada no âmbito da NATO, e será compatível com a política de segurança e de defesa comum adoptada nesse âmbito;

ACORDARAM na seguinte disposição, que vem anexa ao Tratado da União Europeia:

No prazo de um ano a contar da data de entrada em vigor do Tratado de Amesterdão, a União Europeia, em concertação com a União da Europa Ocidental, estabelecerá as fórmulas de reforço da cooperação recíproca.

B. PROTOCOLOS ANEXOS AO TRATADO DA UNIÃO EUROPEIA E AO TRATADO QUE INSTITUI A COMUNIDADE EUROPEIA

Protocolo que integra o Acervo de Schengen no âmbito da União Europeia

AS ALTAS PARTES CONTRATANTES,

REGISTANDO que os acordos relativos à supressão gradual dos controlos nas fronteiras comuns, assinados por alguns dos Estados-Membros da União Europeia em Schengen, em 14 de Junho de 1985 e 19 de Junho de 1990, bem como os acordos conexos e as disposições adoptadas com base nesses acordos, se destinam a reforçar a integração europeia e, em especial, a possibilitar que a União Europeia se transforme mais rapidamente num espaço de liberdade, de segurança e de justiça;

DESEJANDO incorporar os citados acordos e disposições no âmbito da União Europeia;

CONFIRMANDO que as disposições do acervo de Schengen só são aplicáveis se, e na medida em que, forem compatíveis com a legislação da União Europeia e da Comunidade;

TENDO EM CONTA a posição especial da Dinamarca;

TENDO EM CONTA o facto de a Irlanda e o Reino Unido da Grã-Bretanha e da Irlanda do Norte não serem partes e não terem assinado os acordos acima referidos; que, no entanto, se deveria prever a possibilidade de esses Estados-Membros aceitarem, no todo ou em parte, as disposições desses acordos;

RECONHECENDO que, como consequência, é necessário, fazer uso das disposições do Tratado da União Europeia e do Tratado que institui a Comunidade Europeia relativas à cooperação reforçada entre alguns Estados-Membros, e que só como última possibilidade se deve recorrer a essas disposições;

TENDO EM CONTA a necessidade de manter relações privilegiadas com a República da Islândia e com o Reino da Noruega, Estados que confirmaram a sua intenção de subscrever as disposições acima referidas, com base no acordo assinado no Luxemburgo em 19 de Dezembro de 1996;

ACORDARAM nas disposições seguintes, que vêm anexas ao Tratado da União Europeia e ao Tratado que institui a Comunidade Europeia:

Artigo 1.°

O Reino da Bélgica, o Reino da Dinamarca, a República Federal da Alemanha, a República Helénica, o Reino de Espanha, a República Francesa, a República Italiana, o Grão-Ducado do Luxemburgo, o Reino dos Países Baixos, a República da Áustria, a República Portuguesa, a República da Finlândia e o Reino da Suécia, signatários dos acordos de Schengen, ficam autorizados a instaurar entre si uma cooperação reforçada nos domínios abrangidos por esses acordos e disposições conexas, enumerados no Anexo do presente Protocolo e a seguir designados por «acervo de Schengen». Essa cooperação realizar-se-á no quadro institucional e jurídico da União Europeia e na observância das disposições pertinentes do Tratado da União Europeia e do Tratado que institui a Comunidade Europeia.

Artigo 2.°

1. A partir da data de entrada em vigor do Tratado de Amesterdão, o acervo de Schengen, incluindo as decisões do Comité Executivo criado pelos acordos de Schengen que tenham sido adoptadas antes dessa data, serão imediatamente aplicáveis aos treze Estados-Membros a que se refere o artigo 1.°, sem prejuízo do disposto no n.° 2 do presente artigo. A partir da mesma data, o Conselho substituir-se-á ao citado Comité Executivo.

O Conselho, deliberando por unanimidade dos seus membros a que se refere o artigo 1.°, tomará todas as medidas necessárias para a aplicação do disposto no presente número. O Conselho, deliberando por unanimidade, determinará, nos termos das disposições pertinentes dos Tratados, a base jurídica de cada uma das disposições ou decisões que constituem o acervo de Schengen.

No que respeita a essas disposições e decisões e de acordo com a base jurídica que o Conselho tenha determinado, o Tribunal de Justiça das Comunidades Europeias exercerá a competência que lhe é atribuída pelas pertinentes disposições aplicáveis dos Tratados. O Tribunal de Justiça não tem competência, em caso algum, para se pronunciar sobre medidas ou decisões relativas à manutenção da ordem pública e à garantia da segurança interna.

Enquanto não tiverem sido tomadas as medidas acima previstas, e sem prejuízo do disposto no n.º 2 do artigo 5.º, as disposições ou decisões que constituem o acervo de Schengen são consideradas actos baseados no Título VI do Tratado da União Europeia.

2. O disposto no n.º 1 é aplicável aos Estados-Membros que tenham assinado um protocolo de adesão aos Acordos de Schengen a partir das datas fixadas pelo Conselho, deliberando por unanimidade dos membros previstos no artigo 1.º, excepto se as condições de adesão de qualquer desses Estados ao acervo de Schengen tiverem sido preenchidas antes da data de entrada em vigor do Tratado de Amesterdão.

Artigo 3.º

Na sequência da determinação a que se refere o n.º 1, segundo parágrafo, do artigo 2.º, a Dinamarca conservará os mesmos direitos e obrigações em relação aos outros signatários dos Acordos de Schengen que antes da referida determinação, relativamente às partes do acervo de Schengen que se considere terem uma base jurídica no Título IV do Tratado que institui a Comunidade Europeia.

No que se refere às partes do acervo de Schengen que se considere terem uma base jurídica no Título VI do Tratado da União Europeia, a Dinamarca conservará os mesmos direitos e obrigações que os outros signatários dos Acordos de Schengen.

Artigo 4.º

A Irlanda e o Reino Unido da Grã-Bretanha e Irlanda do Norte, que não se encontram vinculados pelo acervo de Schengen, podem, a todo o tempo, requerer a possibilidade de aplicar, no todo ou em parte, as disposições desse acervo.

O Conselho deliberará sobre esse pedido por unanimidade dos membros a que se refere o artigo 1.º e do representante do Governo do Estado interessado.

Tratado de Amesterdão 255

Artigo 5.°

1. As propostas e iniciativas baseadas no acervo de Schengen regem-se pelas disposições pertinentes dos Tratados.

Neste contexto, caso a Irlanda ou o Reino Unido, ou ambos, não tenham, num prazo razoável, notificado por escrito o Presidente do Conselho de que desejam participar, considerar-se-á que a autorização prevista no artigo 11.° do Tratado que institui a Comunidade Europeia e no artigo 40.° do Tratado da União Europeia foi concedida aos Estados-Membros a que se refere o artigo 1.° e à Irlanda ou ao Reino Unido, se qualquer destes Estados desejar tomar parte nas áreas de cooperação em causa.

2. As disposições pertinentes dos Tratados a que se refere o primeiro parágrafo do n.° 1 serão aplicáveis ainda que o Conselho não tenha adoptado as medidas a que se refere o n.° 1, segundo parágrafo, do artigo 2.°.

Artigo 6.°

A República da Islândia e o Reino da Noruega serão associados à execução do acervo de Schengen e ao seu posterior desenvolvimento com base no acordo assinado no Luxemburgo em 19 de Dezembro de 1996. Para esse efeito, serão previstos processos adequados, no quadro de um acordo com esses Estados, a celebrar pelo Conselho, deliberando por unanimidade dos membros a que se refere o artigo 1.°. Esse acordo conterá disposições relativas à contribuição da Islândia e da Noruega para a cobertura das consequências financeiras resultantes da aplicação do presente Protocolo.

O Conselho, deliberando por unanimidade, celebrará com a Islândia e com a Noruega um acordo separado destinado a definir os direitos e obrigações entre a Irlanda e o Reino Unido da Grã-Bretanha e Irlanda do Norte, por um lado, e a Islândia e a Noruega, por outro lado, nos domínios do acervo de Schengen aplicáveis a estes Estados.

Artigo 7.°

O Conselho, deliberando por maioria qualificada, adoptará as modalidades de integração do Secretariado de Schengen no Secretariado-Geral do Conselho.

Artigo 8.º

Para efeitos das negociações de adesão de novos Estados--Membros à União Europeia, o acervo de Schengen e as demais medidas adoptadas pelas instituições no seu âmbito de aplicação entendem-se como sendo um acervo que deve ser aceite na totalidade por todos os Estados candidatos à adesão.

ANEXO

ACERVO DE SCHENGEN

1. O Acordo, assinado em Schengen em 14 de Junho de 1985, entre os Governos dos Estados da União Económica Benelux, da República Federal da Alemanha e da República Francesa, relativo à supressão gradual dos controlos nas fronteiras comuns.

2. A Convenção assinada em Schengen em 19 de Junho de 1990, entre o Reino da Bélgica, a República Federal da Alemanha, a República Francesa, o Grão-Ducado do Luxemburgo e o Reino dos Países Baixos, respeitante à aplicação do Acordo relativo à supressão gradual dos controlos nas fronteiras comuns, assinado em Schengen em 14 de Junho de 1985, bem como a respectiva Acta Final e declarações comuns.

3. Os Protocolos e Acordos de Adesão ao Acordo de 1985 e à Convenção de aplicação de 1990 celebrados com a Itália (assinados em Paris em 27 de Novembro de 1990), a Espanha e Portugal (assinados em Bona em 25 de Junho de 1991), a Grécia (assinados em Madrid em 6 de Novembro de 1992), a Áustria (assinados em Bruxelas em 28 de Abril de 1995) e a Dinamarca, a Finlândia e a Suécia (assinados no Luxemburgo, em 19 de Dezembro de 1996), bem como as respectivas Actas Finais e declarações.

4. As decisões e declarações adoptadas pelo Comité Executivo instituído pela Convenção de aplicação de 1990, bem como os actos adoptados para efeitos de aplicação da Convenção pelas instâncias às quais o Comité Executivo conferiu poderes de decisão.

**Protocolo relativo à aplicacão de certos aspectos do artigo 14.°
do Tratado que institui a Comunidade Europeia
ao Reino Unido e à Irlanda**

AS ALTAS PARTES CONTRATANTES,

DESEJANDO resolver certas questões respeitantes ao Reino Unido e à Irlanda,

TENDO EM CONTA a existência, desde há muitos anos, de convénios especiais em matéria de deslocações entre o Reino Unido e a Irlanda,

ACORDARAM nas disposições seguintes, que vêm anexas ao Tratado que institui a Comunidade Europeia e ao Tratado da União Europeia:

Artigo 1.°

Sem prejuízo do disposto no artigo 14.° do Tratado que institui a Comunidade Europeia, de qualquer outra disposição desse Tratado ou do Tratado da União Europeia, de medidas adoptadas por força desses Tratados, ou de acordos internacionais celebrados pela Comunidade ou pela Comunidade e pelos seus Estados-Membros com um ou mais Estados terceiros, o Reino Unido fica habilitado a exercer, nas suas fronteiras com outros Estados-Membros, em relação às pessoas que pretenderem entrar no território do Reino Unido, os controlos que considere necessários para:

a) Verificar o direito de nacionais dos Estados que são Partes Contratantes no Acordo sobre o Espaço Económico Europeu, ou de pessoas a seu cargo que exerçam direitos conferidos pelo direito comunitário, bem como de nacionais de outros Estados a quem esses direitos tenham sido conferidos por um acordo que vincule o Reino Unido, entrarem no território do Reino Unido;

b) Determinar se há-de ou não conceder a outras pessoas autorização para entrarem no território do Reino Unido.

Nenhuma das disposições do artigo 14.º do Tratado que institui a Comunidade Europeia, ou qualquer outra disposição desse Tratado ou do Tratado da União Europeia, ou medida adoptada em aplicação deles, prejudicará o direito de o Reino Unido instituir ou exercer esses controlos. As referências no presente artigo ao Reino Unido incluem os territórios cujas relações externas estejam a cargo do Reino Unido.

Artigo 2.º

O Reino Unido e a Irlanda podem continuar a celebrar entre si convénios relativos à circulação de pessoas entre os respectivos territórios («Zona de Deslocação Comum»), no pleno respeito pelos direitos das pessoas a que se refere o primeiro parágrafo, alínea a), do artigo 1.º do presente Protocolo. Assim, enquanto esses convénios se mantiverem em vigor, o disposto no artigo 1.º do presente Protocolo aplicar-se-á à Irlanda nos mesmos termos e nas mesmas condições que ao Reino Unido. Nenhuma das disposições do artigo 14.º do Tratado que institui a Comunidade Europeia, ou qualquer outra disposição desse Tratado ou do Tratado da União Europeia, ou medida adoptada em aplicação deles, prejudicará esses convénios.

Artigo 3.º

Os demais Estados-Membros ficam habilitados a exercer, nas respectivas fronteiras ou em qualquer ponto de entrada nos respectivos territórios, controlos para efeitos idênticos aos enunciados no artigo 1.º do presente Protocolo sobre as pessoas que neles pretendam entrar em proveniência do Reino Unido ou de quaisquer territórios cujas relações externas estejam a cargo do Reino Unido, ou sobre pessoas provenientes da Irlanda, na medida em que as disposições do artigo 1.º do presente Protocolo sejam aplicáveis à Irlanda.

Nenhuma das disposições do artigo 14.º do Tratado que institui a Comunidade Europeia, ou qualquer outra disposição desse Tratado ou do Tratado da União Europeia, ou medida adoptada em aplicação deles prejudicará o direito de os demais Estados-Membros instituírem ou exercerem esses controlos.

Protocolo relativo à posição do Reino Unido e da Irlanda

AS ALTAS PARTES CONTRATANTES,

DESEJANDO resolver certas questões respeitantes ao Reino Unido e à Irlanda,

TENDO EM CONTA o Protocolo relativo à aplicação de certos aspectos do artigo 14.° do Tratado que institui a Comunidade Europeia ao Reino Unido e à Irlanda,

ACORDARAM nas disposições seguintes, que vêm anexas ao Tratado que institui a Comunidade Europeia e ao Tratado da União Europeia:

Artigo 1.°

Sob reserva do artigo 3.°, o Reino Unido e a Irlanda não participarão na adopção pelo Conselho das medidas propostas em aplicação do Título IV do Tratado que institui a Comunidade Europeia. Em derrogação do n.° 2 do artigo 205.° do Tratado que institui a Comunidade Europeia, a maioria qualificada é definida como sendo constituída pela mesma proporção dos votos ponderados dos membros do Conselho em causa fixada no citado n.° 2 do artigo 205.° Será necessária a unanimidade dos membros do Conselho, com excepção dos representantes dos Governos do Reino Unido e da Irlanda, para as decisões que o Conselho deva adoptar por unanimidade.

Artigo 2.°

Por força do artigo 1.°, e sob reserva dos artigos 3.°, 4.° e 6.°, nenhuma disposição do Título IV do Tratado que institui a Comunidade Europeia, medida adoptada em aplicação desse Título, disposição de acordo internacional celebrado pela Comunidade em aplicação do mesmo Título, ou decisão do Tribunal de Justiça que interprete essas

260   *Tratado de Amesterdão*

disposições ou medidas vinculará o Reino Unido ou a Irlanda, nem lhes será aplicável; nenhuma dessas disposições, medidas ou decisões afectará de modo algum as competências, direitos e obrigações desses Estados; nenhuma dessas disposições, medidas ou decisões afectará de modo algum o acervo comunitário, nem fará parte integrante do direito comunitário, tal como aplicáveis ao Reino Unido ou à Irlanda.

Artigo 3.º

1. O Reino Unido ou a Irlanda podem notificar por escrito o Presidente do Conselho, no prazo de três meses a contar da apresentação ao Conselho de uma proposta ou iniciativa ao abrigo do Título IV do Tratado que institui a Comunidade Europeia, de que desejam participar na adopção e na aplicação da medida proposta, ficando assim esse Estado habilitado a fazê-lo. Em derrogação do n.º 2 do artigo 205.º do Tratado que institui a Comunidade Europeia, a maioria qualificada é definida como sendo constituída pela mesma proporção dos votos ponderados dos membros do Conselho em causa fixada no citado n.º 2 do artigo 205.º.

Será necessária a unanimidade dos membros do Conselho, com excepção do membro que não tiver procedido à referida notificação, para as decisões que o Conselho deva adoptar por unanimidade. Uma medida adoptada nos termos do presente número será vinculativa para todos os Estados-Membros que tenham participado na sua adopção.

2. Se, decorrido um prazo razoável, não tiver sido possível adoptar uma medida a que se refere o n.º 1 com a participação do Reino Unido ou da Irlanda, o Conselho pode adoptar essa medida nos termos do artigo 1.º, sem a participação do Reino Unido ou da Irlanda. Nesse caso, é aplicável o disposto no artigo 2.º.

Artigo 4.º

O Reino Unido ou a Irlanda podem, a todo o tempo, após a adopção pelo Conselho de uma medida em aplicação do Título IV do Tratado que institui a Comunidade Europeia, notificar o Conselho e a Comissão da sua intenção de aceitar essa medida. Nesse caso, é aplicável com as necessárias adaptações, o n.º 3 do artigo 11.º do Tratado que institui a Comunidade Europeia.

Artigo 5.°

Um Estado-Membro que não esteja vinculado por uma medida adoptada em aplicação do Título IV do Tratado que institui a Comunidade Europeia não suportará as consequências financeiras dessa medida, com excepção dos custos administrativos dela decorrentes para as Instituições.

Artigo 6.°

Sempre que, nos casos previstos no presente Protocolo, o Reino Unido ou a Irlanda fiquem vinculados por uma medida adoptada pelo Conselho em aplicação do Título IV do Tratado que institui a Comunidade Europeia, são aplicáveis a esse Estado, no que respeita à medida em questão, as disposições pertinentes do mesmo Tratado, incluindo o artigo 68.°.

Artigo 7.°

O disposto nos artigos 3.° e 4.° não prejudica o Protocolo que integra o acervo de Schengen no quadro da União Europeia.

Artigo 8.°

A Irlanda pode notificar por escrito o Presidente do Conselho de que pretende deixar de ser abrangida pelo disposto no presente Protocolo. Nesse caso, serão aplicáveis à Irlanda as disposições normais do Tratado.

Protocolo relativo à posição da Dinamarca

AS ALTAS PARTES CONTRATANTES,

RECORDANDO a Decisão dos Chefes de Estado ou de Governo, reunidos no Conselho Europeu em Edimburgo, em 12 de Dezembro de 1992, relativa a certos problemas levantados pela Dinamarca no que respeita ao Tratado da União Europeia,

TENDO REGISTADO a posição expressa pela Dinamarca no que respeita à cidadania, à união económica e monetária, à política de defesa e à justiça e aos assuntos internos, tal como enunciada na decisão de Edimburgo,

TENDO EM CONTA o artigo 3.° do Protocolo que integra o acervo de Schengen no âmbito da União Europeia,

ACORDARAM nas disposições seguintes, que vêm anexas ao Tratado que institui a Comunidade Europeia e ao Tratado da União Europeia:

PARTE I

Artigo 1.°

A Dinamarca não participará na adopção pelo Conselho das medidas propostas em aplicação do Título IV do Tratado que institui a Comunidade Europeia. Em derrogação do n.° 2 do artigo 205.° do Tratado que institui a Comunidade Europeia, a maioria qualificada é definida como sendo constituída pela mesma proporção dos votos ponderados dos membros do Conselho em causa fixada no citado n.° 2 do artigo 205.°. Será necessária a unanimidade dos membros do Conselho, com excepção do representante do Governo da Dinamarca, para as decisões que o Conselho deva adoptar por unanimidade.

Artigo 2.º

Nenhuma disposição do Título IV do Tratado que institui a Comunidade Europeia, medida adoptada em aplicação desse Título, disposição de acordo internacional celebrado pela Comunidade em aplicação do mesmo Título, ou decisão do Tribunal de Justiça que interprete essas disposições ou medidas vinculará a Dinamarca, nem lhe será aplicável. Essas disposições, medidas ou decisões em nada afectarão as competências, direitos e obrigações da Dinamarca. Essas disposições, medidas ou decisões em nada afectarão o acervo comunitário e não farão parte do direito comunitário, tal como se aplicam à Dinamarca.

Artigo 3.º

A Dinamarca não suportará as consequências financeiras das medidas previstas no artigo 1.º, com excepção dos custos administrativos delas decorrentes para as Instituições.

Artigo 4.º

Os artigos 1.º, 2.º e 3.º não são aplicáveis às medidas que determinem quais os países terceiros cujos nacionais devem ser detentores de visto para transporem as fronteiras externas dos Estados-Membros, nem às medidas relativas à criação de um modelo-tipo de visto.

Artigo 5.º

1. A Dinamarca decidirá, no prazo de seis meses após o Conselho ter adoptado uma decisão sobre uma proposta ou iniciativa destinada a desenvolver o acervo de Schengen em aplicação do disposto no Título IV do Tratado que institui a Comunidade Europeia, se procederá à transposição dessa decisão para o seu direito interno. Se decidir fazê-lo, essa decisão criará uma obrigação de direito internacional entre a Dinamarca e os restantes Estados-Membros a que se refere o artigo 1.º do Protocolo que integra o acervo de Schengen no âmbito da União Europeia, bem como a Irlanda ou o Reino Unido, se esses

Estados-Membros participarem nos domínios de cooperação em causa.

2. Se a Dinamarca decidir não aplicar uma decisão do Conselho na acepção do n.º 1, os Estados-Membros a que se refere o artigo 1.º do Protocolo que integra o acervo de Schengen no âmbito da União Europeia analisarão as medidas adequadas a tomar.

PARTE II

Artigo 6.º

No que respeita às medidas adoptadas pelo Conselho no domínio abrangido pelo n.º 1 do artigo 13.º e pelo artigo 17.º do Tratado da União Europeia, a Dinamarca não participa na elaboração nem na execução de decisões e acções da União com implicações em matéria de defesa, mas não levantará obstáculos ao desenvolvimento de uma cooperação reforçada entre Estados-Membros neste domínio. Nesse caso, a Dinamarca não participará na sua adopção. A Dinamarca não será obrigada a contribuir para o financiamento das despesas operacionais decorrentes dessas medidas.

PARTE III

Artigo 7.º

A Dinamarca pode, a todo o tempo, e de acordo com as suas normas constitucionais, informar os demais Estados-Membros de que não pretende continuar a invocar a totalidade ou de parte do presente Protocolo. Nesse caso, a Dinamarca aplicará integralmente todas as medidas pertinentes então em vigor, tomadas no âmbito da União Europeia.

C. PROTOCOLOS ANEXOS AO TRATADO QUE INSTITUI A COMUNIDADE EUROPEIA

Protocolo relativo ao direito de asilo de nacionais dos Estados-Membros da União Europeia

AS ALTAS PARTES CONTRATANTES,

CONSIDERANDO que, nos termos do disposto no n.º 2 do artigo 6.º do Tratado da União Europeia, a União respeitará os direitos fundamentais, tal como os garante a Convenção Europeia para a Protecção dos Direitos do Homem e das Liberdades Fundamentais, assinada em Roma em 4 de Novembro de 1950;

CONSIDERANDO que o Tribunal de Justiça das Comunidades Europeias é competente para assegurar que, na interpretação e aplicação do n.º 2 do artigo 6.º do Tratado da União Europeia, o direito é respeitado pela Comunidade Europeia;

CONSIDERANDO que, nos termos do artigo 49.º do Tratado da União Europeia, qualquer Estado Europeu que peça para se tornar membro da União deve respeitar os princípios enunciados no n.º 1 do artigo 6.º do Tratado da União Europeia;

TENDO PRESENTE que o artigo 309.º do Tratado que institui a Comunidade Europeia cria um mecanismo de suspensão de certos direitos em caso de violação grave e persistente desses princípios por parte de um Estado-Membro;

RECORDANDO que todos os nacionais dos Estados-Membros, enquanto cidadãos da União, gozam de um estatuto e de uma protecção especiais, garantidos pelos Estados-Membros nos termos do disposto na Parte II do Tratado que institui a Comunidade Europeia;

TENDO PRESENTE que o Tratado que institui a Comunidade Europeia estabelece um espaço sem fronteiras internas e confere a todos os cidadãos da União o direito de circularem e permanecerem livremente no território dos Estados-Membros;

RECORDANDO que a extradição de nacionais de Estados-Membros da União é regulada pela Convenção Europeia de Extradição, de 13 de Dezembro de 1957, e pela Convenção de 27 de Setembro de 1996, baseada no artigo 31.° do Tratado da União Europeia, relativa à extradição entre os Estados-Membros da União Europeia;

DESEJANDO impedir que o instituto do asilo seja utilizado com objectivos alheios àqueles a que se destina;

TENDO EM CONTA que o presente Protocolo respeita a finalidade e os obiectivos da Convenção de Genebra, de 28 de Julho de 1951, relativa ao Estatuto dos Refugiados;

ACORDARAM nas disposições seguintes, que vem anexas ao Tratado que institui a Comunidade Europeia:

Artigo único

Atendendo ao nível de protecção dos direitos e liberdades fundamentais por parte dos Estados-Membros da União Europeia, cada Estado-Membro será considerado pelos restantes como constituindo um país de origem seguro para todos os efeitos jurídicos e práticos em matéria de asilo. Assim sendo, um pedido de asilo apresentado por um nacional de um Estado-Membro só pode ser tomado em consideração ou declarado admissível para instrução por outro Estado-Membro nos seguintes casos:

a) Se o Estado-Membro de que o requerente for nacional, invocando as disposições do artigo 15.° da Convenção para a Protecção dos Direitos do Homem e das Liberdades Fundamentais, tomar, após a entrada em vigor do Tratado de Amesterdão, medidas que contrariem, no seu território, as obrigações que lhe incumbem por força dessa convenção;

b) Se tiver sido desencadeado o processo previsto no n.° 1 do artigo 7.° do Tratado da União Europeia, e enquanto o Conselho não tomar uma decisão sobre a questão;

c) Se o Conselho, deliberando com base no n.° 1 do artigo 7.° do Tratado da União Europeia, tiver verificado, relativamente ao Estado--Membro de que o requerente é nacional, a existência de uma violação grave e persistente, por esse Estado-Membro, de algum dos princípios enunciados no n.° 1 do artigo 6.°;

d) Se um Estado-Membro assim o decidir unilateralmente em relação ao pedido de um nacional de outro Estado-Membro; neste caso, o Conselho será imediatamente informado; o pedido será tratado com base na presunção de que é manifestamente infundado, sem que, em caso algum, o poder de decisão do Estado-Membro seja afectado.

Protocolo relativo à aplicação dos princípios da subsidiariedade e da proporcionalidade

AS ALTAS PARTES CONTRATANTES,

DETERMINADAS a fixar as condições de aplicação dos princípios da subsidiariedade e da proporcionalidade consagrados no artigo 5.º do Tratado que institui a Comunidade Europeia, a fim de definir de forma mais precisa os critérios de aplicação desses princípios e assegurar o respectivo cumprimento rigoroso e aplicação coerente por parte de todas as Instituições;

DESEJANDO assegurar que as decisões sejam tomadas a um nível tão próximo quanto possível dos cidadãos da União;

TENDO EM CONTA o Acordo Interinstitucional de 25 de Outubro de 1993 entre o Parlamento Europeu, o Conselho e a Comissão sobre o processo de aplicação do princípio da subsidiariedade;

CONFIRMARAM que as conclusões do Conselho Europeu de Birmingham de 16 de Outubro de 1992, bem como a abordagem global relativa à aplicação do princípio da subsidiariedade acordada pelo Conselho Europeu reunido em Edimburgo a 11 e 12 de Dezembro de 1992, continuarão a nortear a acção das instituições da União, bem como a evolução da aplicação do princípio da subsidiariedade, e, para o efeito,

ACORDARAM nas disposições seguintes, que vêm anexas ao Tratado que institui a Comunidade Europeia:

1. No exercício da sua competência, cada instituição assegurará a observância do princípio da subsidiariedade. Cada instituição assegurará igualmente a observância do princípio da proporcionalidade, de acordo com o qual a acção da Comunidade não deve exceder o necessário para atingir os objectivos do Tratado.

2. A aplicação dos princípios da subsidiariedade e da proporcionalidade respeitará as disposições gerais e os objectivos do Tratado, nomeadamente no que se refere à manutenção integral do acervo comunitário e ao equilíbrio institucional; a aplicação daqueles princípios não afectará os princípios definidos pelo Tribunal de Justiça quanto a

relação entre o direito nacional e o direito comunitário e deve ter em conta o disposto no n° 4 do artigo 6.° do Tratado da União Europeia, segundo o qual a União se dotará «dos meios necessários para atingir os seus objectivos e realizar com êxito as suas políticas».

3. O princípio da subsidiariedade não põe em causa as competências conferidas à Comunidade Europeia pelo Tratado, tal como interpretados pelo Tribunal de Justiça. Os critérios enunciados no segundo parágrafo do artigo 5.° do Tratado dizem respeito aos domínios em que a Comunidade não tem competência exclusiva. O princípio da subsidiariedade dá uma orientação sobre o modo como essas competências devem ser exercidas no plano comunitário. A subsidiariedade constitui um conceito dinâmico que deve ser aplicado à luz dos objectivos enunciados no Tratado. Permite alargar a acção da Comunidade, dentro dos limites das suas competências, se as circunstâncias o exigirem e, inversamente, limitar ou pôr termo a essa acção quando esta deixe de se justificar.

4. Em relação a qualquer proposta de texto legislativo comunitário, os motivos em que esta se baseia serão tornados expressos de modo a demonstrar que obedece aos princípios da subsidiariedade e da proporcionalidade; as razões que permitam concluir que um determinado objectivo da Comunidade pode ser alcançado mais adequadamente ao nível comunitário devem ser corroboradas por indicadores qualitativos e, sempre que possível, quantitativos.

5. Para que seja justificada, uma acção comunitária deve preencher os dois requisitos inerentes ao princípio da subsidiariedade: os objectivos da acção prevista não podem ser suficientemente realizados pela acção dos Estados-Membros no quadro dos respectivos sistemas constitucionais e podem por isso ser mais adequadamente realizados por meio de uma acção da Comunidade.

Para determinar se aquela condição se encontra preenchida, devem ser utilizados os seguintes critérios:

– a questão em apreço reveste-se de aspectos transnacionais que não podem ser regulados de forma satisfatória por meio de uma acção dos Estados-Membros;

– uma acção empreendida apenas ao nível nacional ou a ausência de acção por parte da Comunidade são contrárias às exigências do Tratado (tais como a necessidade de corrigir as distorções de concorrência, de evitar restrições dissimuladas às trocas comerciais ou de reforçar a coesão económica e social) ou lesam significativamente, de qualquer outra forma, os interesses dos Estados-Membros;

– uma acção empreendida ao nível comunitário apresenta vantagens evidentes, devido à sua dimensão ou aos seus efeitos, relativamente a uma acção ao nível dos Estados-Membros.

6. A forma da acção comunitária deve ser tão simples quanto possível e coerente com o objectivo da medida e a necessidade da sua aplicação eficaz. A Comunidade legislará apenas na medida do necessário. Em igualdade de circunstâncias, deve optar-se por directivas em vez de regulamentos e por directivas-quadro em vez de medidas pormenorizadas. Embora vinculem qualquer Estado-Membro destinatário quanto ao resultado a alcançar as directivas a que se refere o artigo 249.° do Tratado deixarão às instâncias nacionais a competência quanto à forma e aos meios.

7. No que respeita à natureza e ao alcance da acção comunitária, as medidas tomadas pela Comunidade devem deixar às instâncias nacionais uma margem de decisão tão ampla quanto possível, desde que compatível com a realização do objectivo da medida e a observância das exigências do Tratado. Sem prejuízo do direito comunitário, deve ser assegurado o respeito pelos sistemas nacionais consagrados e pela organização e funcionamento dos sistemas jurídicos dos Estados-Membros. Quando apropriado, e sob reserva da necessidade de assegurar uma aplicação adequada, as medidas comunitárias devem facultar aos Estados-Membros vias alternativas para alcançar os objectivos dessas medidas.

8. No caso de a aplicação do princípio da subsidiariedade conduzir à ausência de acção da Comunidade, os Estados-Membros devem conformar a sua acção com as regras gerais enunciadas no artigo 10.° do Tratado, tomando todas as medidas adequadas para assegurar o cumprimento das obrigações que lhes incumbem por força do Tratado e abstendo-se de tomar medidas susceptíveis de pôr em perigo a realização dos objectivos do Tratado.

9. Sem prejuízo do seu direito de iniciativa, a Comissão deve:

– salvo em casos de especial urgência ou que exijam confidencialidade, proceder a amplas consultas antes de propor textos legislativos e, quando adequado, publicar documentos relativos a essas consultas;

– fundamentar a pertinência das suas propostas relativamente ao princípio da subsidiariedade; sempre que necessário, a fundamentação que acompanha a proposta fornecerá elementos a esse respeito. O financiamento, total ou parcial, da acção da Comunidade pelo orçamento comunitário deverá ser objecto de uma exposição;

– ter na devida conta a necessidade de assegurar que qualquer encargo, de natureza financeira ou administrativa, que incumba à Comunidade, aos Governos nacionais, às autoridades locais, aos agentes económicos e aos cidadãos, seja o menos elevado possível e proporcional ao objectivo a alcançar;

– apresentar anualmente ao Conselho Europeu, ao Parlamento Europeu e ao Conselho um relatório sobre a aplicação do artigo 5.° do Tratado. Este relatório anual será igualmente enviado ao Comité das Regiões e ao Comité Económico e Social.

10. No seu relatório sobre os progressos realizados pela União, a apresentar ao Parlamento Europeu nos termos do artigo 4.° do Tratado da União Europeia, o Conselho Europeu terá em conta o relatório da Comissão previsto no quarto travessão do ponto 9.

11. Na plena observância dos processos aplicáveis, o Parlamento Europeu e o Conselho procederão a uma análise, que faz parte integrante da análise global das propostas da Comissão, da coerência dessas propostas com o disposto no artigo 5.° do Tratado, quer se trate da proposta inicial da Comissão ou das alterações que nela tencionem introduzir.

12. No decurso da aplicação dos processos previstos nos artigos 251° e 252° do Tratado, o Parlamento Europeu será informado da posição do Conselho relativamente à aplicação do artigo 5.° do Tratado, através de uma nota justificativa em que se apresentam os motivos que levaram o Conselho a adoptar a sua posição comum. O Conselho informará o Parlamento Europeu das razões pelas quais considera que uma proposta da Comissão não é compatível, no todo ou em parte, com o artigo 5.° do Tratado.

13. A observância do princípio da subsidiariedade será reanalisada de acordo com as regras constantes do Tratado.

Protocolo relativo às relações externas dos Estados-Membros no que respeita à passagem das fronteiras externas

AS ALTAS PARTES CONTRATANTES,

TENDO EM CONTA a necessidade de os Estados-Membros assegurarem a realização de controlos efectivos nas suas fronteiras externas, se necessário em cooperação com países terceiros,

ACORDARAM na disposição seguinte, que vem anexa ao Tratado que institui a Comunidade Europeia:

As disposições sobre as medidas relativas à passagem das fronteiras externas previstas na alínea *a*) do n.° 2 do artigo 62.° do Título IV do Tratado não prejudicam a competência dos Estados-Membros para negociar ou celebrar acordos com países terceiros, desde que esses acordos se conformem com o direito comunitário e com os demais acordos internacionais pertinentes.

Protocolo relativo às serviço público de radiodifusão nos Estados-Membros

AS ALTAS PARTES CONTRATANTES,

CONSIDERANDO que a radiodifusão de serviço público nos Estados-Membros se encontra directamente associada às necessidades de natureza democrática, social e cultural de cada sociedade, bem como à necessidade de preservar o pluralismo nos meios de comunicação social;

ACORDARAM nas disposições interpretativas seguintes, que vêm anexas ao Tratado que institui a Comunidade Europeia:

As disposições do Tratado que institui a Comunidade Europeia não prejudicam o poder de os Estados-Membros proverem ao financiamento do serviço público de radiodifusão, na medida em que esse financiamento seja concedido aos organismos de radiodifusão para efeitos do cumprimento da missão de serviço público, tal como tenha sido confiada, definida e organizada por cada um dos Estados--Membros, e na medida em que esse financiamento não afecte as condições das trocas comerciais, nem a concorrência na Comunidade de forma que contrarie o interesse comum, devendo ser tida em conta a realização da missão desse serviço público.

Protocolo relativo à protecção e ao bem-estar dos animais

AS ALTAS PARTES CONTRATANTES,

DESEJANDO garantir uma protecção reforçada e um maior respeito pelo bem-estar dos animais, enquanto seres dotados de sensibilidade;

ACORDARAM nas disposições seguintes, que vêm anexas ao Tratado que institui a Comunidade Europeia:

Na definição e aplicação das políticas comunitárias nos domínios da agricultura, dos transportes, do mercado interno e da investigação, a Comunidade e os Estados-Membros terão plenamente em conta as exigências em matéria de bem-estar dos animais, respeitando simultaneamente as disposições legislativas e administrativas e os costumes dos Estados-Membros, nomeadamente em matéria de ritos religiosos, tradições culturais e património regional.

D. PROTOCOLOS ANEXOS AO TRATADO DA UNIÃO EUROPEIA E AOS TRATADOS QUE INSTITUEM A COMUNIDADE EUROPEIA, A COMUNIDADE EUROPEIA DO CARVÃO E DO AÇO E A COMUNIDADE EUROPEIA DA ENERGIA ATÓMICA

Protocolo relativo às instituições na perspectiva do alargamento da União Europeia

AS ALTAS PARTES CONTRATANTES,

ACORDARAM nas disposições seguintes, que vêm anexas ao Tratado da União Europeia e aos Tratados que instituem as Comunidades Europeias:

Artigo 1.º

À data da entrada em vigor do primeiro alargamento da União, e sem prejuízo do disposto no n.º 1 do artigo 213.º do Tratado que institui a Comunidade Europeia, no n.º 1 do artigo 9.º do Tratado que institui a Comunidade Europeia do Carvão e do Aço e no n.º 1 do artigo 126.º do Tratado que institui a Comunidade Europeia da Energia Atómica, a Comissão será composta por um nacional de cada Estado-Membro, desde que, nessa data, a ponderação dos votos no Conselho tenha sido alterada, através de uma nova ponderação dos votos ou de uma dupla maioria, de forma aceitável por todos os Estados-Membros, tendo em conta todos os elementos pertinentes, nomeadamente compensando os Estados-Membros que prescindam da possibilidade de designar um segundo membro da Comissão.

---

[1] Protocolo revogado pelo Tratado de Nice – artigo 1.º do Protocolo relativo ao alargamento da UE.

Artigo 2.º

O mais tardar um ano antes da data em que a União Europeia passar a ser constituída por mais de vinte Estados-Membros, será convocada uma Conferência de representantes dos Governos dos Estados-Membros, a fim de se proceder a uma revisão global das disposições dos Tratados relativas à composição e ao funcionamento das instituições.

Protocolo relativo à localização das sedes das instituições e de certos organismos e serviços das Comunidades Europeias e da EUROPOL

OS REPRESENTANTES DOS GOVERNOS DOS ESTADOS-
-MEMBROS,

TENDO EM CONTA o artigo 289.° do Tratado que institui a Comunidade Europeia, o artigo 77.° do Tratado que institui a Comunidade Europeia do Carvão e do Aço e o artigo 189.° do Tratado que institui a Comunidade Europeia da Energia Atómica;

TENDO EM CONTA o Tratado da União Europeia;

RECORDANDO E CONFIRMANDO a decisão de 8 de Abril de 1965, e sem prejuízo das decisões relativas à sede de instituições, organismos e serviços que venham a ser criados;

ACORDARAM nas disposições seguintes, que vêm anexas ao Tratado da União Europeia e aos Tratados que instituem as Comunidades Europeias,

Artigo único

a) O Parlamento Europeu tem sede em Estrasburgo, onde se realizam as doze sessões plenárias mensais, incluindo a sessão orçamental. As sessões plenárias suplementares realizam-se em Bruxelas. As comissões do Parlamento Europeu reúnem-se em Bruxelas. O Secretariado-Geral do Parlamento Europeu e os seus serviços permanecem no Luxemburgo.

b) O Conselho tem sede em Bruxelas. Durante os meses de Abril, Junho e Outubro, o Conselho realiza as suas sessões no Luxemburgo.

c) A Comissão tem sede em Bruxelas. Os serviços enumerados nos artigos 7.°, 8.° e 9.° da decisão de 8 de Abril de 1965 são estabelecidos no Luxemburgo.

d) O Tribunal de Justiça e o Tribunal de Primeira Instância têm sede no Luxemburgo.

e) O Tribunal de Contas tem sede no Luxemburgo.

f) O Comité Económico e Social tem sede em Bruxelas.

g) O Comité das Regiões tem sede em Bruxelas.

h) O Banco Europeu de Investimento tem sede no Luxemburgo.

i) O Instituto Monetário Europeu e o Banco Central Europeu têm sede em Frankfurt.

j) O Serviço Europeu de Polícia (EUROPOL) tem sede na Haia.

Protocolo relativo ao papel dos Parlamentos nacionais na União Europeia

AS ALTAS PARTES CONTRATANTES,

RECORDANDO que o controlo exercido pelos diferentes Parlamentos nacionais sobre a acção dos respectivos Governos no tocante às actividades da União obedece à organização e à prática constitucionais próprias de cada Estado-Membro;

DESEJANDO, contudo, incentivar maior participação dos Parlamentos nacionais nas actividades da União Europeia e reforçar a capacidade de exprimirem as suas opiniões sobre questões que para aqueles possam revestir-se de especial interesse;

ACORDARAM nas disposições seguintes, que vêm anexas ao Tratado da União Europeia e aos Tratados que instituem as Comunidades Europeias:

I. INFORMAÇÕES DESTINADAS AOS PARLAMENTOS NACIONAIS DOS ESTADOS-MEMBROS

1. Todos os documentos de consulta da Comissão (Livros Verdes e Livros Brancos, bem como comunicações) serão prontamente enviados aos Parlamentos nacionais dos Estados-Membros.

2. As propostas legislativas da Comissão, tal como definidas pelo Conselho nos termos do n.° 3 do artigo 207.° do Tratado que institui a Comunidade Europeia, serão transmitidas atempadamente, por forma a que o Governo de cada Estado-Membro possa assegurar que o Parlamento nacional as receba em devido tempo.

3. Deve mediar um prazo de seis semanas entre a data em que uma proposta legislativa ou uma proposta de medida a adoptar em aplicação do Título VI do Tratado da União Europeia é transmitida pela Comissão ao Parlamento Europeu e ao Conselho, em todas as línguas, e a data em que esta é inscrita na agenda do Conselho para deliberação,

Tratado de Amesterdão 279

com vista à adopção quer de um acto, quer de uma posição comum nos termos dos artigos 251.º ou 252.º do Tratado que institui a Comunidade Europeia, sendo admissíveis excepções por motivos de urgência, que deverão ser especificados no acto ou na posição comum.

II. CONFERÊNCIA DAS COMISSÕES DOS ASSUNTOS EUROPEUS

4. A conferência dos órgãos dos parlamentos especializados em assuntos europeus (Comissões dos Assuntos Europeus), adiante designada por «COSAC», instituída em Paris em 16 e 17 de Novembro de 1989, pode submeter às instituições da União Europeia qualquer contributo que considere adequado, em especial com base em projectos de actos legislativos que os representantes dos Governos dos Estados-membros podem decidir, de comum acordo, enviar-lhe atendendo à natureza da questão.

5. A COSAC pode analisar quaisquer propostas ou iniciativas de actos legislativos relacionados com a criação de um espaço de liberdade, segurança e justiça e que possam ter uma incidência directa sobre os direitos e liberdades individuais. O Parlamento Europeu, o Conselho e a Comissão serão informados de todos os contributos submetidos pela COSAC ao abrigo do presente número.

6. A COSAC pode dirigir ao Parlamento Europeu, ao Conselho e à Comissão todos os contributos que considere adequados sobre as actividades legislativas da União, nomeadamente no que se refere à aplicação do princípio da subsidiariedade, ao espaço de liberdade, de segurança e de justiça, bem como a questões relacionadas com os direitos fundamentais.

7. Os contributos da COSAC não vincularão de modo algum os Parlamentos nacionais nem condicionarão a respectiva posição.

ACTA FINAL DA CIG/96

A Conferência dos Representantes dos Governos dos Estados-
-Membros, reunida em Turim, em vinte e nove de Março de mil novecentos e noventa e seis, para adoptar, de comum acordo, as alterações
a introduzir no Tratado da União Europeia, nos Tratados que instituem
respectivamente a Comunidade Europeia, a Comunidade Europeia do
Carvão e do Aço e a Comunidade Europeia da Energia Atómica e
nalguns actos relativos a esses Tratados, aprovou os seguintes textos:

I. Tratado de Amesterdão que altera o Tratado da União Europeia e os Tratados que instituem as Comunidades Europeias e alguns actos relativos a esses Tratados

II. Protocolos

A. Protocolo anexo ao Tratado da União Europeia:
1. Protocolo relativo ao artigo 17.º do Tratado da União Europeia

B. Protocolos anexos ao Tratado da União Europeia e ao Tratado
que institui a Comunidade Europeia:
2. Protocolo que integra o acervo de Schengen no âmbito da
União Europeia
3. Protocolo relativo à aplicação de certos aspectos do artigo 14.º
do Tratado que institui a Comunidade Europeia ao Reino Unido e à
Irlanda
4. Protocolo relativo à posição do Reino Unido e da Irlanda
5. Protocolo relativo à posição da Dinamarca

C. Protocolos anexos ao Tratado que institui a Comunidade
Europeia:

Tratado de Amesterdão 281

6. Protocolo relativo ao direito de asilo de nacionais dos Estados-
-Membros da União Europeia
7. Protocolo relativo à aplicação dos princípios da subsidiariedade e da proporcionalidade
8. Protocolo relativo às relações externas dos Estados-Membros
no que respeita à passagem das fronteiras externas
9. Protocolo relativo ao serviço público de radiodifusão nos
Estados-Membros
10. Protocolo relativo à protecção e ao bem-estar dos animais

D. Protocolos anexos ao Tratado da União Europeia e aos Tratados que instituem a Comunidade Europeia, a Comunidade Europeia
do Carvão e do Aço e a Comunidade Europeia da Energia Atómica:
11. Protocolo relativo às instituições na perspectiva do alargamento da União Europeia
12. Protocolo relativo à localização das sedes das instituições e
de certos organismos e serviços das Comunidades Europeias e da
EUROPOL
13. Protocolo relativo ao papel dos Parlamentos nacionais na
União Europeia

III. Declarações

A Conferência adoptou as declarações a seguir enumeradas,
anexadas à presente Acta Final:

1. Declaração relativa à abolição da pena de morte
2. Declaração relativa ao reforço da cooperação entre a União
Europeia e a União da Europa Ocidental
3. Declaração relativa à União da Europa Ocidental
4. Declaração relativa aos artigos 24.° e 38.° do Tratado da União
Europeia
5. Declaração relativa ao artigo 25.° do Tratado da União
Europeia
6. Declaração relativa à criação de uma unidade de planeamento
de política e de alerta precoce
7. Declaração relativa ao artigo 30.° do Tratado da União
Europeia

8. Declaração relativa à alínea *e*) do artigo 31.° do Tratado da União Europeia

9. Declaração relativa ao n° 2 do artigo 34.° do Tratado da União Europeia

10. Declaração relativa ao artigo 35.° do Tratado da União Europeia

11. Declaração relativa ao estatuto das Igrejas e das organizações não confessionais

12. Declaração relativa ao impacto ambiental das propostas legislativas

13. Declaração relativa ao artigo 16.° do Tratado que institui a Comunidade Europeia

14. Declaração relativa à revogação do artigo 44.° do Tratado que institui a Comunidade Europeia

15. Declaração relativa à preservação do nível de protecção e segurança garantido pelo acervo de Schengen

16. Declaração relativa ao ponto 2, alínea *b*), do artigo 62.° do Tratado que institui a Comunidade Europeia

17. Declaração relativa ao artigo 63.° do Tratado que institui a Comunidade Europeia

18. Declaração relativa ao ponto 3, alínea *a*), do artigo 63.° do Tratado que institui a Comunidade Europeia

19. Declaração relativa ao n.° 1 do artigo 64.° do Tratado que institui a Comunidade Europeia

20. Declaração relativa ao artigo 65.° do Tratado que institui a Comunidade Europeia

21. Declaração relativa ao artigo 67.° do Tratado que institui a Comunidade Europeia

22. Declaração relativa às pessoas com deficiência

23. Declaração relativa às acções de incentivo a que se refere o artigo 129° do Tratado que institui a Comunidade Europeia

24. Declaração relativa ao artigo 129.° do Tratado que institui a Comunidade Europeia

25. Declaração relativa ao artigo 137.° do Tratado que institui a Comunidade Europeia

26. Declaração relativa ao n.° 2 do artigo 137.° do Tratado que institui a Comunidade Europeia

27. Declaração relativa ao n.° 2 do artigo 139.° do Tratado que institui a Comunidade Europeia

Tratado de Amesterdão 283

28. Declaração relativa ao n.° 4 do artigo 141.° do Tratado que institui a Comunidade Europeia

29. Declaração relativa ao desporto

30. Declaração relativa às regiões insulares

31. Declaração relativa à decisão do Conselho de 13 de Julho de 1987

32. Declaração relativa à organização e ao funcionamento da Comissão

33. Declaração relativa ao n.° 3 do artigo 248.° do Tratado que institui a Comunidade Europeia

34. Declaração relativa à observância dos prazos no âmbito do processo de co-decisão

35. Declaração relativa ao n.° 1 do artigo 255.° do Tratado que institui a Comunidade Europeia

36. Declaração relativa aos países e territórios ultramarinos

37. Declaração relativa às instituições públicas de crédito na Alemanha

38. Declaração relativa às actividades de voluntariado

39. Declaração relativa à qualidade de redacção da legislação comunitária

40. Declaração relativa ao processo de celebração de Acordos internacionais pela Comunidade Europeia do Carvão e do Aço

41. Declaração relativa às disposições respeitantes à transparência, ao acesso aos documentos e à luta contra a fraude

42. Declaração relativa à compilação dos Tratados

43. Declaração respeitante ao Protocolo relativo à aplicação dos princípios da subsidiariedade e da proporcionalidade

44. Declaração relativa ao artigo 2.° do Protocolo que integra o acervo de Schengen no âmbito da União Europeia

45. Declaração relativa ao artigo 4.° do Protocolo que integra o acervo de Schengen no âmbito da União Europeia

46. Declaração relativa ao artigo 5.° do Protocolo que integra o acervo de Schengen no ambito da União Europeia

47. Declaração relativa ao artigo 6° do Protocolo que integra o acervo de Schengen no quadro da União Europeia

48. Declaração respeitante ao Protocolo relativo ao direito de asilo de nacionais dos Estados-Membros da União Europeia

49. Declaração respeitante à alínea *d*) do artigo único do Protocolo relativo ao direito de asilo dos nacionais dos Estados--Membros da União Europeia

284   *Tratado de Amesterdão*

50. Declaração respeitante ao Protocolo relativo às Instituições na perspectiva do alargamento da União Europeia
51. Declaração relativa ao artigo 10.º do Tratado de Amesterdão

A Conferência toma nota igualmente das Declarações a seguir enumeradas, anexadas à presente Acta Final:

1. Declaração da Áustria e do Luxemburgo relativa às instituições de crédito
2. Declaração da Dinamarca relativa ao artigo 42.º do Tratado da União Europeia
3. Declaração da Alemanha, da Áustria e da Bélgica relativa ao princípio da subsidiariedade
4. Declaração da Irlanda respeitante ao artigo 3.º do Protocolo relativo à posição do Reino Unido e da Irlanda
5. Declaração da Bélgica respeitante ao Protocolo relativo ao direito de asilo de nacionais dos Estados-Membros da União Europeia
6. Declaração da Bélgica, da França e da Itália respeitante ao Protocolo relativo às Instituições na perspectiva do alargamento da União Europeia
7. Declaração da França relativa à situação dos departamentos ultramarinos face ao Protocolo que integra o acervo de Schengen no ambito da União Europeia
8. Declaração da Grécia relativa ao estatuto das Igrejas e das organizações não confessionais

Finalmente, a Conferência decidiu anexar à presente Acta Final, para fins meramente informativos, os textos do Tratado da União Europeia e do Tratado que institui a Comunidade Europeia, tal como resultam das alterações introduzidas pela Conferência.

Pour Sa Majesté le Roi des Belges
Voor Zijne Majesteit de Koning der Belgen
Für Seine Majestät den König der Belgier
Cette signature engage également la Communauté française, la Communauté flamande, la Communauté germanophone, la Région wallonne, la Région flamande et la Région de Bruxelles-Capitale.
Deze handtekening verbindt eveneens de Vlaamse Gemeenschap, de Duitstalige Gemeenschap, het Vlaamse Gewest, het Brusselse Hoofdstedelijke Gewest.
Diese Unterschrift bindet zugleich die Deutschsprachige Gemeinschaft, die Flämische Gemeinschaft, die Französische

Gemeinschaft, die Wallonische Region, die Flämische Region und die Region Brüssel-Hauptstadt.

For Hendes Majestaet Danmarks Dronning

Für den Präsidenten der Bundesrepublik Deutschland

Για τον Πρόεδρο της λληνικής Δημοκρατίας

Por Su Majestad el Rey de España

Pour le Président de la République française

Thar ceann an Choimisiúin arna údarú le hAirteagal 14 de Bhunreacht na hÉireann chun cumhachtaí agus feidhmeanna Uachtarán na hÉireann a oibriú agus a chomhlíonadh
For the Commission authorised by Article 14 of the Constitution of Ireland to exercise and perform the powers and functions of the President of Ireland

Per il Presidente della Repubblica italiana

Pour Son Altesse Royale le Grand-Duc de Luxembourg

Voor Hare Majesteit de Koningin der Nederlanden

Für den Bundespräsidenten der Republik Österreich

Pelo Presidente da República Portuguesa

Suomen Tasavallan Presidentin puolesta
För Republiken Finlands President

För Hans Majestät Konungen av Sverige

For Her Majesty the Queen of the United Kingdom of Great Britain and Noortern Ireland

DECLARAÇÕES ADOPTADAS PELA CIG/96

1. Declaração relativa à abolição da pena de morte
Relativamente ao n.º 2 do artigo 6.º do Tratado da União Europeia, a Conferência recorda que o Protocolo n.º 6 à Convenção Europeia para a Protecção dos Direitos do Homem e das Liberdades Fundamentais, assinada em Roma em 4 de Novembro de 1950, assinada e ratificada por uma larga maioria de Estados-Membros, prevê a abolição da pena de morte.

Neste contexto, a Conferência regista o facto de, após a assinatura do Protocolo acima referido, em 28 de Abril de 1983, a pena de morte ter sido abolida na maioria dos Estados-Membros da União e não ter sido aplicada em nenhum deles.

2. Declaração relativa ao reforço da cooperação entre a União Europeia e a União da Europa Ocidental
Tendo em vista o reforço da cooperação entre a União Europeia e a União da Europa Ocidental, a Conferência convida o Conselho a procurar adoptar rapidamente as modalidades adequadas dos inquéritos de segurança relativos ao pessoal do Secretariado-Geral do Conselho.

3. Declaração relativa à União da Europa Ocidental
A Conferência toma nota da seguinte declaração, adoptada pelo Conselho de Ministros da União da Europa Ocidental, em 22 de Junho de 1997

«DECLARAÇÃO DA UNIÃO DA EUROPA OCIDENTAL SOBRE O PAPEL DA UNIÃO DA EUROPA OCIDENTAL E AS SUAS RELAÇÕES COM A UNIÃO EUROPEIA E A ALIANÇA ATLÂNTICA

(Tradução)

INTRODUÇÃO

1. Os Estados membros da União da Europa Ocidental (UEO) acordaram, em 1991, em Maastricht, na necessidade de criar uma genuína Identidade Europeia de Segurança e Defesa (IESD) e assumir responsabilidades europeias acrescidas em matéria de defesa. À luz do Tratado de Amesterdão, reafirmam a importância de prosseguir e intensificar esses esforços. A UEO é parte integrante do desenvolvimento da União Europeia (UE), facultando-lhe o acesso a uma capacidade operacional, nomeadamente no quadro das missões de Petersberg, e é um elemento essencial do desenvolvimento da IESD no seio da Aliança Atlântica, nos termos da Declaração de Paris e das decisões tomadas pelos Ministros da NATO em Berlim.

2. O Conselho da UEO congrega todos os Estados-Membros da União Europeia e todos os membros europeus da Aliança Atlântica de acordo com os respectivos estatutos. O Conselho reúne igualmente esses Estados e os Estados da Europa Central e Oriental que se encontram ligados à União Europeia por acordos de associação e que são candidatos à adesão à União Europeia e à Aliança Atlântica. Deste modo, a UEO define-se como um genuíno forum de diálogo e de cooperação entre os europeus sobre questões de segurança e de defesa, em sentido amplo.

3. Neste contexto, a UEO toma nota do Título V do Tratado da União Europeia, relativo à política externa e de segurança comum da UE, em especial do n.° 1 do artigo 13.° e o do artigo 17.° e do Protocolo relativo ao artigo 17.°, com a seguinte redacção:

Artigo J. 3

(Não reproduzido)

Artigo J.7

(Não reproduzido)

A. RELAÇÕES ENTRE A UEO E A UNIÃO EUROPEIA: ACOMPANHAR A APLICAÇÃO DO TRATADO DE AMESTERDÃO

4. Na "declaração relativa ao papel da União da Europa Ocidental e às suas relações com a União Europeia e com a Aliança Atlântica" de 10 de Dezembro de 1991, os Estados membros da UEO estabeleceram como seu objectivo "edificar gradualmente a UEO como componente de defesa da União Europeia". Reafirmam hoje esse objectivo, tal como está definido no Tratado de Amesterdão.

5. Sempre que solicitada pela União Europeia, a UEO preparará e executará as decisões e acções da União que tenham repercussões no domínio da defesa.

Para preparar e executar as decisões e acções que lhe sejam solicitadas pela UE, a UEO agirá de acordo com as orientações definidas pelo Conselho Europeu.

A UEO apoiará a União Europeia na definição dos aspectos de defesa da Política Externa e de Segurança Comum previstos no artigo J.7 do Tratado da União Europeia.

6. A UEO confirma que, nos termos do n.° 3 do artigo 17.° do Tratado da União Europeia, todos os Estados-Membros da União têm o direito de participar plenamente nas missões previstas no n.° 2 do mesmo artigo, sempre que, em virtude de uma decisão da União Europeia, a UEO seja solicitada a prepará-las e executá-las.

A UEO desenvolverá o papel dos observadores na UEO de acordo com o disposto no n.° 3 do artigo 17.° e adoptará as modalidades necessárias para atribuir a todos os Estados-Membros da UE que contribuam para as missões efectuadas pela UEO a pedido desta a possibilidade de participarem plenamente e em igualdade de condições no planeamento e na tomada de decisões na UEO.

7. Nos termos do Protocolo relativo ao artigo 17.° do Tratado da União Europeia, a UEO elaborará, em concentração com a União Europeia, fórmulas de reforço da cooperação recíproca. A este respeito, uma série de medidas, algumas das quais estão já a ser analisadas na UEO, que podem ser desenvolvidas desde já, nomeadamente:

– modalidades tendentes a melhorar a coordenação dos processos de consulta e de tomada de decisão de cada uma das organizações, especialmente em situações de crise;

– realização de reuniões conjuntas dos órgãos, comités e grupos de trabalho competentes das duas organizações;

Tratado de Amesterdão 289

– harmonização, na medida do possível, da sequência das Presidências da UEO e da UE, bem como das regras administrativas e das práticas das duas organizações;

– estreita coordenação das actividades dos serviços do Secretariado-Geral da UEO e do Secretariado-Geral do Conselho da UE, incluindo pelo intercâmbio e destacamento de membros do pessoal;

– modalidades que permitam aos organismos competentes da UE, incluindo a Unidade de Planeamento de Política e de Alerta Precoce, utilizar os recursos da Célula de Planeamento, do Centro de Situação e do Centro de Satélites da UEO;

– cooperação em matéria de armamento, quando adequado, no quadro do GAEO, enquanto instância europeia de cooperação sobre armamentos, a UE e a UEO no contexto da racionalização do mercado europeu do armamento e da criação de uma Agência Europeia do Armamento;

– modalidades destinadas a garantir formas de cooperação com a Comissão Europeia que reflictam o seu papel na PESC, tal como o define o Tratado da União Europeia na sua versão revista;

– aperfeiçoamento dos arranjos em matéria de segurança com a UE.

B. RELAÇÕES ENTRE A UEO E A NATO NO QUADRO DO DESENVOLVIMENTO DE UMA IESD NO SEIO DA ALIANÇA ATLÂNTICA

8. A Aliança Atlântica continua a ser a base da defesa colectiva ao abrigo do Tratado do Atlântico Norte. Continua a ser o fórum essencial de consulta entre os Aliados e o quadro de definição das políticas relativas aos seus compromissos de segurança e de defesa no âmbito do Tratado de Washington. A Aliança encetou um processo de adaptação e reforma, de modo a poder desempenhar mais eficazmente a totalidade das suas missões. Este processo visa reforçar e renovar a parceria transatlântica, incluindo a criação de uma IESD no seio da Aliança.

9. A UEO constitui um elemento essencial do desenvolvimento da Identidade Europeia de Segurança e Defesa no seio da Aliança Atlântica, e, nesse sentido, continuará a reforçar a cooperação institucional e prática com a NATO.

10. Além de apoiar a defesa comum prevista no artigo 5.º do Tratado da Washington e do artigo V do Tratado de Bruxelas na sua versão modificada, a UEO desempenha uma papel activo na prevenção de conflitos e na gestão das crises como prevê a Declaração de Petersberg. Neste contexto, a UEO compromete-se a desempenhar plenamente o seu papel, no respeito pela total transparência e complementaridade entre as suas organizações.

11. A UEO afirma que essa identidade se baseará em sãos princípios militares e se apoiará num planeamento militar adequado e que permitirá a criação de forças militarmente coerentes e eficazes, capazes de agir sob o seu controlo político e direcção estratégica.

12. Para o efeito, a UEO desenvolverá a sua cooperação com a NATO, nomeadamente nos seguintes domínios:

– mecanismos de consulta entre a UEO e a NATO em situações de crise;

– participação activa da UEO no processo de planeamento de defesa da NATO;

– ligações operacionais entre a UEO e a NATO para o planeamento, preparação e condução de operações que utilizem meios e capacidades da NATO sob o controlo político e a direcção estratégica da UEO, nomeadamente:

– planeamento militar, efectuada pela NATO em coordenação com a UEO, e exercícios;

– elaboração de um acordo-quadro sobre a transferência, o acompanhamento e a restituição dos meios e capacidades da NATO;

– ligações entre a UEO e a NATO no domínio dos arranjos europeus de comando.

Esta cooperação continuará a evoluir, tendo igualmente em conta a adaptação da Aliança.

C. PAPEL OPERACIONAL DA UEO NO DESENVOLVIMENTO DA IESD

13. A UEO desenvolverá o seu papel de organismo político--militar europeu de gestão de crises, utilizando os meios e capacidades facultados pelos países da UEO numa base nacional ou multinacional e recorrendo, quando necessário, a meios e capacidades da NATO, nos termos de acordos em preparação. Neste contexto, a UEO dará igual-

mente apoio às Nações Unidas e à OSCE nas suas actividades de gestão de crises.

A UEO contribuirá, nos termos do artigo 17.° do Tratado da União Europeia, para a definição gradual de uma política de defesa comum e efectuará a sua aplicação prática por meio do desenvolvimento do seu próprio papel operacional.

14. Para o efeito, a UEO continuará os trabalhos nos seguintes domínios:

– a UEO desenvolveu mecanismos e processos no domínio da gestão das crises que irão sendo actualizados à medida que se enriquecer a experiência da UEO por meio de exercícios e operações. A realização das missões de Petersberg exige modos de actuação flexíveis e adaptados à diversidade das situações de crise e que façam uma utilização óptima das capacidades disponíveis, incluindo pelo recurso a um Estado-Maior nacional, que poderá ser posto à disposição por uma nação-quadro, ou a um Estado-Maior multinacional atribuído à UEO ou fazendo parte dos meios e capacidades da NATO;

– a UEO elaborou já as "Conclusões Preliminares sobre a Definição de uma Política Europeia de Defesa Comum", que constitui um primeiro contributo para os objectivos, o âmbito e os meios de uma política europeia de defesa comum.

A UEO continuará este trabalho em especial com base na Declaração de Paris, e tendo em conta elementos pertinentes das decisões tomadas nas cimeiras e reuniões ministeriais da UEO e da NATO, desde da reunião de Birmingham. Incidirá especialmente nos seguintes domínios:

– definição dos princípios que hão-de reger a utilização das forças armadas dos Estados da UEO em "operações Petersberg" da UEO, na realização dos interesses comuns europeus de segurança;

– organização de meios operacionais para as missões de Petersberg, tais como elaboração de planos genéricos e de circunstância e treino, preparação e interoperabilidade das forças, incluindo pela sua participação no processo de planeamento de defesa da NATO, quando adequado;

– mobilidade estratégica com base nos trabalhos em curso;

– serviços de informação no domínio da defesa, por intermédio da Célula de Planeamento, do Censo de Situação e do Centro de Satélites;

– a UEO tomou várias medidas que lhe permitiram reforçar o seu papel operacional (Célula de Planeamento, Centro de Situação e

Centro de Satélites). A melhoria do funcionamento das componentes militares da sede da UEO e a criação, sob a autoridade do Conselho, de um comité militar constituirão um novo reforço de estruturas importantes para o êxito da preparação e da condução de operações da UEO;

– com o objectivo de permitir aos membros associados e observadores a participação em todas as suas operações, a UEO analisará igualmente as disposições práticas necessárias para lhes dar a possibilidade de participar plenamente, nos termos dos respectivos estatutos, em todos as operações levadas a cabo pela UEO;

– a UEO sublinha que os membros associados participam em pé de igualdade com os membros de pleno direito nas operações para que contribuam, bem como nos exercícios e no planeamento relevantes. A UEO analisará igualmente a questão da participação dos observadores, de forma tão ampla quanto possível e nos termos dos respectivos estatutos, no planeamento e na tomada de decisão no seio de UEO relativamente a todas as operações para que contribuam;

– quando adequado, a UEO, em consulta com as instâncias competentes, analisará a possibilidade de os membros associados e os observadores, nos termos dos respectivos estatutos, participarem com a máxima amplitude nas suas actividades. Abordará em especial actividades dos domínios do armamento, do espaço e dos estudos militares;

– a UEO analisará a forma como poderá ser intensificada a participação dos parceiros associados num número crescente de actividades.»

4. Declaração relativa aos artigos 24.° e 38.° do Tratado da União Europeia

O disposto nos artigos 24.° e 38.° do Tratado da União Europeia e todos os acordos decorrentes desses artigos não implicam qualquer transferência de competências dos Estados-Membros para a União Europeia.

5. Declaração relativa ao artigo 25.° do Tratado da União Europeia

A Conferência considera que os Estados-Membros devem assegurar que o Comité Político previsto no artigo 25.° do Tratado da União Europeia possa reunir-se em qualquer momento, em caso de crise internacional ou de outros acontecimentos de carácter urgente, com a máxima brevidade, ao nível de Directores Políticos ou dos seus substitutos.

6. Declaração relativa à criação de uma unidade de planeamento de política e de alerta precoce

A Conferência acorda em que:

1. Será criada uma Unidade de Planeamento de Política e de Alerta Precoce no Secretariado-Geral do Conselho, colocada sob a responsabilidade do respectivo Secretário-Geral, Alto Representante para a PESC. Será estabelecida uma cooperação adequada com a Comissão destinada a garantir a plena coerência com a política económica externa e com a política de desenvolvimento da União.

2. Essa unidade terá nomeadamente por missões:

a) Acompanhar e analisar a evolução da situação nos domínios abrangidos pela PESC;

b) Fornecer avaliações dos interesses da União em matéria de política externa e de segurança e inventariar os domínios sobre os quais a PESC poderá incidir no futuro;

c) Fornecer avaliações tempestivas e alertar precocemente, em caso de ocorrência de acontecimentos ou de situações que possam ter implicações significativas na política externa e de segurança da União, incluindo potenciais crises políticas;

d) Elaborar, a pedido do Conselho ou da Presidência ou por iniciativa própria, documentos que apresentem opções fundamentadas de política, a apresentar sob responsabilidade da Presidência, como contributo para a definição da política no âmbito do Conselho, que poderão conter análises, recomendações e estratégias para a PESC.

3. A unidade será constituída por pessoal proveniente do Secretariado-Geral, dos Estados-Membros, da Comissão e da UEO.

4. Qualquer Estado-Membro, ou a Comissão, pode apresentar à Unidade propostas relativas a trabalhos a empreender.

5. Os Estados-Membros e a Comissão colaborarão no processo de planeamento da política, prestando o maior número possível de informações pertinentes, incluindo informações confidenciais.

7. Declaração relativa ao artigo 30.° do Tratado da União Europeia

As acções no domínio da cooperação policial previstas no artigo 32.° do Tratado da União Europeia, incluindo as actividades da Europol, ficarão sujeitas ao controlo jurisdicional adequado por parte das autoridades nacionais competentes, de acordo com as normas aplicáveis em cada Estado-Membro.

8. Declaração relativa à alínea *e*) do artigo 31.º do Tratado da União Europeia

A Conferência considera que o disposto na alínea *e*) do artigo 31.º do Tratado da União Europeia não terá como consequência obrigar um Estado-Membro a adoptar penas mínimas quando o seu sistema judiciário as não preveja.

9. Declaração relativa ao n.º 2 do artigo 34.º do Tratado da União Europeia

A Conferência considera que as iniciativas respeitantes às medidas a que se refere o n.º 2 do artigo 34.º do Tratado da União Europeia e os actos adoptados pelo Conselho por força dessa disposição devem ser publicados no *Jornal Oficial das Comunidades Europeias*, nos termos das regras processuais pertinentes do Conselho e da Comissão.

10. Declaração relativa ao artigo 35.º do Tratado da União Europeia

A Conferência toma nota de que os Estados-Membros, ao apresentarem uma declaração nos termos do n.º 2 do artigo 35.º do Tratado da União Europeia podem reservar-se a possibilidade de introduzir disposições no seu direito interno que prevejam que, sempre que uma questão relativa à validade ou à interpretação de um acto a que se refere o n.º 1 do artigo 35.º seja suscitada em processo pendente perante um órgão jurisdicional nacional cujas decisões não sejam susceptíveis de recurso judicial previsto no direito interno, esse órgão é obrigado a submetê-la à apreciação do Tribunal de Justiça.

11. Declaração relativa ao estatuto das Igrejas e das organizações não confessionais

A União respeita e não afecta o estatuto de que gozam, ao abrigo do direito nacional, as Igrejas e associações ou comunidades religiosas nos Estados-Membros

A União respeita igualmente o estatuto das organizações filosóficas e não confessionais.

12. Declaração relativa à avaliação do impacto ambiental das propostas legislativas

A Conferência regista que a Comissão se compromete a elaborar estudos de avaliação do impacto ambiental sempre que apresente propostas susceptíveis de ter incidências significativas no ambiente

Tratado de Amesterdão 295

13. Declaração relativa ao artigo 16.° do Tratado que institui a Comunidade Europeia

As disposições do artigo 16.° do Tratado que institui a Comunidade Europeia relativas aos serviços públicos serão aplicadas no pleno respeito pela jurisprudência do Tribunal de Justiça, nomeadamente no que se refere aos princípios da igualdade de tratamento, da qualidade e da continuidade desses serviços.

14. Declaração relativa à revogação do artigo 44.° do Tratado que institui a Comunidade Europeia

A revogação do artigo 44.° do Tratado que institui a Comunidade Europeia, que contém uma referência à preferência natural entre os Estados-Membros no âmbito da fixação dos preços mínimos durante o período de transição, não tem qualquer incidência no princípio da preferência comunitária, tal como o define a jurisprudência do Tribunal de Justiça.

15. Declaração relativa à preservação do nível de protecção e segurança garantido pelo acervo de Schengen

A Conferência considera que as medidas a adoptar pelo Conselho que tenham por efeito a substituição das disposições contidas na Convenção de Schengen de 1990 relativas à abolição dos controlos nas fronteiras comuns deverão assegurar, no mínimo, o mesmo nível de protecção e segurança que o garantido pelas citadas disposições da Convenção de Schengen.

16. Declaração relativa ao n.° 2, alínea *b*), do artigo 62.° do Tratado que institui a Comunidade Europeia

A Conferência considera que na aplicação da alínea *b*) do n.° 2 do artigo 62.° do Tratado que institui a Comunidade Europeia devem ser tidas em conta considerações de política externa da União e dos Estados-Membros.

17. Declaração do artigo 63.° do Tratado que institui a Comunidade Europeia

Proceder-se-á a consultas com o Alto Comissariado das Nações Unidas para os Refugiados e com outras organizações internacionais competentes sobre questões relacionadas com a política de asilo.

18. Declaração relativa ao ponto 3, alínea *a*), do artigo 63.º do Tratado que institui a Comunidade Europeia

A Conferência considera que os Estados-Membros podem negociar e celebrar acordos com países terceiros nos domínios abrangidos pelo n.º 3, alínea *a*), do artigo 63.º do Tratado que institui a Comunidade Europeia, desde que esses acordos sejam concordantes com o direito comunitário.

19. Declaração relativa ao n.º 1 do artigo 64.º do Tratado que institui a Comunidade Europeia

A Conferência considera que os Estados-Membros podem ter em conta considerações de política externa ao exercerem as suas responsabilidades ao abrigo do n.º 1 do artigo 64.º do Tratado que institui a Comunidade Europeia.

20. Declaração relativa ao artigo 65.º do Tratado que institui a Comunidade Europeia

As medidas adoptadas em aplicação do artigo 65.º do Tratado que institui a Comunidade Europeia não impedirão que os Estados-Membros apliquem as suas normas constitucionais em matéria de liberdade de imprensa e de liberdade de expressão noutros meios de comunicação social.

21. Declaração relativa ao artigo 67.º do Tratado que institui a Comunidade Europeia

A Conferência considera que o Conselho deve analisar os elementos da decisão a que se refere o n.º 2, segundo travessão, do artigo 67.º do Tratado que institui a Comunidade Europeia antes do termo do prazo de cinco anos previsto no artigo 67.º, tendo em vista tomar e aplicar essa decisão imediatamente após o termo desse prazo.

22. Declaração relativa às pessoas com deficiência

A Conferência considera que, ao instituírem medidas de aplicação do artigo 95.º do Tratado que institui a Comunidade Europeia, as instituições da Comunidade deverão ter em conta as necessidades das pessoas com deficiência.

23. Declaração relativa às acções de incentivo a que se refere o artigo 129.º do Tratado que institui a Comunidade Europeia

A Conferência considera que as acções de incentivo a que se

refere o artigo 129.° do Tratado que institui a Comunidade Europeia deverão sempre especificar os seguintes aspectos:

– os motivos da sua adopção, assentes numa avaliação objectiva da respectiva necessidade e na existência de uma mais-valia ao nível comunitário,

– a respectiva duração, que não deverá exceder cinco anos,

– o montante máximo do seu financiamento, que deverá reflectir o carácter de incentivo de que se revestem.

24. Declaração relativa ao artigo 129.° do Tratado que institui a Comunidade Europeia

Entende-se que quaisquer despesa decorrente do artigo 129.° do Tratado que institui a Comunidade Europeia será imputada à rubrica 3 das perspectivas financeiras.

25. Declaração relativa ao artigo 137.° do Tratado quc institui a Comunidade Europeia

Entende-se que qualquer despesa decorrente do artigo 137.° do Tratado que institui a Comunidade Europeia será imputada à rubrica 3 das perspectivas financeiras.

26. Declaração relativa ao n.° 2 do artigo 137.° do Tratado que institui a Comunidade Europeia

As Altas Partes Contratantes registam que, nas discussões acerca do n.° 2 do artigo 137.° do Tratado que institui a Comunidade Europeia, ficou acordado que, ao fixar prescrições mínimas em matéria de protecção da segurança e da saúde dos trabalhadores, a Comunidade não pretende discriminar, de forma não justificada pelas circunstâncias, os trabalhadores das pequenas e médias empresas.

27. Declaração relativa ao n.° 2 do artigo 139.° do Tratado que institui a Comunidade Europeia

As Altas Panes Contratantes declaram que a primeira das disposições para a aplicação dos acordos entre parceiros sociais ao nível comunitário, a que se refere o n.° 2 do artigo 139.° do Tratado que institui a Comunidade Europeia, consistirá em desenvolver o teor dos acordos por meio de negociações colectivas conduzidas de acordo com as regras de cada Estado-Membro, e que, por conseguinte, essa disposição não implica para os Estados-Membros qualquer obrigação de aplicar directamente esses acordos, de elaborar regras para a respectiva trans-

298   *Tratado de Amesterdão*

posição, ou de alterar a legislação nacional vigente a fim de facilitar a sua execução.

28. Declaração relativa ao n.° 4 do artigo 141.° do Tratado que institui a Comunidade Europeia

Ao adoptarem as medidas a que se refere o n.° 4 do artigo 141.° do Tratado que institui a Comunidade Europeia, os Estados-Membros deverão ter antes de mais como objectivo melhorar a situação das mulheres na vida profissional.

29. Declaração relativa ao desporto

A Conferência salienta o significado social do desporto, em especial o seu papel na formação da identidade e na aproximação das pessoas. A Conferência convida, por isso, os órgãos e instituições da União Europeia a ouvir as associações desportivas, sempre que se coloquem importantes questões relacionadas com o mundo do desporto. Neste contexto, deverá ter-se especialmente em conta as características particulares do desporto amador.

30. Declaração relativa às regiões insulares

A Conferência reconhece que as regiões insulares sofrem de desvantagens estruturais ligadas à insularidade, cuja persistência prejudica gravemente o respectivo desenvolvimemo económico e social.

A Conferência reconhece assim que a legislação comunitária deve ter em conta estas desvantagens e que, sempre que se justifique, podem ser tomadas medidas em favor destas regiões, por forma a integrá-las melhor no mereado interno em condições equitativas.

31. Declaração relativa à decisão do Conselho de 13 de Julho de 1987

A Conferência convida a Comissão a apresentar ao Conselho, o mais tardar até ao final de 1998, uma proposta de alteração da decisão do Conselho de 13 de Julho de 1987, que fixa as modalidades de exercício da competência de execução atribuída à Comissão.

32. Declaração relativa à organização e ao funcionamento da Comissão

A Conferência regista que é intenção da Comissão preparar a reorganização das tarefas do colégio na perspectiva da entrada em funções da Comissão que tomará posse no ano 2000, por forma a assegurar a melhor repartição entre pastas convencionais e tarefas específicas.

Neste contexto, a Conferência considera que o Presidente da Comissão deve gozar de um amplo poder discricionário em matéria de atribuição das funções no seio do colégio, bem como no que respeita a qualquer redefinição delas durante um mandato da Comissão.

A Conferência regista igualmente a intenção da Comissão de proceder paralelamente à correspondente reorganização dos seus serviços. Toma nota, em especial, de que seria desejável colocar a área das relações externas sob a responsabilidade de um Vice-Presidente.

33. Declaração relativa ao n.° 3 do artigo 248.° do Tratado que intistui a Comunidade Europeia

A Conferência convida o Tribunal de Contas, o Banco Europeu de Investimento e a Comissão a manterem em vigor o actual acordo tripartido. O Tribunal, o Banco e a Comissão envidarão esforços para chegar a acordo sobre um texto para esse efeito, tendo em conta os respectivos interesses.

34. Declaração relativa à observância dos prazos no âmbito do processo de co-decisão

A Conferência convida o Parlamento Europeu, o Conselho e a Comissão a envidarem todos os esforços para garantir que o processo de co-decisão se desenrole tão rapidamente quanto possível. A Conferência recorda a importância de que se reveste a rigorosa observância dos prazos estabelecidos no artigo 251.° do Tratado que institui a Comunidade Europeia e confirma que a possibilidade de prorrogação desses prazos, prevista no n.° 7 desse artigo, apenas deverá ser encarada quando for estritamente necessária. O prazo efectivo que medeia entre a segunda leitura do Parlamento Europeu e o resultado dos trabalhos do Comité de Conciliação não deverá, em caso algum, exceder nove meses.

35. Declaração relativa ao n.° 1 do artigo 255.° do Tratado que institui a Comunidade Europeia

A Conferência acorda em que os princípios e condições a que se refere o n.° 1 do artigo 255.° do Tratado que institui a Comunidade Europeia permitirão que um Estado-Membro solicite à Comissão ou ao Conselho que não faculte a terceiros um documento emanado desse Estado sem o seu prévio acordo.

300   *Tratado de Amesterdão*

36. Declaração relativa aos países e territórios ultramarinos

A Conferência reconhece que o regime especial de associação dos países e territórios ultramarinos (PTU) decorrente da Parte IV do Tratado que institui a Comunidade Europeia foi concebido para numerosos países e territórios, com uma grande superfície e muito populosos. Esse regime pouco evoluiu desde 1957.

A Conferência constata que actualmente existem apenas 20 PTU e que se trata de territórios insulares extremamente dispersos, cuja população total é de cerca de 900 000 habitantes. Acresce que, na sua maioria, os PTU sofrem de um atraso estrutural importante, relacionado com condicionalismos geográficos e económicos especialmente desfavoráveis. Nestas condições, o regime especial de associação concebido em 1957 deixou de poder dar resposta eficaz aos desafios com que se defrontam os PTU em matéria de desenvolvimento.

A Conferência reafirma solenemente que o objectivo da associação é a promoção do desenvolvimento económico e social desses países e territórios e o estabelecimento de relações económicas estreitas entre eles e a Comunidade no seu conjunto.

A Conferência convida o Conselho a reapreciar nos termos do artigo 187.º do Tratado que institui a Comunidade Europeia, até Fevereiro de 2000, esse regime de associação, com um quádruplo objectivo:

– promover mais eficazmente o desenvolvimento económico e social dos PTU;

– desenvolver as relações económicas entre os PTE e a União Europeia;

– tomar em conta de forma mais adequada a diversidade e a especificidade de cada PTU, nomeadamente os aspectos referentes à liberdade de estabelecimento;

– melhorar a eficácia do instrumento financeiro.

37. Declaração relativa às instituições públicas de crédito na Alemanha

A Conferência regista a opinião da Comissão, no sentido de que as regras de concorrência em vigor na Comunidade permitem ter plenamente em conta os serviços de interesse económico geral prestados pelas instituições públicas de crédito existentes na Alemanha, bem como os benefícios que lhes são concedidos como compensação pelos encargos decorrentes desses serviços. Neste contexto, a forma como a Alemanha autoriza as autoridades locais a desempenharem, nas

Tratado de Amesterdão 301

respectivas regiões, a sua missão de assegurarem uma ampla e eficaz infra-estrutura financeira, é matéria da competência desse Estado--Membro. Tais benefícios não poderão prejudicar as condições de concorrência de uma forma que exceda o necessário ao cumprimento dessa missão específica e que seja contrária aos interesses da Comunidade.

A Conferência recorda que o Conselho Europeu convidou a Comissão a analisar se existem casos semelhantes noutros Estados--Membros, a fim de aplicar, quando apropriado, as mesmas normas em casos semelhantes e a informar o Conselho, na sua composição ECOFIN, sobre a questão.

38. Declaração relativa às actividades de voluntariado

A Conferência reconhece o importante contributo prestado pelas actividades de voluntariado para o desenvolvimento da solidariedade social.

A Comunidade incentivará a dimensão europeia das organizações de voluntariado, destacando especialmente o intercâmbio de informação e experiências, bem como a participação dos jovens e dos idosos nas actividades de voluntariado.

39. Declaração relativa à qualidade de redacção da legislação comunitária

A Conferência observa que a qualidade de redacção da legislação comunitária é essencial à correcta aplicação desta pelas autoridades nacionais competentes e à sua melhor compreensão por parte dos cidadãos e dos agentes económicos. A Conferência recorda as conclusões da Presidência do Conselho Europeu de Edimburgo de 11 e 12 de Dezembro de 1992 nesta matéria, bem como a resolução do Conselho relativa à qualidade de redacção da legislação comunitária, adoptada em 8 de Junho de 1993 (*Jornal Oficial das Comunidades Europeias*, C 102 de 17.6.1993, p. 1).

A Conferência considera que as três instituições que participam no processo de adopção da legislação comunitária – Parlamento Europeu, Conselho e Comissão –, deveriam adoptar directrizes sobre a qualidade de redacção da citada legislação. A Conferência salienta ainda que importa tornar a legislação comunitária mais acessível e, nesse contexto, congratula-se com a adopção e início de aplicação de um método de trabalho acelerado para a compilação oficial dos textos legislativos, instituído pelo Acordo Interinstitucional de 20 de

Dezembro de 1994 *(Jornal Oficial das Comunidades Europeias*, C 102 de 4.4.1996, p. 2).

Assim, a Conferência declara que o Parlamento Europeu, o Conselho e a Comissão devem:

– estabelecer de comum acordo directrizes destinadas a melhorar a qualidade de redacção da legislação comunitária e observar essas directrizes na análise das propostas ou dos projectos de textos legislativos comunitários, tomando as medidas de organização interna que considerarem necessárias para garantir a correcta aplicação dessas directrizes;

– envidar todos os esforços para acelerar a compilação dos textos legislativos.

40. Declaração respeitante ao Tratado que institui a Comunidade Europeia do Carvão e do Aço

A revogação do artigo 14.º da Convenção relativa às disposições transitórias anexa ao Tratado que institui a Comunidade Europeia do Carvão e do Aço não altera a prática existente em matéria de processo de celebração de acordos internacionais pela Comunidade Europeia do Carvão e do Aço.

41. Declaração relativa às disposições respeitantes à transparência, ao acesso aos documentos e à luta contra a fraude

A Conferência considera que o Parlamento Europeu, o Conselho e a Comissão, sempre que actuem ao abrigo do Tratado que institui a Comunidade Europeia do Carvão e do Aço e do Tratado que institui a Comunidade Europeia da Energia Atómica, devem inspirar-se nas disposições em matéria de transparência, de acesso aos documentos e de luta contra a fraude em vigor no âmbito do Tratado que institui a Comunidade Europeia.

42. Declaração relativa à compilação dos Tratados

As Altas Partes Contratantes acordam em que os trabalhos técnicos iniciados no decurso da presente Conferência Intergovernamental prosseguirão com a maior celeridade possível tendo em vista a redacção de uma versão compilada de todos os Tratados pertinentes, incluindo o Tratado da União Europeia.

As Altas Partes Contratantes acordam em que o resultado final desses trabalhos técnicos que será tornado público, para fins meramente informativos, sob a responsabilidade do Secretariado-Geral do

Conselho, será tornado público para fins informativos, não terá valor jurídico.

43. Declaração respeitante ao Protocolo relativo à aplicação dos princípios da subsidiariedade e da proporcionalidade

As Altas Partes Contratantes confirmam. por um lado, a Declaração anexa à Acta Final do Tratado que institui a União Europeia relativa à aplicação do direito comunitário e, por outro, as conclusões do Conselho Europeu de Essen segundo as quais a aplicação do direito comunitário no plano administrativo cabe em princípio aos Estados-Membros, nos termos do respectivo ordenamento constitucional. A competência das instituições comunitárias em matéria de fiscalização, controlo e execução, tal como previstas nos artigos 202.º e 211.º do Tratado da União Europeia * não é afectada.

44. Declaração relativa ao artigo 2.º do Protocolo que integra o acervo de Schengen no âmbito da União Europeia

As Altas Partes Contratantes acordam em que o Conselho adoptará, na data de entrada em vigor do Tratado de Amesterdão, todas as medidas necessárias a que se refere o artigo 2.º do Protocolo que integra o acervo de Schengen no âmbito da União Europeia. Para esse efeito, os trabalhos preparatórios necessários deverão ser efectuados em devido tempo, de modo a estarem concluídos antes dessa data.

45. Declaração relativa ao artigo 4.º do Protocolo que integra o acervo de Schengen no âmbito da União Europeia

As Altas Partes Contratantes convidam o Conselho a obter o parecer da Comissão antes de decidir sobre um pedido de aplicação, no todo ou em parte, das disposições do acervo de Schengen, formulado pela Irlanda ou pelo Reino Unido da Grã-Bretanha e Irlanda do Norte ao abrigo do artigo 4.º do Protocolo que integra o acervo de Schengen no âmbito da União Europeia. As Altas Partes Contratantes comprometem-se igualmente a envidar todos os esforços no sentido de permitirem à Irlanda ou ao Reino Unido da Grã-Bretanha e Irlanda do Norte, se assim o desejarem que façam uso das disposições do artigo 4.º do citado Protocolo por forma a que o Conselho possa deliberar, nos termos do mesmo artigo 4.º, na data de entrada em vigor daquele Protocolo, ou posteriormente, a todo o tempo.

---

* Deve ler-se "do Tratado que institui a Comunidade Europeia".

304 Tratado de Amesterdão

46. Declaração relativa ao artigo 5.° do Protocolo que integra o acervo de Schengen no âmbito da União Europeia

As Altas Partes Contratantes comprometem-se a envidar todos os esforços no sentido de tornar possível a acção de todos os Estados--Membros nos domínios do acervo de Schengen, em especial quando a Irlanda e o Reino Unido da Grã-Bretanha e Irlanda do Norte tenham aceite, no todo ou em partes as disposições desse acervo, nos termos do artigo 4.° do Prolocolo que integra o acervo de Schengen no âmbito da União Europeia.

47. Declaração relativa ao artigo 6.° do Protocolo que integra o acervo de Schengen no âmbito da União Europeia

As Altas Partes Contratantes acordam em tomar todas as medidas necessárias para permitir que os acordos a que se refere o artigo 6.° do Protocolo que integra o acervo de Schengen no âmbito da União Europeia entrem em vigor na mesma data que o Tratado de Amesterdão.

48. Declaração respeitante ao Protocolo relativo ao direito de asilo de nacionais dos Estados-Membros da União Europeia

O Protocolo relativo ao asilo de nacionais dos Estados-Membros da União Europeia não prejudica o direito de cada Estado-Membro tomar as medidas de organização que considere necessárias para dar cumprimento às suas obrigações decorrentes da Convenção de Genebra de 28 de Julho de 1951, relativa ao Estatuto dos Refugiados.

49. Declaração respeitante à alínea _d_) do artigo único do Protocolo relativo ao direito de asilo de nacionais dos Estados--Membros da União Europeia

A Conferência declara que, reconhecendo embora a importância da Resolução dos Ministros dos Estados-Membros das Comunidades Europeias responsáveis pela Imigração, de 30 de Novembro e 1 de Dezembro de 1992, relativa aos pedidos de asilo manifestamente infundados, e da Resolução do Conselho, de 20 de Junho de 1995, relativa às garantias mínimas nos processos de asilo, será necessário analisar mais pormenorizadamente a questão da utilização abusiva destes processos, bem como a questão dos mecanismos rápidos adequados para indeferir pedidos de asilo manifestamente infundados, tendo em vista a introdução de novos melhoramentos que permitam acelerar esses processos.

50. Declaração respeitante ao Protocolo relativo às instituições na perspectiva do alargamento da União Europeia

Ate à data de entrada em vigor do primeiro alargamento, fica acordado que a decisão do Conselho de 29 de Março de 1994 («Compromisso de Joanina») será prorrogada e que, até essa data, será encontrada uma solução para o caso especial da Espanha.

51. Declaração relativa artigo 10.° do Tratado de Amesterdão

O Tratado de Amesterdão revoga e suprime as disposições caducas do Tratado que institui a Comunidade Europeia, do Tratado que institui a Comunidade Europeia do Carvão e do Aço e do Tratado que institui a Comunidade Europeia da Energia Atómica, tal como se encontravam em vigor antes da entrada em vigor do Tratado de Amesterdão, e adapta algumas das respectivas disposições, incluindo a inserção de certas disposições do Tratado que institui um Conselho único e uma Comissão única das Comunidades Europeias e do Acto relativo à eleição dos representantes ao Parlamento Europeu por sufrágio universal directo. Este exercício não afecta o acervo comunitário.

DECLARAÇÕES DE QUE A CIG/96 TOMOU NOTA

1. Declaração da Áustria e do Luxemburgo relativa às instituições de crédito

A Áustria e o Luxemburgo consideram que a declaração relativa às instituições públicas de crédito existentes na Alemanha é igualmente aplicável às instituições de crédito com uma estrutura organizativa comparável existentes na Áustria e no Luxemburgo.

2. Declaração da Dinamarca relativa ao artigo 42.° do Tratado da União Europeia

O artigo 42.° do Tratado da União Europeia exige a unanimidade de todos os membros do Conselho da União Europeia, isto é, de todos os Estados-Membros, para a adopção de qualquer decisão de aplicação das disposições constantes do Título IV do Tratado que institui a Comunidade Europeia relativas a vistos, asilo e imigração e outras políticas relativas a livre circulação das pessoas para actuar nos domínios previstos no artigo 29.°. Além disso, qualquer decisão do Conselho tomada por unanimidade, antes de entrar em vigor, terá de ser adoptada em cada um dos Estados-Membros, nos termos das respectivas normas constitucionais. Na Dinamarca, essa adopção requererá, em caso de transferência de soberania, tal como definida na Constituição dinamarquesa, quer a maioria de cinco sextos dos membros do Parlamento («Folketing»), quer simultaneamente a maioria dos membros do Parlamento («Folketing») e a maioria dos votos expressos por meio de referendo.

3. Declaração da Alemanha, da Áustria e da Bélgica relativa ao princípio da subsidiariedade

Os Governos da Alemanha, da Áustria e da Bélgica dão por adquirido que a acção da Comunidade Europeia, de acordo com o princípio da subsidiariedade, se refere não só aos Estados-Membros, mas também às respectivas entidades na medida em que estas disponham de poder legislativo próprio, conferido pelo respectivo direito constitucional.

4. Declaração da Irlanda respeitante ao artigo 3.° do Protocolo relativo à posição do Reino Unido e da Irlanda

A Irlanda declara que tenciona exercer o direito que lhe confere o artigo 3.° do Protocolo relativo à posição do Reino Unido e da Irlanda de participar na adopção de medidas em aplicação do Título IV do Tratado que institui a Comunidade Europeia, tanto quanto seja compatível com a manutenção da sua Zona de Deslocação Comum com o Reino Unido. A Irlanda recorda que a participação no Protocolo relativo à aplicação de certos aspectos de artigo 14.° do Tratado que institui a Comunidade Europeia reflecte o seu desefo de manter a Zona de Deslocação Comum com o Reino Unido, de modo a assegurar uma liberdade de circulação tão ampla quanto possível à entrada e à saída do território da Irlanda.

5. Declaração da Bélgica respeitante o Protocolo relativo o direito de asilo de nacionais Estados-Membros da União Europeia

Ao aprovar o Protocolo relativo ao direito de asilo dos nacionais dos Estados-Membros da União Europeia, a Bélgica declara que, de acordo com as suas obrigações decorrentes da Convenção de Genebra de 1951 e do Protocolo de Nova Iorque de 1967, procederá, nos termos do disposto na alínea *d*) do artigo único do presente Protocolo, a uma análise específica de qualquer pedido de asilo apresentado por um nacional de outro Estado-Membro.

6. Declaração da Bélgica, de França e da Itália respeitante ao Protocolo relativo às instituições na perspectiva do alargamento da União Europeia

A Bélgica, a França e a Itália constatam que, com base nos resultados da Conferência Intergovernamental, o Tratado de Amesterdão não dá resposta à necessidade, reafirmada no Conselho Europeu de Madrid, de efectuar progressos substanciais na via do reforço das instituições.

Estes países consideram que esse reforço é condição indispensável para a conclusão das primeiras negociações de adesão. Estão determinados a dar todo o seguimento adequado ao Protocolo no que diz respeito à composição da Comissão e à ponderação dos votos e consideram que uma significativa extensão do recurso ao voto por maioria qualificada faz parte dos elementos pertinentes que convirá ter em conta.

7. Declaração da França relativa à situação dos departamentos ultramarinos face ao Protocolo que integra o acervo de Schengen no âmbito da União Europeia

A França considera que a aplicação do Protocolo que integra o acervo de Schengen no âmbito da União Europeia não afecta o âmbito de aplicação geográfica da Convenção de aplicação do Acordo de Schengen, de 14 de Junho de 1985, assinada em Schengen em 19 de Junho de 1990, tal como é definido no primeiro parágrafo do artigo 138.° dessa Convenção.

8. Declaração da Grécia relativa ao estatuto das Igrejas e das organizações não confessionais

A propósito da Declaração relativa ao estatuto das igrejas e das organizações não confessionais, a Grécia relembra a Declaração Conjunta relativa ao Monte Athos, anexa à Acta Final do Tratado de Adesão da Grécia às Comunidades Europeias.

TRATADO DE NICE *

PREÂMBULO

Sua Majestade o Rei dos Belgas, Sua Majestade a Rainha da Dinamarca, o Presidente da República Federal da Alemanha, o Presidente da República Helénica, Sua Majestade o Rei de Espanha, o Presidente da República Francesa, a Presidente da Irlanda, o Presidente da Repúlica Italiana, Sua Alteza Real o Grão-Duque do Luxemburgo, Sua Magestade a Rainha dos Países Baixos, o Presidente Federal da República da Áustria, o Presidente da República Portuguesa, a Presidente da República da Finlândia, Sua Majestade o Rei da Suécia, Sua Majestade a Rainha do Reino Unido da Grã-Bretanha e da Irlanda do Norte:

Recordando a importância histórica do fim da divisão do Continente Europeu;

Desejando completar o processo lançado pelo Tratado de Amesterdão tendo em vista preparar as instituições da União Europeia para funcionar numa União alargada,

Determinados a avançar, nesta base, com as negociações de adesão a fim de as concluir com êxito nos termos do Tratado da União Europeia;

Resolveram alterar o Tratado da União Europeia, os Tratados que instituem as Comunidades Europeias e alguns actos relativos a esses Tratados;

E, para esse efeito, designaram como plenipotenciários:

Os quais, depois de terem trocado os seus plenos poderes reconhecidos em boa e devida forma,

Acordaram no seguinte:

---

* O Decreto do P.R. n.º 61/2001, de 18 de Dezembro, ratificou o Tratado de Nice, Que Altera o Tratado da União Europeia, os Tratados Que Instituem as Comunidades Europeias e Alguns Actos Relativos a Esses Tratados, assinado em Nice em 26 de Fevereiro de 2001, incluindo os protocolos, a acta final e as respectivas declarações. O Tratado de Nice entrou em vigor a 1 de Fevereiro de 2003 (Aviso do M.N.E. n.º 34/2003, DR, I, 30.1.2003).

PARTE I
Alterações Substantivas

Artigo 1.º

O Tratado da União Europeia é alterado nos termos das disposições constantes do presente artigo. *

Artigo 2.º

O Tratado que institui a Comunidade Europeia é alterado nos termos das disposições constantes do presente artigo.**

Artigo 3.º

O Tratado que institui a Comunidade Europeia da Energia Atómica é alterado nos termos das disposições constantes do presente artigo.

(Não reproduzido)

Artigo 4.º

O Tratado que institui a Comunidade Europeia do Carvão e do

---

  * As alterações foram introduzidas nos locais próprios.
** As alterações foram introduzidas nos locais próprios.

Aço é alterado nos termos das disposições constantes do presente artigo.

(Não reproduzido)

Artigo 5.°

O Protocolo relativo aos Estatutos do Sistema Europeu de Bancos Centrais e do Banco Central Europeu é alterado nos termos das disposições constantes do presente artigo.

Ao artigo 10.° é aditado o seguinte número:
"10.°-6. O n.° 2 do artigo 10.° pode ser alterado pelo Conselho, reunido a nível de Chefes de Estado de Governo, deliberando por unanimidade, quer sob recomendação do BCE e após consulta ao Parlamento Europeu e à Comissão, quer sob recomendação da Comissão e após consulta ao Parlamento Europeu e ao BCE. O Conselho recomendará a adopção dessas alterações pelos Estados-Membros. As alterações entrarão em vigor depois de terem sido ratificadas por todos os Estados-Membros, de acordo com as respectivas normas constitucionais.
Qualquer recomendação feita pelo BCE nos termos do presente número requer uma decisão unânime do Conselho do BCE."

Artigo 6.°

O Protocolo relativo aos Privilégios e Imunidades das Comunidades Europeias é alterado nos termos das disposições constantes do presente artigo.

O artigo 21.° passa a ter a seguinte redacção:
"Artigo 21.°
As disposições dos artigos 12.° a 15.° e 18.° são aplicáveis aos juízes, advogados-gerais, secretário e relatores adjuntos do Tribunal de Justiça, bem como aos membros e ao secretário do Tribunal de Primeira Instância, sem prejuízo do disposto no artigo 3.° do Protocolo relativo ao Estatuto do Tribunal de Justiça, respeitante à imunidade de jurisdição dos juízes e advogados-gerais."

PARTE II
Disposições Transitórias e Finais

Artigo 7.º

Os Protocolos relativos ao Estatuto do Tribunal de Justiça anexos ao Tratado que institui a Comunidade Europeia e ao Tratado que institui a Comunidade Europeia da Energia Atómica são revogados e substituídos pelo Protocolo relativo ao Estatuto do Tribunal de Justiça anexo pelo presente Tratado ao Tratado da União Europeia, ao Tratado que institui a Comunidade Europeia e ao Tratado que institui a Comunidade Europeia da Energia Atómica.

Artigo 8.º

São revogados os artigos 1.º a 20.º, 44.º e 45.º, os segundo e terceiro parágrafos do artigo 46.º e os artigos 47.º a 49.º, 51.º, 52.º, 54.º e 55.º do Protocolo relativo ao Estatuto do Tribunal de Justiça da Comunidade Europeia do Carvão e do Aço.

Artigo 9.º

Sem prejuízo dos artigos que permanecem em vigor do Protocolo relativo ao Estatuto do Tribunal de Justiça da Comunidade Europeia do Carvão e do Aço, sempre que o Tribunal de Justiça exerça as suas competências por força do disposto no Tratado que institui a Comunidade Europeia do Carvão e do Aço, são aplicáveis as disposições do Protocolo relativo ao Estatuto do Tribunal de Justiça anexo pelo presente Tratado ao Tratado da União Europeia, ao Tratado que institui a Comunidade Europeia e ao Tratado que institui a Comunidade Europeia da Energia Atómica.

Artigo 10.º

É revogada a versão vigente da Decisão 88/591/CECA, CEE, Euratom do Conselho de 24 de Outubro de 1988, que institui o Tribunal de Primeira Instância das Comunidades Europeias, com excepção do artigo 3.º, desde que o Tribunal de Primeira Instância exerça, por força desse artigo, competências conferidas ao Tribunal de Justiça pelo Tratado que institui a Comunidade Europeia do Carvão e do Aço.

Artigo 11.º

O presente Tratado tem vigência ilimitada.

Artigo 12.º

1. O presente Tratado será ratificado pelas Altas Partes Contratantes, de acordo com as respectivas normas constitucionais. Os instrumentos de ratificação serão depositados junto do Governo da República Italiana.

2. O presente Tratado entra em vigor no primeiro dia do segundo mês seguinte ao do depósito do instrumento de ratificação do Estado signatário que proceder a esta formalidade em último lugar.

Artigo 13.º

O presente Tratado, redigido num único exemplar, nas línguas alemã, dinamarquesa, espanhola, finlandesa, francesa, grega, inglesa, irlandesa, italiana, neerlandesa, portuguesa e sueca, fazendo fé qualquer dos textos, será depositado nos arquivos do Governo da República Italiana, o qual dele remeterá uma cópia autenticada a cada um dos Governos dos outros Estados signatários.

EM FÉ DO QUE, os plenipotenciários abaixo assinados apuseram as suas assinaturas no presente Tratado.

Feito em Nice, em vinte e seis de Fevereiro de dois mil e um.

PROTOCOLOS

A. PROTOCOLO ANEXO AO TRATADO DA UNIÃO EUROPEIA E AOS TRATADOS QUE INSTITUEM AS COMUNIDADES EUROPEIAS

Protocolo relativo ao alargamento da União Europeia

AS ALTAS PARTES CONTRATANTES
ACORDARAM nas disposições seguintes, que vêm anexas ao Tratado da União Europeia e aos Tratados que instituem as Comunidades Europeias:

Artigo 1.º
Revogação do Protocolo relativo às instituições

É revogado o Protocolo relativo às instituições na perspectiva do alargamento da União Europeia, anexo ao Tratado da União Europeia e aos Tratados que instituem as Comunidades Europeias.

Artigo 2.º
Disposições relativas ao Parlamento Europeu

1. Em 1 de Janeiro de 2004, e com efeitos a partir do início da legislatura de 2004-2009, no n.º 2 do artigo 190.º do Tratado que institui a Comunidade Europeia e no n.º 2 do artigo 108.º do Tratado que institui a Comunidade Europeia da Energia Atómica, o primeiro parágrafo passa a ter a seguinte redacção:

"O número de representantes eleitos em cada Estado-Membro é fixado da seguinte forma:

Bélgica	22
Dinamarca	13
Alemanha	99
Grécia	22
Espanha	50
França	72
Irlanda	12
Itália	72
Luxemburgo	6
Países Baixos	25
Áustria	17
Portugal	22
Finlândia	13
Suécia	18
Reino Unido	72"

2. Sob reserva do n.º 3, o número total de representantes ao Parlamento Europeu para a legislatura de 2004-2009 é igual ao número de representantes constante do n.º 2 do artigo 190.º do Tratado que institui a Comunidade Europeia e do n.º 2 do artigo 108.º do Tratado que institui a Comunidade Europeia da Energia Atómica, acrescido do número de representantes dos novos Estados-Membros resultante dos tratados de adesão assinados, o mais tardar, em 1 de Janeiro de 2004.

3. Se o número total de deputados previsto no n.º 2 for inferior a setecentos e trinta e dois, o número de representantes a eleger em cada Estado-Membro será corrigido proporcionalmente por forma a que o número total seja o mais próximo possível de setecentos e trinta e dois, sem que esta correcção possa conduzir à eleição, em cada Estado--Membro, de um número de representantes superior ao previsto no n.º 2 do artigo 190.º do Tratado que institui a Comunidade Europeia e no n.º 2 do artigo 108.º do Tratado que institui a Comunidade Europeia da Energia Atómica para a legislatura de 1999-2004.

O Conselho tomará uma decisão para o efeito.

4. Em derrogação do segundo parágrafo do artigo 189.º do Tratado que institui a Comunidade Europeia e do segundo parágrafo do artigo 107.º do Tratado que institui a Comunidade Europeia da Energia Atómica, se entrarem em vigor tratados de adesão depois da aprovação da decisão do Conselho prevista no n.º 3, segundo parágrafo, do presente artigo, o número de deputados ao Parlamento

Europeu poderá temporariamente ultrapassar os setecentos e trinta e dois durante o período de aplicação dessa decisão. Será aplicada ao número de representantes a eleger nos Estados-Membros em causa a correcção prevista no n.º 3, primeiro parágrafo, do presente artigo.

Artigo 3.º
Disposições relativas à ponderação dos votos no Conselho

1. *Revogado.*[1]
2. Aquando de cada adesão, o limiar referido no n.º 2, segundo parágrafo, do artigo 205.º do Tratado que institui a Comunidade Europeia e no n.º 2, segundo parágrafo, do artigo 118.º do Tratado que institui a Comunidade Europeia da Energia Atómica será calculado de forma a que o limiar da maioria qualificada expressa em votos não ultrapasse o resultante do quadro reproduzido na declaração respeitante ao alargamento da União Europeia, incluída na Acta Final da Conferência que aprovou o Tratado de Nice.

Artigo 4.º
Disposições relativas à Comissão

1. Em 1 de Novembro de 2004[2], e com efeitos a partir da entrada em funções da primeira Comissão posterior a essa data, o n.º 1 do artigo 213.º do Tratado que institui a Comunidade Europeia e o n.º 1 do artigo 126.º do Tratado que institui a Comunidade Europeia da Energia Atómica passam a ter a seguinte redacção:
"1. Os membros da Comissão são escolhidos em função da sua competência geral e oferecem todas as garantias de independência.
A Comissão é composta por um nacional de cada Estado-membro.

---

[1] Revogado pelo n.º 2 do artigo 12.º do Acto de Adesão de 16 de Abril de 2003.

[2] Apesar de não ser isso que diz a alínea *d)* do n.º 2 do artigo 45.º do Acto de Adesão de 16 de Abril de 2003, cremos que por lapso manifesto, altera-se neste sentido o n.º 1 do artigo 4.º.

O número de membros da Comissão pode ser modificado pelo Conselho, deliberando por unanimidade."

2. Quando a União contar 27 Estados-Membros, o n.º 1 do artigo 213.º do Tratado que institui a Comunidade Europeia e o n.º 1 do artigo 126.º do Tratado que institui a Comunidade Europeia da Energia Atómica passam a ter a seguinte redacção:

"1. Os membros da Comissão são escolhidos em função da sua competência geral e oferecem todas as garantias de independência.

O número de membros da Comissão é inferior ao número de Estados-Membros. Os membros da Comissão são escolhidos com base numa rotação paritária cujas modalidades são definidas pelo Conselho, deliberando por unanimidade.

O número de membros da Comissão é fixado pelo Conselho, deliberando por unanimidade."

Esta alteração é aplicável a partir da data de entrada em funções da primeira Comissão posterior à data de adesão do vigésimo sétimo Estado-Membro da União.

3. O Conselho, deliberando por unanimidade após a assinatura do tratado de adesão do vigésimo sétimo Estado-Membro da União, define:

– o número de membros da Comissão;

– as modalidades da rotação paritária, incluindo a totalidade das regras e dos critérios necessários à fixação automática da composição dos colégios sucessivos com base nos seguintes princípios:

a) Os Estados-Membros são tratados em rigoroso pé de igualdade no que se refere à determinação da ordem de passagem e do tempo de presença de nacionais seus como membros da Comissão; por conseguinte, a diferença entre o número total dos mandatos exercidos por nacionais de quaisquer dois Estados-Membros não pode nunca ser superior a um;

b) Sob reserva da alínea a), cada um dos colégios sucessivos deve ser constituído por forma a reflectir satisfatoriamente o leque demográfico e geográfico do conjunto dos Estados-Membros da União.

4. Até que se aplique o n.º 2, qualquer Estado que adira à União tem o direito de, aquando da sua adesão, nomear um nacional seu como membro da Comissão.

B. PROTOCOLO ANEXO AO TRATADO DA UNIÃO EUROPEIA, AO TRATADO QUE INSTITUI A COMUNIDADE EUROPEIA E AO TRATADO QUE INSTITUI A COMUNIDADE EUROPEIA DA ENERGIA ATÓMICA

Protocolo relativo ao Estatuto do Tribunal de Justiça

AS ALTAS PARTES CONTRATANTES,

DESEJANDO fixar o Estatuto do Tribunal de Justiça, previsto no artigo 245.° do Tratado que institui a Comunidade Europeia e no artigo 160.° do Tratado que institui a Comunidade Europeia da Energia Atómica,

ACORDARAM nas disposições seguintes, que vêm anexas ao Tratado da União Europeia, ao Tratado que institui a Comunidade Europeia e ao Tratado que institui a Comunidade Europeia da Energia Atómica:

Artigo 1.°

O Tribunal de Justiça é constituído e exercerá as suas funções em conformidade com as disposições do Tratado da União Europeia (Tratado UE), do Tratado que institui a Comunidade Europeia (Tratado CE), do Tratado que institui a Comunidade Europeia da Energia Atómica (Tratado CEEA) e do presente Estatuto.

TÍTULO I
Estatuto dos Juízes e dos Advogados-Gerais

Artigo 2.º

Antes de assumirem funções, os juízes devem, em sessão pública, prestar o juramento de exercer as suas funções com total imparcialidade e consciência e de respeitar o segredo das deliberações do Tribunal.

Artigo 3.º

Os juízes gozam de imunidade de jurisdição. No que diz respeito aos actos por eles praticados na sua qualidade oficial, incluindo as suas palavras e escritos, continuam a beneficiar de imunidade após a cessação das suas funções.

O tribunal pleno pode levantar a imunidade.

Quando uma acção penal seja exercida contra um juiz após o levantamento da imunidade, este só pode ser julgado, em qualquer dos Estados-Membros, pela instância competente para julgar os magistrados pertencentes ao órgão jurisdicional nacional da mais elevada hierarquia.

O disposto nos artigos 12.º a 15.º e 18.º do Protocolo relativo aos Privilégios e Imunidades das Comunidades Europeias é aplicável aos juízes, advogados-gerais, secretário e relatores adjuntos do Tribunal, sem prejuízo das disposições relativas à imunidade de jurisdição dos juízes, constantes dos parágrafos anteriores.

Artigo 4.º

Os juízes não podem exercer quaisquer funções políticas ou administrativas.

Não podem, salvo derrogação concedida a título excepcional pelo Conselho, exercer qualquer actividade profissional, remunerada ou não.

Os juízes assumem, aquando da sua posse, o compromisso solene de respeitar, durante o exercício das suas funções e após a cessação das mesmas, os deveres decorrentes do cargo, nomeadamente os deveres de honestidade e discrição relativamente à aceitação, após aquela cessação, de determinadas funções ou benefícios.

Em caso de dúvida, o Tribunal decide.

Artigo 5.º

Para além das substituições normais e dos casos de morte, as funções dos juízes cessam individualmente em caso de renúncia.

Em caso de renúncia de um juiz, a carta de renúncia é dirigida ao Presidente do Tribunal para ser transmitida ao Presidente do Conselho. A notificação deste último determina a abertura de vaga no lugar.

Salvo nos casos previstos no artigo 6.º, o juiz permanece no cargo até que o seu sucessor assuma funções.

Artigo 6.º

Os juízes só podem ser afastados das suas funções ou privados do seu direito a pensão ou de outros benefícios que a substituam se, por decisão unânime dos juízes e advogados-gerais do Tribunal, tiverem deixado de corresponder às condições exigidas ou de cumprir os deveres decorrentes do cargo. O interessado não participa nestas deliberações.

O secretário comunica a decisão do Tribunal aos Presidentes do Parlamento Europeu e da Comissão e notifica-a ao Presidente do Conselho.

Em caso de decisão que afaste um juiz das suas funções, a notificação do Presidente do Conselho determina a abertura de vaga no lugar.

Artigo 7.º

Os juízes cujas funções cessem antes de findar o respectivo mandato são substituídos pelo tempo que faltar para o termo daquele mandato.

Artigo 8.º

O disposto nos artigos 2.º a 7.º é aplicável aos advogados-gerais.

TÍTULO II
Organização

Artigo 9.º

A substituição parcial dos juízes, que se realiza de três em três anos, incide alternadamente em treze e doze juízes.[1]

A substituição parcial dos advogados-gerais, que se realiza de três em três anos, incide de cada vez em quatro advogados-gerais.

Artigo 10.º

O secretário presta, perante o Tribunal, o juramento de exercer as suas funções com total imparcialidade e consciência e de respeitar o segredo das deliberações do Tribunal.

Artigo 11.º

O Tribunal regula a substituição do secretário, em caso de impedimento deste.

Artigo 12.º

A fim de assegurar o seu funcionamento, o Tribunal dispõe de funcionários e de outros agentes, que ficam na dependência hierárquica do secretário, sob a autoridade do Presidente.

---

[1] Redacção dada pelo n.º 1 do artigo 13.º do Acto de Adesão de 16 de Abril de 2003.

Artigo 13.º

Sob proposta do Tribunal, o Conselho, deliberando por unanimidade, pode prever a nomeação de relatores adjuntos e estabelecer o respectivo estatuto. Os relatores adjuntos podem ser chamados, nas condições estabelecidas no Regulamento de Processo, a participar na instrução das causas pendentes no Tribunal e a colaborar com o juiz-relator.

Os relatores adjuntos, escolhidos de entre personalidades que ofereçam todas as garantias de independência e que possuam as qualificações jurídicas necessárias, são nomeados pelo Conselho.

Os relatores adjuntos prestam, perante o Tribunal, o juramento de exercer as suas funções com total imparcialidade e consciência e de respeitar o segredo das deliberações do Tribunal.

Artigo 14.º

Os juízes, os advogados-gerais e o secretário devem residir no local onde o Tribunal tem a sua sede.

Artigo 15.º

O Tribunal funciona de modo permanente. O Tribunal fixa a duração das férias judiciais, tendo em conta as necessidades do serviço.

Artigo 16.º

O Tribunal constitui secções de três e cinco juízes. Os juízes elegem de entre si os presidentes de secção. Os presidentes das secções de cinco juízes são eleitos por três anos, podendo ser reeleitos uma vez.

A grande secção é composta por treze[1] juízes, sendo presidida pelo Presidente do Tribunal. Fazem igualmente parte da grande secção

---

[1] Redacção dada pelo artigo 1.º da Decisão n.º 2004/404/CE, Euratom, do Conselho, de 19.4.2004 (JO, L 132, de 29.4.2004. p. 1).

os presidentes das secções de cinco juízes e outros juízes designados nas condições estabelecidas no Regulamento de Processo.

O Tribunal reúne como grande secção sempre que um Estado-Membro ou uma instituição das Comunidades que seja parte na instância o solicite.

O Tribunal reúne como tribunal pleno sempre que lhe seja apresentado um requerimento em aplicação do n.° 2 do artigo 195.°, do n.° 2 do artigo 213.°, do artigo 216.° ou do n.° 7 do artigo 247.° do Tratado CE, ou do n.° 2 do artigo 107.°-D, do n.° 2 do artigo 126.°, do artigo 129.° ou do n.° 7 do artigo 160.°-B do Tratado CEEA.

O Tribunal pode também, quando considerar uma causa de excepcional importância, decidir remetê-la ao tribunal pleno, depois de ouvido o advogado-geral.

Artigo 17.°

O Tribunal só pode deliberar validamente com número ímpar de juízes.

As deliberações das secções compostas por três ou por cinco juízes só são válidas se forem tomadas por três juízes.

As deliberações da grande secção só são válidas se estiverem presentes nove juízes.

As deliberações do tribunal pleno só são válidas se estiverem presentes quinze[1] juízes.

Em caso de impedimento de um juiz de uma secção, pode ser chamado um juiz de outra secção, nas condições estabelecidas no Regulamento de Processo.

Artigo 18.°

Os juízes e os advogados-gerais não podem exercer funções em causa em que tenham intervindo anteriormente como agentes, consultores ou advogados de uma das partes, ou sobre que tenham sido chamados a pronunciar-se como membros de um tribunal, de uma comissão de inquérito, ou a qualquer outro título.

---

[1] Redacção dada pelo artigo 1.° da Decisão n.° 2004/404/CE, Euratom, do Conselho, de 19.4.2004 (JO, L 132, de 29.4.2004. p. 1) .

Tratado de Nice   325

Se, por qualquer razão especial, um juiz ou um advogado-geral considerar que não deve intervir em determinada causa, deve comunicar o facto ao Presidente. Se o Presidente considerar que um juiz ou um advogado-geral não deve, por qualquer razão especial, intervir em determinada causa ou nela apresentar conclusões, disso informa o interessado.

Em caso de dificuldade na aplicação deste artigo, o Tribunal decide.

As partes não podem invocar a nacionalidade de um juiz, nem o facto de nenhum juiz da sua nacionalidade integrar o Tribunal ou uma das suas secções, para pedir a alteração da composição do Tribunal ou de uma das suas secções.

TÍTULO III
Processo

Artigo 19.°

Os Estados-Membros e as instituições das Comunidades são representados no Tribunal por um agente nomeado para cada causa; o agente pode ser assistido por um consultor ou por um advogado.

Os Estados partes no Acordo sobre o Espaço Económico Europeu que não sejam Estados-Membros, bem como o Órgão de Fiscalização da EFTA mencionado no referido acordo, são representados do mesmo modo.

As outras partes devem ser representadas por um advogado.

Só um advogado autorizado a exercer nos órgãos jurisdicionais de um Estado-Membro ou de outro Estado parte no Acordo sobre o Espaço Económico Europeu pode representar ou assistir uma parte no Tribunal.

Os agentes, consultores e advogados que compareçam perante o Tribunal gozam dos direitos e garantias necessários ao exercício independente das suas funções, nas condições estabelecidas no Regulamento de Processo.

O Tribunal goza, em relação aos consultores e advogados que perante ele compareçam, dos poderes normalmente atribuídos nesta matéria aos tribunais, nas condições estabelecidas no referido regulamento.

326   *Tratado de Nice*

Os professores nacionais de Estados-Membros cuja legislação lhes reconheça o direito de pleitear gozam, perante o Tribunal, dos direitos reconhecidos por este artigo aos advogados.

Artigo 20.°

O processo perante o Tribunal compreende duas fases, uma escrita e outra oral.

A fase escrita compreende a comunicação às partes e às instituições das Comunidades cujas decisões estejam em causa, das petições e requerimentos, observações, alegações, contestações e respostas e, eventualmente, das réplicas, bem como de todas as peças e documentos em seu apoio ou respectivas cópias autenticadas.

As comunicações são efectuadas pelo secretário segundo a ordem e nos prazos fixados no Regulamento de Processo.

A fase oral compreende a leitura do relatório apresentado pelo juiz-relator, a audição pelo Tribunal dos agentes, consultores e advogados e das conclusões do advogado-geral, bem como, se for caso disso, a audição de testemunhas e peritos.

Quando considerar que não se suscita questão de direito nova, o Tribunal pode, ouvido o advogado-geral, decidir que a causa seja julgada sem conclusões do advogado-geral.

Artigo 21.°

O pedido é apresentado ao Tribunal por petição ou requerimento escrito enviado ao secretário. Da petição ou requerimento deve constar a indicação do nome e domicílio do demandante ou recorrente e a qualidade do signatário, a indicação da parte ou das partes contra as quais o pedido é apresentado, o objecto do litígio, as conclusões e uma exposição sumária dos respectivos fundamentos.

A petição ou requerimento deve ser acompanhado, se for caso disso, do acto cuja anulação seja pedida. No caso a que se referem o artigo 232.° do Tratado CE e o artigo 148.° do Tratado CEEA, a petição ou requerimento deve ser acompanhado de um documento comprovativo da data do convite previsto nesses artigos. Se esses documentos não forem apresentados com a petição ou o requerimento, o secretário convida o interessado a apresentá-los dentro de prazo

Tratado de Nice   327

razoável, sem que possa ser invocada a caducidade no caso de a regularização se efectuar depois de decorrido o prazo para a propositura da acção ou a interposição do recurso.

Artigo 22.º

Nos casos previstos no artigo 18.º do Tratado CEEA, o pedido é apresentado ao Tribunal por requerimento escrito enviado ao secretário. Do requerimento deve constar a indicação do nome e domicílio do requerente e a qualidade do signatário, a indicação da decisão da qual é interposto o recurso, a indicação das partes contrárias, o objecto do litígio, as conclusões e uma exposição sumária dos fundamentos do pedido.

O requerimento deve ser acompanhado de uma cópia autenticada da decisão impugnada do Comité de Arbitragem.

Se o Tribunal não der provimento ao recurso, a decisão do Comité de Arbitragem torna-se definitiva.

Se o Tribunal anular a decisão do Comité de Arbitragem, o processo pode ser reaberto, se for caso disso, por iniciativa de uma das partes em causa, perante o Comité de Arbitragem, o qual fica vinculado aos princípios de direito enunciados pelo Tribunal.

Artigo 23.º

Nos casos previstos no n.º 1 do artigo 35.º do Tratado UE, no artigo 234.º do Tratado CE e no artigo 150.º do Tratado CEEA, a decisão do órgão jurisdicional nacional que suspenda a instância e que suscite a questão perante o Tribunal é a este notificada por iniciativa desse órgão. Esta decisão é em seguida notificada, pelo secretário do Tribunal, às partes em causa, aos Estados-Membros e à Comissão, bem como ao Conselho ou ao Banco Central Europeu, se o acto cuja validade ou interpretação é contestada deles emanar, e ao Parlamento Europeu e ao Conselho, se o acto cuja validade ou interpretação é contestada tiver sido adoptado conjuntamente por estas duas instituições.

No prazo de dois meses a contar desta última notificação, as partes, os Estados-Membros, a Comissão e, se for caso disso, o Parlamento Europeu, o Conselho e o Banco Central Europeu têm o direito de apresentar ao Tribunal alegações ou observações escritas.

Nos casos previstos no artigo 234.° do Tratado CE, a decisão do órgão jurisdicional nacional é igualmente notificada pelo secretário do Tribunal aos Estados partes no Acordo sobre o Espaço Económico Europeu que não sejam Estados-Membros, bem como ao Órgão de Fiscalização da EFTA mencionado no referido acordo, que têm o direito de apresentar ao Tribunal alegações ou observações escritas, no prazo de dois meses a contar da notificação e quando esteja em causa um dos domínios de aplicação desse acordo.

No caso de um acordo em determinada matéria, celebrado pelo Conselho e um ou mais Estados terceiros, prever que estes últimos têm a faculdade de apresentar memorandos ou observações escritas quando um órgão jurisdicional de um Estado-Membro submeta ao Tribunal de Justiça uma questão prejudicial sobre matéria do âmbito de aplicação do mesmo acordo, a decisão do órgão jurisdicional nacional que contenha essa questão é igualmente notificada aos Estados terceiros em causa que, no prazo de dois meses a contar da notificação, podem apresentar ao Tribunal memorandos ou observações escritas.[1]

Artigo 24.°

O Tribunal pode pedir às partes que apresentem todos os documentos e prestem todas as informações que considere necessárias. Em caso de recusa, o Tribunal regista-a nos autos.

O Tribunal pode também pedir aos Estados-Membros e às instituições que não sejam partes no processo todas as informações que considere necessárias à apreciação da causa.

Artigo 25.°

O Tribunal pode, em qualquer momento, confiar uma peritagem a qualquer pessoa, instituição, serviço, comissão ou órgão da sua escolha.

---

[1] Parágrafo aditado pela Decisão n.° 2003/527/CE, Euratom, do Conselho, de 15.7.2003 (JO, L 188, de 26.7.2003, pp. 1).

Artigo 26.º

Podem ser ouvidas testemunhas, nas condições estabelecidas no Regulamento de Processo.

Artigo 27.º

O Tribunal goza, no que respeita às testemunhas faltosas, dos poderes geralmente atribuídos nesta matéria aos tribunais e pode aplicar sanções pecuniárias, nas condições estabelecidas no Regulamento de Processo.

Artigo 28.º

As testemunhas e os peritos podem ser ouvidos sob juramento, segundo a fórmula estabelecida no Regulamento de Processo ou nos termos previstos na legislação nacional da testemunha ou do perito.

Artigo 29.º

O Tribunal pode determinar que uma testemunha ou um perito sejam ouvidos pela autoridade judiciária do seu domicílio.

O despacho é enviado, para execução, à autoridade judiciária competente, nas condições estabelecidas no Regulamento de Processo. Os documentos resultantes da execução da carta rogatória são enviados ao Tribunal, nas mesmas condições.

O Tribunal suporta as despesas, sem prejuízo de, quando for caso disso, as fazer recair sobre as partes.

Artigo 30.º

Os Estados-Membros consideram qualquer violação dos juramentos das testemunhas e dos peritos como se a infracção tivesse sido cometida perante um tribunal nacional com competência em matéria cível. Por participação do Tribunal, o Estado-Membro em causa processa os autores da infracção perante o órgão jurisdicional nacional competente.

Artigo 31.º

A audiência é pública, salvo se o Tribunal, oficiosamente ou a pedido das partes, por motivos graves, decidir em contrário.

Artigo 32.º

Durante as audiências, o Tribunal pode interrogar os peritos, as testemunhas e as próprias partes.
Todavia, estas últimas só podem litigar por intermédio do seu representante.

Artigo 33.º

Em relação a cada audiência é redigida uma acta, assinada pelo Presidente e pelo secretário.

Artigo 34.º

O rol das audiências é fixado pelo Presidente.

Artigo 35.º

As deliberações do Tribunal são e permanecem secretas.

Artigo 36.º

Os acórdãos são fundamentados e mencionam os nomes dos juízes que intervieram na deliberação.

Artigo 37.º

Os acórdãos são assinados pelo Presidente e pelo secretário e lidos em audiência pública.

Artigo 38.º

O Tribunal decide sobre as despesas.

Artigo 39.º

O Presidente do Tribunal pode decidir, em processo sumário que derrogue, se necessário, certas disposições deste Estatuto e que é estabelecido no Regulamento de Processo, sobre os pedidos tendentes a obter a suspensão prevista no artigo 242.º do Tratado CE e no artigo 157.º do Tratado CEEA, a aplicação de medidas provisórias nos termos do artigo 243.º do Tratado CE ou do artigo 158.º do Tratado CEEA ou a suspensão da execução em conformidade com o disposto no quarto parágrafo do artigo 256.º do Tratado CE ou no terceiro parágrafo do 164.º do Tratado CEEA.

Em caso de impedimento do Presidente, este é substituído por outro juiz, nas condições estabelecidas no Regulamento de Processo.

O despacho proferido pelo Presidente ou pelo seu substituto tem carácter provisório e não prejudica a decisão do Tribunal sobre o mérito da causa.

Artigo 40.º

Os Estados-Membros e as instituições das Comunidades podem intervir nas causas submetidas ao Tribunal.

O mesmo direito é reconhecido a qualquer pessoa que demonstre interesse na resolução da causa submetida ao Tribunal, excepto se se tratar de causas entre Estados-Membros, entre instituições das Comunidades, ou entre Estados-Membros, de um lado, e instituições das Comunidades, do outro.

Sem prejuízo do segundo parágrafo, os Estados partes no Acordo sobre o Espaço Económico Europeu que não sejam Estados-Membros, bem como o Órgão de Fiscalização da EFTA mencionado no referido acordo, podem intervir nos litígios submetidos ao Tribunal que incidam sobre um dos domínios de aplicação do acordo.

As conclusões do pedido de intervenção devem limitar-se a sustentar as conclusões de uma das partes.

Artigo 41.°

Se o demandado ou recorrido não apresentar contestação ou resposta escrita, tendo sido devidamente citado, o acórdão é proferido à revelia. O acórdão pode ser impugnado no prazo de um mês a contar da sua notificação. Salvo decisão em contrário do Tribunal, a impugnação não suspende a execução do acórdão proferido à revelia.

Artigo 42.°

Os Estados-Membros, as instituições das Comunidades e quaisquer outras pessoas singulares ou colectivas podem, nos casos e condições estabelecidos no Regulamento de Processo, impugnar os acórdãos proferidos em processos nos quais não tenham sido chamados a intervir, mediante recurso de oposição de terceiro, se esses acórdãos prejudicarem os seus direitos.

Artigo 43.°

Em caso de dúvida sobre o sentido e o alcance de um acórdão, cabe ao Tribunal interpretá-lo, a pedido de uma parte ou de uma instituição das Comunidades que nisso demonstre interesse.

Artigo 44.°

A revisão de um acórdão só pode ser pedida ao Tribunal se se descobrir facto susceptível de exercer influência decisiva e que, antes de proferido o acórdão, era desconhecido do Tribunal e da parte que requer a revisão.

O processo de revisão tem início com um acórdão do Tribunal que declare expressamente a existência de facto novo, lhe reconheça as características exigidas para a revisão e declare o pedido admissível com esse fundamento.

Nenhum pedido de revisão pode ser apresentado depois de decorrido o prazo de dez anos a contar da data do acórdão.

Artigo 45.º

O Regulamento de Processo fixa prazos de dilação tendo em consideração as distâncias.

O decurso do prazo não extingue o direito de praticar o acto, se o interessado provar a existência de caso fortuito ou de força maior.

Artigo 46.º

As acções contra as Comunidades em matéria de responsabilidade extracontratual prescrevem no prazo de cinco anos a contar da ocorrência do facto que lhes tenha dado origem. A prescrição interrompe-se, quer pela apresentação do pedido no Tribunal, quer através de pedido prévio que o lesado pode dirigir à instituição competente das Comunidades. Neste último caso, o pedido deve ser apresentado no prazo de dois meses previsto no artigo 230.º do Tratado CE e no artigo 146.º do Tratado CEEA; o disposto no segundo parágrafo do artigo 232.º do Tratado CE e no segundo parágrafo do artigo 148.º do Tratado CEEA, respectivamente, é aplicável, sendo caso disso.

TÍTULO IV
Tribunal de Primeira Instância das Comunidades Europeias

Artigo 47.º

Os artigos 2.º a 8.º, os artigos 14.º e 15.º, os primeiro, segundo, quarto e quinto parágrafos do artigo 17.º e o artigo 18.º aplicam-se ao Tribunal de Primeira Instância e aos seus membros. O juramento referido no artigo 2.º é prestado perante o Tribunal de Justiça e as decisões referidas nos artigos 3.º, 4.º e 6.º são proferidas por este Tribunal, ouvido o Tribunal de Primeira Instância.

O quarto parágrafo do artigo 3.º e os artigos 10.º, 11.º e 14.º do presente Estatuto aplicam-se, *mutatis mutandis*, ao secretário do Tribunal de Primeira Instância.

Artigo 48.º

O Tribunal de Primeira Instância é composto por vinte e cinco juízes.[1]

Artigo 49.º

Os membros do Tribunal da Primeira Instância podem ser chamados a exercer as funções de advogado-geral.

Ao advogado-geral cabe apresentar publicamente, com toda a imparcialidade e independência, conclusões fundamentadas sobre algumas das causas submetidas ao Tribunal de Primeira Instância, para assistir este último no desempenho das suas atribuições.

Os critérios de selecção destas causas, bem como as regras de designação dos advogados-gerais, são estabelecidos pelo Regulamento de Processo do Tribunal de Primeira Instância.

O membro do Tribunal de Primeira Instância que seja chamado a exercer funções de advogado-geral numa causa não pode participar na elaboração do acórdão respeitante a essa causa.

Artigo 50.º

O Tribunal de Primeira Instância funciona por secções, compostas por três ou cinco juízes. Os juízes elegem de entre si os presidentes das secções. Os presidentes das secções de cinco juízes são eleitos por três anos, podendo ser reeleitos uma vez.

A composição das secções e a atribuição das causas a cada uma delas são fixadas pelo Regulamento de Processo. Em certos casos, previstos pelo Regulamento de Processo, o Tribunal de Primeira Intância pode reunir em sessão plenária ou funcionar com juiz singular.

O Regulamento de Processo pode também prever que o Tribunal de Primeira Intância reúna em grande secção, nos casos e condições nele previstos.

---

[1] Redacção dada pelo n.º 2 do artigo 13.º do Acto de Adesão de 16 de Abril de 2003.

Artigo 51.º

Em derrogação da regra enunciada no n.º 1 do artigo 225.º do Tratado CE e no n.º 1 do artigo 140.º-A do Tratado CEEA, são da exclusiva competência do Tribunal de Justiça os recursos previstos nos artigos 230.º e 232.º do Tratado CE e 146.º e 148.º do Tratado CEEA, interpostos por um Estado-Membro:

a) Contra um acto ou uma abstenção de decidir do Parlamento Europeu ou do Conselho, ou destas duas instituições actuando conjuntamente, com exclusão:

– das decisões tomadas pelo Conselho nos termos do terceiro parágrafo do n.º 2 do artigo 88.º do Tratado CE,

– dos actos do Conselho adoptados por força de um regulamento do Conselho relativo a medidas de protecção do comércio na acepção do artigo 133.º do Tratado CE,

– dos actos do Conselho mediante os quais este último exerce competências de execução nos termos do terceiro travessão do artigo 202.º do Tratado CE;

b) Contra um acto ou uma abstenção da Comissão de tomar uma decisão nos termos do artigo 11.º-A do Tratado CE.

São igualmente da exclusiva competência do Tribunal de Justiça os recursos referidos nos mesmos artigos interpostos por uma instituição das Comunidades ou pelo Banco Central Europeu contra um acto ou uma abstenção de decidir do Parlamento Europeu, do Conselho, destas duas instituições actuando conjuntamente ou da Comissão, bem como por uma instituição das Comunidades contra um acto ou uma abstenção de decidir do Banco Central Europeu.[1]

Artigo 52.º

O Presidente do Tribunal de Justiça e o Presidente do Tribunal de Primeira Instância estabelecem, de comum acordo, as condições em que os funcionários e outros agentes vinculados ao Tribunal de Justiça prestam serviço no Tribunal de Primeira Instância, a fim de assegurar o seu funcionamento.

Certos funcionários ou outros agentes ficam na dependência hierárquica do secretário do Tribunal de Primeira Instância, sob a autoridade do Presidente deste Tribunal.

---

[1] Redacção dada pela Decisão n.º 2004/407/CE, Euratom, do Conselho, de 26.4.2004 (JO, L 132, de 29.4.2004, pp. 5).

Artigo 53.°

O processo no Tribunal de Primeira Instância rege-se pelo Título III.

Este processo é precisado e completado, na medida do necessário, pelo Regulamento de Processo.

O Regulamento de Processo pode prever derrogações ao quarto parágrafo do artigo 40.° e ao artigo 41.° do presente Estatuto, tendo em consideração as especificidades do contencioso relativo à propriedade intelectual.

Em derrogação do disposto no quarto parágrafo do artigo 20.°, o advogado-geral pode apresentar as suas conclusões fundamentadas por escrito.

Artigo 54.°

Quando uma petição ou qualquer outro documento destinado ao Tribunal de Primeira Instância for dirigido, por erro, ao secretário do Tribunal de Justiça, é por este imediatamente remetido ao secretário do Tribunal de Primeira Instância; do mesmo modo, quando uma petição ou qualquer outro documento destinado ao Tribunal de Justiça for dirigido, por erro, ao secretário do Tribunal de Primeira Instância, é por este imediatamente remetido ao secretário do Tribunal de Justiça.

Quando o Tribunal de Primeira Instância considerar que não é competente para a apreciação de uma acção ou recurso e que o mesmo é da competência do Tribunal de Justiça, remete-lhe o respectivo processo. Quando o Tribunal de Justiça verificar que uma acção ou recurso é da competência do Tribunal de Primeira Instância, remete--lhe o respectivo processo, não podendo o Tribunal de Primeira Instância declinar a sua competência.

Quando forem submetidos ao Tribunal de Justiça e ao Tribunal de Primeira Instância processos com o mesmo objecto, que suscitem o mesmo problema de interpretação ou ponham em causa a validade do mesmo acto, o Tribunal de Primeira Instância pode, ouvidas as partes, suspender a instância até que seja proferido o acórdão do Tribunal de Justiça ou, em caso de recursos interpostos ao abrigo dos artigos 230.° do Tratado CE ou 146.° do Tratado CEEA, declinar a sua competência para que o Tribunal possa decidir desses recursos. Nas mesmas

Tratado de Nice 337

condições, o Tribunal de Justiça pode igualmente decidir suspender a instância; neste caso, o processo perante o Tribunal de Primeira Instância prossegue os seus termos.

Sempre que um Estado-Membro e uma instituição das Comunidades impugnem um mesmo acto, o Tribunal de Primeira Instância declinará a sua competência, a fim de que o Tribunal de Justiça decida sobre os correspondentes recursos.[1]

Artigo 55.°

As decisões do Tribunal de Primeira Instância que ponham termo à instância, conheçam parcialmente do mérito da causa ou ponham termo a um incidente processual relativo a uma excepção de incompetência ou a uma questão prévia de inadmissibilidade são notificadas pelo secretário do Tribunal de Primeira Instância a todas as partes, aos Estados-Membros e às instituições das Comunidades, mesmo que não tenham intervindo no processo no Tribunal de Primeira Instância.

Artigo 56.°

Pode ser interposto recurso para o Tribunal de Justiça das decisões do Tribunal de Primeira Instância que ponham termo à instância, bem como das decisões que apenas conheçam parcialmente do mérito da causa ou que ponham termo a um incidente processual relativo a uma excepção de incompetência ou a uma questão prévia de inadmissibilidade. O recurso deve ser interposto no prazo de dois meses a contar da notificação da decisão impugnada.

O recurso pode ser interposto por qualquer das partes que tenha sido total ou parcialmente vencida.

Todavia, as partes intervenientes que não sejam os Estados-Membros e as instituições das Comunidades só podem interpor recurso se a decisão do Tribunal de Primeira Instância as afectar directamente.

Com excepção dos casos relativos a litígios entre as Comunidades e os seus agentes, este recurso pode igualmente ser interposto

---

[1] Redacção dada pela Decisão n.° 2004/407/CE, Euratom, do Conselho, de 26.4.2004 (JO, L 132, de 29.4.2004, pp. 5, tal como rectificado no JO, L 194, de 2.6.2004, pág. 3).

338   *Tratado de Nice*

pelos Estados-Membros e pelas instituições das Comunidades que não tenham intervindo no litígio no Tribunal de Primeira Instância. Neste caso, esses Estados-Membros e instituições beneficiam de uma posição idêntica à dos Estados-Membros ou das instituições que tenham intervindo em primeira instância.

Artigo 57.°

Qualquer pessoa cujo pedido de intervenção tenha sido indeferido pelo Tribunal de Primeira Instância pode recorrer para o Tribunal de Justiça. O recurso deve ser interposto no prazo de duas semanas a contar da notificação da decisão de indeferimento.

As partes no processo podem interpor recurso para o Tribunal de Justiça das decisões do Tribunal de Primeira Instância tomadas ao abrigo do disposto nos artigos 242.° ou 243.° ou no quarto parágrafo do artigo 256.° do Tratado CE ou ao abrigo do disposto nos artigos 157.° ou 158.° ou no terceiro parágrafo do artigo 164.° do Tratado CEEA. O recurso deve ser interposto no prazo de dois meses a contar da notificação dessas decisões.

O recurso referido nos primeiro e segundo parágrafos é processado nos termos do artigo 39.°.

Artigo 58.°

O recurso para o Tribunal de Justiça é limitado às questões de direito e pode ter por fundamento a incompetência do Tribunal de Primeira Instância, irregularidades processuais perante este Tribunal que prejudiquem os interesses do recorrente, bem como a violação do direito comunitário pelo Tribunal de Primeira Instância.

Não pode ser interposto recurso que tenha por único fundamento o montante das despesas ou a determinação da parte que as deve suportar.

Artigo 59.°

Em caso de recurso de uma decisão do Tribunal de Primeira Instância, o processo no Tribunal de Justiça compreende uma fase escrita e uma fase oral. Nas condições fixadas no Regulamento de Processo, o Tribunal de Justiça, ouvido o advogado-geral e as partes, pode prescindir da fase oral.

Artigo 60.°

Sem prejuízo do disposto nos artigos 242.° e 243.° do Tratado CE ou nos artigos 157.° e 158.° do Tratado CEEA, o recurso não tem efeito suspensivo.

Em derrogação do disposto no artigo 244.° do Tratado CE e no artigo 159.° do Tratado CEEA, as decisões do Tribunal de Primeira Instância que anulem um regulamento só produzem efeitos depois de expirado o prazo referido no primeiro parágrafo do artigo 56.° do presente Estatuto ou, se tiver sido interposto recurso dentro desse prazo, a contar do indeferimento deste, sem prejuízo, contudo, do direito que assiste a qualquer das partes de requerer ao Tribunal de Justiça, ao abrigo dos artigos 242.° e 243.° do Tratado CE ou dos artigos 157.° e 158.° do Tratado CEEA, que suspenda os efeitos do regulamento anulado ou ordene qualquer outra medida provisória.

Artigo 61.°

Quando o recurso for julgado procedente, o Tribunal de Justiça anula a decisão do Tribunal de Primeira Instância. Pode, neste caso, decidir definitivamente o litígio, se estiver em condições de ser julgado, ou remeter o processo ao Tribunal de Primeira Instância, para julgamento.

Em caso de remessa do processo ao Tribunal de Primeira Instância, este fica vinculado à solução dada às questões de direito na decisão do Tribunal de Justiça.

Quando um recurso interposto por um Estado-Membro ou por uma instituição das Comunidades que não tenham intervindo no processo no Tribunal de Primeira Instância for julgado procedente, o Tribunal de Justiça pode, se considerar necessário, indicar quais os efeitos da decisão anulada do Tribunal de Primeira Instância que devem ser considerados subsistentes em relação às partes em litígio.

Artigo 62.º

Nos casos previstos nos n.ᵒˢ 2 e 3 do artigo 225.º do Tratado CE e nos n.ᵒˢ 2 e 3 do artigo 140.º-A do Tratado CEEA, sempre que considere existir um risco grave de lesão da unidade ou da coerência do direito comunitário, o primeiro advogado-geral pode propor ao Tribunal de Justiça que reaprecie a decisão do Tribunal de Primeira Instância.

A proposta deve ser apresentada no prazo de um mês a contar da data em que tiver sido proferida a decisão do Tribunal de Primeira Instância. O Tribunal de Justiça decide, no prazo de um mês a contar da recepção da proposta apresentada pelo primeiro advogado-geral, se a decisão deve ou não ser reapreciada.

Artigo 62.º-A[1]

O Tribunal de Justiça pronuncia-se sobre as questões que são objecto da reapreciação por procedimento de urgência com base nos autos que lhe são transmitidos pelo Tribunal de Primeira Instância.

Os interessados referidos no artigo 23.º do presente Estatuto, assim como, nos casos previstos no n.º 2 do artigo 225.º do Tratado CE e no n.º 2 do artigo 140.º-A do Tratado CEEA, as partes no processo no Tribunal de Primeira Instância têm o direito de apresentar ao Tribunal de Justiça alegações ou observações escritas sobre as ques-tões que são objecto da reapreciação, no prazo fixado para esse efeito.

O Tribunal de Justiça pode decidir iniciar a fase oral do processo antes de se pronunciar.

Artigo 62.º-B[2]

Nos casos previstos no n.º 2 do artigo 225.º do Tratado CE e no n.º 2 do artigo 140.º-A do Tratado CEEA, sem prejuízo dos artigos 242.º

---

[1] Artigo aditado pelo artigo 1.º da Decisão n.º 2005/696/CE, Euratom, do Conselho, de 3.10.2005 (JOUE, L 266, de 11.10.2005, pp. 60-61), tal como rectificado (JOUE, L 301, de 18.11.2005, pág. 21).

[2] Artigo aditado pelo artigo 2.º da Decisão n.º 2005/696/CE, Euratom, do

Tratado de Nice 341

e 243.º do Tratado CE, a proposta de reapreciação e a decisão de abertura do procedimento de reapreciação não têm efeito suspensivo. Se o Tribunal de Justiça constatar que a decisão do Tribunal de Primeira Instância afecta a unidade ou a coerência do direito comunitário, remete o processo ao Tribunal de Primeira Instância, que fica vinculado pelas soluções de direito dadas pelo Tribunal de Justiça; o Tribunal de Justiça pode indicar os efeitos da decisão do Tribunal de Primeira Instância que devem ser considerados definitivos relativamente às partes no litígio. Todavia, se a solução do litígio decorrer, tendo em conta o resultado da reapreciação, das conclusões de facto em que se baseia a decisão do Tribunal de Primeira Instância, o Tribunal de Justiça pronuncia-se definitivamente.

Nos casos previstos no n.º 3 do artigo 225.º do Tratado CE e no n.º 3 do artigo 140.º-A do Tratado CEEA, na ausência de proposta de reapreciação ou de decisão de abertura do procedimento de reapreciação, a resposta ou respostas dadas pelo Tribunal de Primeira Instância às questões que lhe foram apresentadas produzem efeito no termo dos prazos previstos para esse fim no segundo parágrafo do artigo 62.º. Em caso de abertura de um procedimento de reapreciação, a resposta ou respostas que sejam objecto do mesmo produzirão efeito no final desse procedimento, a menos que o Tribunal de Justiça decida em contrário. Se o Tribunal de Justiça constatar que a decisão do Tribunal de Primeira Instância afecta a unidade ou a coerência do direito comunitário, a resposta dada pelo Tribunal de Justiça às questões que foram objecto da reapreciação substitui-se à do Tribunal de Primeira Instância.

TÍTULO IV-A
Câmaras Jurisdicionais

Artigo 62.º-C

As disposições relativas à competência, composição, organização e processo das câmaras jurisdicionais instituídas por força do ar-

---

Conselho, de 3.10.2005 (JOUE, L 266, de 11.10.2005, pp. 60-61), tal como rectificado (JOUE, L 301, de 18.11.2005, pág. 21).

tigo 225.º-A do Tratado CE e do artigo 140.º-B do Tratado CEEA são incluídas em anexo ao presente Estatuto.[1]

TÍTULO V
Disposições Finais

Artigo 63.º

Dos Regulamentos de Processo do Tribunal de Justiça e do Tribunal de Primeira Instância constam todas as disposições indispensáveis para aplicar o presente Estatuto e, se necessário, para completá-lo.

Artigo 64.º

Até à adopção de regras relativas ao regime linguístico aplicável ao Tribunal de Justiça e ao Tribunal de Primeira Instância a incluir no presente Estatuto, continuam a aplicar-se as disposições do Regulamento de Processo do Tribunal de Justiça e do Regulamento de Processo do Tribunal de Primeira Instância relativas ao regime linguístico. Qualquer alteração ou revogação destas disposições deve ser efectuada segundo o procedimento previsto para a alteração do presente Estatuto.

---

[1] Título aditado pela Decisão n.º 2004/752/CE, Euratom, do Conselho, de 2.11.2004,que institui o Tribunal da Função Pública da União Europeia (JO, L 333, de 9.11.2004, pp. 7).

Numeração resultante da Decisão n.º 2005/696/CE, Euratom, na redacção resultante da respectiva rectificação (JOUE, L 301, de 18.11.2005, pág. 21).

ANEXO I[1]
TRIBUNAL DA FUNÇÃO PÚBLICA DA UNIÃO EUROPEIA

Artigo 1.º[2]

O Tribunal da Função Pública da União Europeia, a seguir denominado "Tribunal da Função Pública", exerce, em primeira instância, a competência para decidir dos litígios entre as Comunidades e os seus agentes por força do artigo 236.º do Tratado CE e do artigo 152.º do Tratado CEEA, incluindo os litígios entre qualquer órgão ou organismo e o seu pessoal, relativamente aos quais seja atribuída competência ao Tribunal de Justiça.

Artigo 2.º

O Tribunal da Função Pública é composto por sete juízes. A pedido do Tribunal de Justiça, o Conselho pode aumentar o número de juízes, deliberando por maioria qualificada.

Os juízes são nomeados por um período de seis anos. Os juízes cessantes podem ser nomeados de novo.

Em caso de vaga, proceder-se-á à nomeação de um novo juiz por um período de seis anos.

Artigo 3.º

1. Os juízes são nomeados pelo Conselho, deliberando nos termos do quarto parágrafo do artigo 225.º-A do Tratado CE e do quarto parágrafo do artigo 140.º-B do Tratado CEEA, após consulta do Comité previsto no presente artigo. Ao nomear os juízes, o Conselho deve garantir que a composição do Tribunal seja equilibrada e assente na mais ampla base geográfica possível de cidadãos dos Estados-Membros e dos regimes jurídicos representados.

2. Pode apresentar a sua candidatura qualquer cidadão da União que preencha as condições previstas no quarto parágrafo do artigo 225.ºA do Tratado CE e no quarto parágrafo do artigo 140.ºB do Tratado CEEA. O Conselho, deliberando por maioria qualificada sob recomendação do Tribunal, fixa as regras a que deverão obedecer a apresentação e instrução das candidaturas.

---

[1] Anexo introduzido pela Decisão n.º 2004/752/CE, Euratom, do Conselho, de 2.11.2004, que institui o Tribunal da Função Pública da União Europeia (JO, L 333, de 9.11.2004, pp. 9).

[2] O artigo 1.º deste anexo I entrou em vigor a 12.12.2005 (JOUE, L 325, de 12.12.2005, pp. 1-2).

344 *Tratado de Nice*

3. É instituído um comité composto por sete personalidades escolhidas de entre antigos membros do Tribunal de Justiça e do Tribunal de Primeira Instância e de juristas de reconhecida competência. A designação dos membros do comité e as suas regras de funcionamento são decididas pelo Conselho, deliberando por maioria qualificada, sob recomendação do presidente do Tribunal de Justiça.

4. O comité dá parecer sobre a adequação dos candidatos ao exercício das funções de juiz do Tribunal da Função Pública. O comité anexa a esse parecer uma lista de candidatos que possuam a experiência de alto nível mais apropriada.

Essa lista deve incluir um número de candidatos correspondente a pelo menos o dobro do número de juízes a nomear pelo Conselho.

Artigo 4.º

1. Os juízes designam de entre si, por um período de três anos, o presidente do Tribunal da Função Pública, que pode ser reeleito.

2. O Tribunal da Função Pública reúne por secções, compostas por três juízes. Em certos casos, previstos pelo Regulamento de Processo, o Tribunal da Função Pública pode decidir em plenário, ou em secção de cinco juízes ou de juiz singular.

3. O presidente do Tribunal da Função Pública preside ao plenário e à secção de cinco juízes. Os presidentes das secções de três juízes são designados nos termos do n.º 1. Se o presidente do Tribunal da Função Pública estiver afecto a uma secção de três juízes, presidirá a esta última.

4. As competências e o quórum do plenário, bem como a composição das secções e a atribuição dos processos a cada uma delas são estabelecidos pelo Regulamento de Processo.

Artigo 5.º

Os artigos 2.º a 6.º, 14.º e 15.º, o primeiro, segundo e quinto parágrafos do artigo 17.º, bem como o artigo 18.º do Estatuto do Tribunal de Justiça são aplicáveis ao Tribunal da Função Pública e aos seus membros.

O juramento referido no artigo 2.º do Estatuto é prestado perante o Tribunal de Justiça e as decisões referidas nos seus artigos 3.º, 4.º e 6.º são proferidas pelo Tribunal de Justiça, ouvido o Tribunal da Função Pública.

Artigo 6.º

1. O Tribunal da Função Pública utiliza os serviços do Tribunal de Justiça e do Tribunal de Primeira Instância. O presidente do Tribunal de Justiça ou, eventualmente, o presidente do Tribunal de Primeira Instância estabelecem, de comum acordo com o presidente do Tribunal da Função

Pública, as condições em que os funcionários e outros agentes vinculados ao Tribunal de Justiça ou ao Tribunal de Primeira Instância prestam serviço no Tribunal da Função Pública, a fim de assegurar o seu funcionamento. Determinados funcionários ou outros agentes dependem do secretário do Tribunal da Função Pública, sob a autoridade do presidente deste Tribunal.

2. O Tribunal da Função Pública nomeia o seu secretário e estabelece o respectivo estatuto. O quarto parágrafo do artigo 3.º e os artigos 10.º, 11.º e 14.º do Estatuto do Tribunal de Justiça são aplicáveis ao secretário do Tribunal da Função Pública.

Artigo 7.º

1. O processo no Tribunal da Função Pública rege-se pelo título III do Estatuto do Tribunal de Justiça, excepto os artigos 22.º e 23.º. Este processo é precisado e completado, na medida do necessário, pelo Regulamento de Processo do referido Tribunal.

2. As disposições relativas ao regime linguístico do Tribunal de Primeira Instância são aplicáveis ao Tribunal da Função Pública.

3. A fase escrita do processo inclui a apresentação da petição e da contestação ou resposta, excepto se o Tribunal da Função Pública decidir da necessidade de uma segunda apresentação de alegações escritas. Se se verificar uma segunda apresentação de alegações escritas, o Tribunal da Função Pública pode, com o acordo das partes, prescindir da fase oral do processo.

4. Em qualquer fase do processo, inclusivamente a partir da apresentação da petição, o Tribunal da Função Pública pode examinar a possibilidade de uma transacção no litígio, bem como facilitar uma solução deste tipo.

5. O Tribunal da Função Pública decide sobre as despesas. Sob reserva de disposições específicas do Regulamento de Processo, a parte vencida é condenada nas despesas, se assim for decidido.

Artigo 8.º

1. Quando uma petição ou qualquer outro documento destinado ao Tribunal da Função Pública for dirigido, por erro, ao secretário do Tribunal de Justiça ou do Tribunal de Primeira Instância, é por este imediatamente remetido ao secretário do Tribunal da Função Pública. Do mesmo modo, quando uma petição ou qualquer outro documento destinado ao Tribunal de Justiça ou ao Tribunal de Primeira Instância for apresentado, por erro, ao secretário do Tribunal da Função Pública, é por este imediatamente remetido ao secretário do Tribunal de Justiça ou do Tribunal de Primeira Instância.

2. Quando o Tribunal da Função Pública considerar que não é competente para a apreciação de uma acção ou recurso e que o mesmo é da competência do Tribunal de Justiça ou do Tribunal de Primeira Instância, remete o respectivo processo ao Tribunal de Justiça ou ao Tribunal de Primeira

Instância. Quando o Tribunal de Justiça ou o Tribunal de Primeira Instância verificarem que uma acção ou recurso é da competência do Tribunal da Função Pública, o tribunal em que a acção ou recurso foi instaurado remete-lhe o respectivo processo, não podendo o Tribunal da Função Pública declinar a sua competência.

3. Quando forem submetidas ao Tribunal da Função Pública e ao Tribunal de Primeira Instância várias questões que suscitem o mesmo problema de interpretação ou ponham em causa a validade do mesmo acto, o Tribunal da Função Pública pode, ouvidas as partes, suspender a instância até que seja proferido o acórdão do Tribunal de Primeira Instância.

Quando forem submetidas ao Tribunal da Função Pública e ao Tribunal de Primeira Instância várias questões com o mesmo objecto, o Tribunal da Função Pública declina a sua competência, a fim de que o Tribunal de Primeira Instância possa decidir essas questões.

Artigo 9.º

Pode ser interposto recurso para o Tribunal de Primeira Instância das decisões do Tribunal da Função Pública que ponham termo à instância, bem como das decisões que apenas conheçam parcialmente do mérito da causa ou que ponham termo a um incidente processual relativo a uma excepção de incompetência ou a uma questão prévia de inadmissibilidade. O recurso deve ser interposto no prazo de dois meses a contar da notificação da decisão impugnada.

O recurso pode ser interposto por qualquer das partes que tenha sido total ou parcialmente vencida. Todavia, as partes intervenientes que não sejam os Estados-Membros e as Instituições das Comunidades só podem interpor recurso se a decisão do Tribunal da Função Pública as afectar directamente.

Artigo 10.º

1. Qualquer pessoa cujo pedido de intervenção tenha sido indeferido pelo Tribunal da Função Pública pode recorrer para o Tribunal de Primeira Instância. O recurso deve ser interposto no prazo de duas semanas a contar da notificação da decisão de indeferimento.

2. As partes no processo podem interpor recurso para o Tribunal de Primeira Instância das decisões do Tribunal da Função Pública tomadas ao abrigo do disposto nos artigos 242.º ou 243.º ou no quarto parágrafo do artigo 256.º do Tratado CE e ao abrigo do disposto nos artigos 157.º ou 158.º ou no terceiro parágrafo do artigo 164.º do Tratado CEEA. O recurso deve ser interposto no prazo de dois meses a contar da notificação dessas decisões.

3. O presidente do Tribunal de Primeira Instância pode decidir dos

recursos referidos nos n.ºs 1 e 2, em processo sumário que derrogue, se necessário, certas disposições do presente anexo e que é estabelecido no Regulamento de Processo do Tribunal de Primeira Instância.

Artigo 11.º

1. O recurso para o Tribunal de Primeira Instância é limitado às questões de direito e pode ter por fundamento a incompetência do Tribunal da Função Pública, irregularidades processuais perante este Tribunal que prejudiquem os interesses da parte em causa, bem como a violação do direito comunitário pelo Tribunal da Função Pública.

2. Não pode ser interposto recurso que tenha por único fundamento o montante das despesas ou a determinação da parte que as deve suportar.

Artigo 12.º

1. Sem prejuízo do disposto nos artigos 242.º e 243.º do Tratado CE ou nos artigos 157.º e 158.º do Tratado CEEA, o recurso para o Tribunal de Primeira Instância não tem efeito suspensivo.

2. Em caso de recurso de uma decisão do Tribunal da Função Pública, o processo no Tribunal de Primeira Instância compreende uma fase escrita e uma fase oral. Nas condições fixadas no Regulamento de Processo, o Tribunal de Primeira Instância pode, ouvidas as partes, prescindir da fase oral.

Artigo 13.º

1. Quando o recurso for julgado procedente, o Tribunal de Primeira Instância anula a decisão do Tribunal da Função Pública e decide do litígio. Remete o processo ao Tribunal da Função Pública, se não estiver em condições de ser julgado.

2. Em caso de remessa do processo ao Tribunal da Função Pública, este fica vinculado à solução dada às questões de direito na decisão do Tribunal de Primeira Instância.

C. PROTOCOLOS ANEXOS AO TRATADO QUE INSTITUI A COMUNIDADE EUROPEIA

1. Protocolo relativo às consequências financeiras do termo de vigência do tratado CECA e ao Fundo de Investigação do Carvão e do Aço

AS ALTAS PARTES CONTRATANTES,

DESEJANDO resolver certas questões respeitantes ao termo de vigência do Tratado que institui a Comunidade Europeia do Carvão e do Aço (CECA);

QUERENDO atribuir a propriedade dos fundos CECA à Comunidade Europeia;

TENDO EM CONTA o desejo de utilizar esses fundos na investigação em sectores relacionados com a indústria do carvão e do aço e a consequente necessidade de estabelecer determinadas regras específicas a esse respeito,

ACORDARAM nas disposições seguintes, que vêm anexas ao Tratado que institui a Comunidade Europeia:

Artigo 1.º

1. A totalidade do activo e do passivo da CECA existente em 23 de Julho de 2002 será transferida para a Comunidade Europeia em 24 de Julho de 2002.

2. Sob reserva de qualquer acréscimo ou decréscimo que possa resultar das operações de liquidação, o valor líquido do activo e do passivo constantes do balanço da CECA em 23 de Julho de 2002, será considerado como activo destinado à investigação em sectores relacionados com a indústria do carvão e do aço, sendo referido como "CECA em processo de liquidação". Após o termo deste processo, esse activo será referido como "Activo do Fundo de Investigação do Carvão e do Aço".

3. Os rendimentos resultantes do activo, referidos como "Fundo de Investigação do Carvão e do Aço", serão utilizados exclusivamente na investigação em sectores relacionados com a indústria do carvão e do aço a efectuar fora do programa-quadro de investigação, em conformidade com o disposto no presente Protocolo e nos actos aprovados com base no mesmo.

Artigo 2.º

O Conselho, deliberando por unanimidade, sob proposta da Comissão e após consulta ao Parlamento Europeu, aprova todas as disposições necessárias à execução do presente Protocolo, incluindo os princípios essenciais e os processos adequados de tomada de decisão, em particular tendo em vista a adopção de directrizes financeiras plurianuais para a gestão do activo do Fundo de Investigação do Carvão e do Aço e de directrizes técnicas para o programa de investigação desse Fundo.

Artigo 3.º

Salvo disposição em contrário do presente Protocolo ou dos actos aprovados com base no mesmo, são aplicáveis as disposições do Tratado que institui a Comunidade Europeia.

Artigo 4.º

O presente Protocolo aplica-se a partir de 24 de Julho de 2002.

2. Protocolo relativo ao artigo 67.º do tratado que institui a Comunidade Europeia

AS ALTAS PARTES CONTRATANTES

ACORDARAM na disposição seguinte, que vem anexa ao Tratado que institui a Comunidade Europeia:

ARTIGO ÚNICO

A partir de 1 de Maio de 2004, o Conselho delibera por maioria qualificada, sob proposta da Comissão e após consulta ao Parlamento Europeu, para a adopção das medidas a que se refere o artigo 66.º do Tratado que institui a Comunidade Europeia.

ACTA FINAL

A CONFERÊNCIA DOS REPRESENTANTES DOS GOVER-NOS DOS ESTADOS-MEMBROS, reunida em Bruxelas, em 14 de Fevereiro de 2000, para adoptar, de comum acordo, as alterações a introduzir no Tratado da União Europeia, nos Tratados que instituem respectivamente a Comunidade Europeia, a Comunidade Europeia da Energia Atómica e a Comunidade Europeia do Carvão e do Aço, assim como nalguns actos relativos a esses Tratados, aprovou os seguintes textos:

I. Tratado de Nice que altera o Tratado da União Europeia, os Tratados que instituem as Comunidades Europeias e alguns actos relativos a esses Tratados

II. Protocolos

A. Protocolo anexo ao Tratado da União Europeia e aos Tratados que instituem as Comunidades Europeias Protocolo relativo ao alargamento da União Europeia

B. Protocolo anexo ao Tratado da União Europeia, ao Tratado que institui a Comunidade Europeia e ao Tratado que institui a Comunidade Europeia do Carvão e do Aço

Protocolo relativo ao Estatuto do Tribunal de Justiça

C. Protocolos anexos ao Tratado que institui a Comunidade Europeia

1. Protocolo relativo às consequências financeiras do termo de vigência do Tratado CECA e ao Fundo de Investigação do Carvão e do Aço

2. Protocolo relativo ao artigo 67.º do Tratado que institui a Comunidade Europeia

A CONFERÊNCIA adoptou as declarações a seguir enumeradas, anexadas à presente Acta Final:

1. Declaração respeitante à política europeia de segurança e defesa

2. Declaração respeitante ao n.º 2 do artigo 31.º do Tratado da União Europeia

3. Declaração respeitante ao artigo 10.° do Tratado que institui a Comunidade Europeia

4. Declaração respeitante ao terceiro parágrafo do artigo 21.° do Tratado que institui a Comunidade Europeia

5. Declaração respeitante ao artigo 67.° do Tratado que institui a Comunidade Europeia

6. Declaração respeitante ao artigo 100.° do Tratado que institui a Comunidade Europeia

7. Declaração respeitante ao artigo 111.° do Tratado que institui a Comunidade Europeia

8. Declaração respeitante ao artigo 137.° do Tratado que institui a Comunidade Europeia

9. Declaração respeitante ao artigo 175.° do Tratado que institui a Comunidade Europeia

10. Declaração respeitante ao artigo 181.°-A do Tratado que institui a Comunidade Europeia

11. Declaração respeitante ao artigo 191.° do Tratado que institui a Comunidade Europeia

12. Declaração respeitante ao artigo 225.° do Tratado que institui a Comunidade Europeia

13. Declaração respeitante aos n.ºs 2 e 3 do artigo 225.° do Tratado que institui a Comunidade Europeia

14. Declaração respeitante aos n.ºs 2 e 3 do artigo 225.° do Tratado que institui a Comunidade Europeia

15. Declaração respeitante ao n.° 3 do artigo 225.° do Tratado que institui a Comunidade Europeia

16. Declaração respeitante ao artigo 225.°-A do Tratado que institui a Comunidade Europeia

17. Declaração respeitante ao artigo 229.°-A do Tratado que institui a Comunidade Europeia

18. Declaração respeitante ao Tribunal de Contas

19. Declaração respeitante ao artigo 10.°-6 dos Estatutos do Sistema Europeu de Bancos Centrais e do Banco Central Europeu

20. Declaração respeitante ao alargamento da União Europeia

21. Declaração respeitante ao limiar da maioria qualificada e ao número de votos da minoria de bloqueio numa União alargada

22. Declaração respeitante ao local de reunião dos Conselhos Europeus

23. Declaração respeitante ao futuro da União

24. Declaração respeitante ao artigo 2.° do Protocolo relativo às

consequências financeiras do termo de vigência do Tratado CECA e ao Fundo de Investigação do Carvão e do Aço

A CONFERÊNCIA tomou nota das declarações a seguir enumeradas, anexadas à presente Acta Final:

1. Declaração do Luxemburgo
2. Declaração da Grécia, de Espanha e de Portugal respeitante ao artigo 161.º do Tratado que institui a Comunidade Europeia
3. Declaração da Dinamarca, da Alemanha, dos Países Baixos e da Áustria respeitante ao artigo 161.º do Tratado que institui a Comunidade Europeia.

Feito em Nice, aos vinte e seis de Fevereiro de dois mil e um.

DECLARAÇÕES ADOPTADAS PELA CONFERÊNCIA

1. Declaração respeitante à política europeia de segurança e defesa

De acordo com os textos aprovados pelo Conselho Europeu de Nice relativos à política europeia de segurança e defesa (relatório da Presidência e respectivos anexos), o objectivo da União Europeia é que aquela se torne rapidamente operacional. O Conselho Europeu tomará uma decisão para o efeito o mais brevemente possível no decurso de 2001 e, o mais tardar, em Laeken/Bruxelas, com base nas actuais disposições do Tratado da União Europeia. Por conseguinte, a entrada em vigor do Tratado de Nice não constitui condição prévia.

2. Declaração respeitante ao n.º 2 do artigo 31.º do Tratado da União Europeia

A Conferência recorda que:

– a decisão de criar uma unidade (Eurojust) composta por magistrados do ministério público ou judiciais, ou agentes da polícia com competências equivalentes, destacados por cada Estado-Membro, com a missão de facilitar a coordenação adequada entre as autoridades nacionais competentes para a investigação e o exercício da acção penal e dar apoio às investigações relativas à criminalidade organizada, foi prevista nas Conclusões da Presidência do Conselho Europeu de Tampere, de 15 e 16 de Outubro de 1999;

– a Rede Judiciária Europeia foi criada pela Acção Comum 98/428/JAI, adoptada pelo Conselho em 29 de Junho de 1998 (JO, L 191, de 7.7.1998, p. 4).

3. Declaração respeitante ao artigo 10.º do Tratado que institui a Comunidade Europeia

A Conferência recorda que o dever de cooperação leal decorrente do artigo 10.º do Tratado que institui a Comunidade Europeia e que rege as relações entre os Estados-Membros e as instituições comunitárias, rege também as relações entre as próprias instituições comunitárias.

No que se refere às relações entre instituições, quando, no âmbito deste dever de cooperação leal, seja necessário facilitar a aplicação do disposto no Tratado que institui a Comunidade Europeia, o Parlamento Europeu, o Conselho e a Comissão podem celebrar acordos interinstitucionais. Esses acordos não podem alterar nem completar as disposições do Tratado e só podem ser celebrados com o assentimento daquelas três instituições.

4. **Declaração respeitante ao terceiro parágrafo do artigo 21.° do Tratado que institui a Comunidade Europeia**

A Conferência convida as instituições e órgãos a que se refere o terceiro parágrafo do artigo 21.° ou o artigo 7.° para que respondam num prazo razoável a todos os pedidos escritos dos cidadãos da União.

5. **Declaração respeitante ao artigo 67.° do Tratado que institui a Comunidade Europeia**

As Altas Partes Contratantes acordaram em que o Conselho, na decisão que será chamado a tomar por força do n.° 2, segundo travessão, do artigo 67.° do Tratado, decida deliberar nos termos do artigo 251.°:
– para a adopção das medidas a que se referem o ponto 3) do artigo 62.° e o ponto 3), alínea b), do artigo 63.°, a partir de 1 de Maio de 2004;
– para a adopção das medidas a que se refere o ponto 2), alínea a), do artigo 62.°, a partir da data em que se chegue a acordo sobre o âmbito de aplicação das medidas relativas à passagem pelas pessoas das fronteiras externas dos Estados-Membros.
Além disso, o Conselho esforçar-se-á por tornar o processo do artigo 251.° aplicável aos outros domínios abrangidos pelo Título IV, ou a alguns deles, a partir de 1 de Maio de 2004 ou logo que possível após esta data.

6. **Declaração respeitante ao artigo 100.° do Tratado que institui a Comunidade Europeia**

A Conferência recorda que as decisões em matéria de ajuda financeira previstas no artigo 100.° e compatíveis com a regra *"no bail out"* enunciada no artigo 103.° devem respeitar as perspectivas financeiras para 2000-2006, em especial o ponto 11 do Acordo Interinstitucional de 6 de Maio de 1999, entre o Parlamento Europeu, o Conselho e a Comissão, sobre a disciplina orçamental e a melhoria do processo orçamental, assim como as disposições correspondentes dos futuros acordos interinstitucionais e perspectivas financeiras.

7. Declaração respeitante ao artigo 111.° do Tratado que institui a Comunidade Europeia

A Conferência acorda em que, no que diz respeito às questões que se revistam de especial interesse para a União Económica e Monetária, se deverá proceder de forma a possibilitar que todos os Estados-Membros da zona euro sejam plenamente envolvidos em cada fase da preparação da posição da Comunidade a nível internacional.

8. Declaração respeitante ao artigo 137.° do Tratado que institui a Comunidade Europeia

A Conferência acorda em que qualquer despesa decorrente do artigo 137.° será imputada à rubrica 3 das perspectivas financeiras.

9. Declaração respeitante ao artigo 175.° do Tratado que institui a Comunidade Europeia

As Altas Partes Contratantes estão determinadas a fazer com que a União Europeia desempenhe um papel motor na promoção da protecção do ambiente na União, assim como, no plano internacional, na consecução do mesmo objectivo a nível mundial. Dever-se-á utilizar plenamente todas as possibilidades proporcionadas pelo Tratado na prossecução desse objectivo, incluindo o recurso a incentivos e instrumentos orientados para o mercado e destinados a fomentar o desenvolvimento sustentável.

10. Declaração respeitante ao artigo 181.°-A do Tratado que institui a Comunidade Europeia

A Conferência confirma que, sem prejuízo das restantes disposições do Tratado que institui a Comunidade Europeia, as ajudas à balança de pagamentos de países terceiros não se inserem no âmbito de aplicação do artigo 181.°-A.

11. Declaração respeitante ao artigo 191.° do Tratado que institui a Comunidade Europeia

A Conferência recorda que o disposto no artigo 191.° não implica nenhuma transferência de competência para a Comunidade Europeia nem afecta a aplicação das normas constitucionais nacionais. O financiamento dos partidos políticos ao nível europeu pelo orçamento das Comunidades Europeias não pode ser utilizado para o financiamento, directo ou indirecto, dos partidos políticos ao nível nacional.

As disposições relativas ao financiamento dos partidos políticos são aplicáveis na mesma base a todas as forças políticas representadas no Parlamento Europeu.

12. Declaração respeitante ao artigo 225.° do Tratado que institui a Comunidade Europeia

A Conferência convida o Tribunal de Justiça e a Comissão a proceder com a maior brevidade a um exame de conjunto da repartição de competências entre o Tribunal de Justiça e o Tribunal de Primeira Instância, em especial em matéria de recursos directos, e a apresentar propostas adequadas a fim de serem analisadas pelas instâncias competentes logo que entre em vigor o Tratado de Nice.

13. Declaração respeitante aos n.os 2 e 3 do artigo 225.° do Tratado que institui a Comunidade Europeia

A Conferência entende que as principais disposições do processo de reapreciação previsto nos n.os 2 e 3 do artigo 225.° deverão ser fixadas no Estatuto do Tribunal de Justiça. Essas disposições deverão, em especial, precisar:
– o papel das partes no processo no Tribunal de Justiça, por forma a assegurar a salvaguarda dos seus direitos;
– os efeitos do processo de reapreciação sobre o carácter executório das decisões do Tribunal de Primeira Instância;
– os efeitos das decisões do Tribunal de Justiça sobre o litígio entre as partes.

14. Declaração respeitante aos n.os 2 e 3 do artigo 225.° do Tratado que institui a Comunidade Europeia

A Conferência considera que, quando adoptar as disposições do Estatuto necessárias à execução dos n.os 2 e 3 do artigo 225.°, o

358 *Tratado de Nice*

Conselho deverá criar um procedimento que garanta que o funcionamento concreto destas disposições seja avaliado, o mais tardar, três anos após a entrada em vigor Tratado de Nice.

15. Declaração respeitante ao n.º 3 do artigo 225.º do Tratado que institui a Comunidade Europeia

A Conferência considera que, em casos excepcionais em que o Tribunal de Justiça decida reapreciar uma decisão do Tribunal de Primeira Instância em matéria prejudicial, deve deliberar por procedimento de urgência.

16. Declaração respeitante ao artigo 225.º-A do Tratado que institui a Comunidade Europeia

A Conferência solicita ao Tribunal de Justiça e à Comissão que preparem com a maior brevidade um projecto de decisão que crie uma câmara jurisdicional competente para decidir em primeira instância sobre os litígios entre a Comunidade e os seus agentes.

17. Declaração respeitante ao artigo 229.º-A do Tratado que institui a Comunidade Europeia

A Conferência considera que o artigo 229.º-A não condiciona a escolha do quadro jurisdicional eventualmente a criar para o tratamento do contencioso relativo à aplicação dos actos adoptados com base no Tratado que institui a Comunidade Europeia que criem títulos comunitários de propriedade industrial.

18. Declaração respeitante ao Tribunal de Contas

A Conferência convida o Tribunal de Contas e as instituições nacionais de fiscalização a melhorar o quadro e as condições da sua cooperação, mantendo simultaneamente a sua autonomia. Para o efeito, o Presidente do Tribunal de Contas pode criar um comité de contacto com os presidentes das instituições nacionais de fiscalização.

19. Declaração respeitante ao artigo 10.º-6 dos Estatutos do Sistema Europeu de Bancos Centrais e do Banco Central Europeu

A Conferência espera que seja apresentada o mais rapidamente possível uma recomendação na acepção do artigo 10.º-6 dos Estatutos do Sistema Europeu de Bancos Centrais e do Banco Central Europeu.

20. Declaração respeitante ao alargamento da União Europeia [1]

A posição comum a assumir pelos Estados-Membros nas conferências de adesão, no que se refere à repartição dos lugares no Parlamento Europeu, à ponderação dos votos no Conselho, à composição do Comité Económico e Social e à composição do Comité das Regiões, respeitará os seguintes quadros, fixados para uma União com 27 Estados-Membros:

1. PARLAMENTO EUROPEU

ESTADOS-MEMBROS	LUGARES NO PE
Alemanha	99
Reino Unido	72
França	72
Itália	72
Espanha	50
Polónia	50
Roménia	33
Países Baixos	25
Grécia	22
República Checa	20
Bélgica	22
Hungria	20
Portugal	22
Suécia	18
Bulgária	17
Áustria	17
Eslováquia	13
Dinamarca	13
Finlândia	13
Irlanda	12
Lituânia	12
Letónia	8
Eslovénia	7
Estónia	6
Chipre	6
Luxemburgo	6
Malta	5
TOTAL	732

---

[1] Os quadros constantes desta declaração só têm em conta os Estados candidatos com os quais as negociações de adesão já foram efectivamente iniciadas.

2. PONDERAÇÃO DOS VOTOS NO CONSELHO

MEMBROS DO CONSELHO	VOTOS PONDERADOS
Alemanha	29
Reino Unido	29
França	29
Itália	29
Espanha	27
Polónia	27
Roménia	14
Países Baixos	13
Grécia	12
República Checa	12
Bélgica	12
Hungria	12
Portugal	12
Suécia	10
Bulgária	10
Áustria	10
Eslováquia	7
Dinamarca	7
Finlândia	7
Irlanda	7
Lituânia	7
Letónia	4
Eslovénia	4
Estónia	4
Chipre	4
Luxemburgo	4
Malta	3
TOTAL	345

As deliberações são tomadas se obtiverem, no mínimo, 258 votos que exprimam a votação favorável da maioria dos membros sempre que, por força do presente Tratado, devam ser tomadas sob proposta da Comissão.

Nos restantes casos, as deliberações são tomadas se obtiverem no mínimo, 258 votos que exprimam a votação favorável de, pelo menos, dois terços dos membros.

Sempre que o Conselho tome uma decisão por maioria qualificada, qualquer dos seus membros pode pedir que se verifique se os Estados-Membros que constituem essa maioria qualificada representam, pelo menos, 62% da população total da União. Se essa condição não for preenchida, a decisão em causa não é adoptada.

3. COMITÉ ECONÓMICO E SOCIAL

ESTADOS-MEMBROS	MEMBROS
Alemanha	24
Reino Unido	24
França	24
Itália	24
Espanha	21
Polónia	21
Roménia	15
Países Baixos	12
Grécia	12
República Checa	12
Bélgica	12
Hungria	12
Portugal	12
Suécia	12
Bulgária	12
Áustria	12
Eslováquia	9
Dinamarca	9
Finlândia	9
Irlanda	9
Lituânia	9
Letónia	7
Eslovénia	7
Estónia	7
Chipre	6
Luxemburgo	6
Malta	5
TOTAL	344

4. COMITÉ DAS REGIÕES

ESTADOS-MEMBROS	MEMBROS
Alemanha	24
Reino Unido	24
França	24
Itália	24
Espanha	21
Polónia	21
Roménia	15
Países Baixos	12
Grécia	12
República Checa	12
Bélgica	12
Hungria	12
Portugal	12
Suécia	12
Bulgária	12
Áustria	12
Eslováquia	9
Dinamarca	9
Finlândia	9
Irlanda	9
Lituânia	9
Letónia	7
Eslovénia	7
Estónia	7
Chipre	6
Luxemburgo	6
Malta	5
TOTAL	344

21. Declaração respeitante ao limiar da maioria qualificada e ao número de votos da minoria de bloqueio numa União alargada

Caso, aquando da entrada em vigor da nova ponderação dos votos (1 de Janeiro de 2005), não tenham ainda aderido à União todos os Estados candidatos que constam da lista reproduzida na declaração respeitante ao alargamento da União Europeia, o limiar da maioria qualificada evoluirá, em função do ritmo das adesões, a partir de uma percentagem inferior à percentagem actual até um máximo de 73,4%. Quando tiverem aderido todos os Estados candidatos acima referidos, a minoria de bloqueio, na União a 27, passará para 91 votos e o limiar

Tratado de Nice 363

da maioria qualificada resultante do quadro constante da declaração respeitante ao alargamento será automaticamente adaptado em conformidade.

22. Declaração respeitante ao local de reunião dos Conselhos Europeus

A partir de 2002, realizar-se-á em Bruxelas uma reunião do Conselho Europeu por presidência. Quando a União for constituída por dezoito membros, realizar-se-ão em Bruxelas todas as reuniões do Conselho Europeu.

23. Declaração respeitante ao futuro da União

1. Foram decididas em Nice reformas importantes. A Conferência congratula-se pelo facto de a Conferência dos Representantes dos Governos dos Estados-Membros ter sido concluída com êxito e incumbe os Estados-Membros da tarefa de levar rapidamente a bom termo a ratificação do Tratado de Nice.

2. A Conferência concorda que a conclusão da Conferência dos Representantes dos Governos dos Estados-Membros abre caminho ao alargamento da União Europeia e salienta que, com a ratificação do Tratado de Nice, a União terá completado as alterações institucionais necessárias à adesão de novos Estados-Membros.

3. Tendo aberto caminho ao alargamento, a Conferência apela a um debate mais amplo e aprofundado sobre o futuro da União Europeia. Em 2001, as Presidências sueca e belga, em cooperação com a Comissão e com a participação do Parlamento Europeu, fomentarão um amplo debate que associe todas as partes interessadas: representantes dos Parlamentos nacionais e do conjunto da opinião pública, ou seja, círculos políticos, económicos e universitários, representantes da sociedade civil, etc. Os Estados candidatos serão associados a este processo segundo formas a definir.

4. Na sequência do relatório a apresentar ao Conselho Europeu em Gotemburgo, em Junho de 2001, o Conselho Europeu aprovará uma declaração, na reunião de Laeken/Bruxelas de Dezembro de 2001, que incluirá as iniciativas apropriadas para dar seguimento a este processo.

5. O processo deverá abordar, nomeadamente, as seguintes questões:
– Estabelecimento e manutenção de uma delimitação mais

precisa das competências entre a União Europeia e os Estados-
-Membros, que respeite o princípio da subsidiariedade;

– Estatuto da Carta dos Direitos Fundamentais da União Europeia proclamada em Nice, de acordo com as conclusões do Conselho
Europeu de Colónia;

– Simplificação dos Tratados, a fim de os tornar mais claros e
mais compreensíveis, sem alterar o seu significado;

– Papel dos Parlamentos nacionais na arquitectura europeia.

6. Ao seleccionar estes temas de reflexão, a Conferência reconhece a necessidade de se melhorar e acompanhar permanente-
mente a legitimidade democrática e a transparência da União e das
suas instituições, por forma a aproximá-las dos cidadãos dos Estados-
-Membros.

7. A Conferência acorda em que, uma vez terminado este trabalho preparatório, será convocada em 2004 uma nova Conferência dos
Representantes dos Governos dos Estados-Membros, para tratar dos
pontos supramencionados, a fim de introduzir nos Tratados as correspondentes alterações.

8. A Conferência dos Representantes dos Governos dos Estados-
-Membros não constituirá qualquer tipo de obstáculo ou de condição
prévia ao processo de alargamento. Além disso, os Estados candidatos
que tiverem concluído as negociações de adesão com a União serão
convidados a participar na Conferência. Os Estados candidatos que
não tenham concluído as respectivas negociações de adesão serão
convidados a título de observadores.

**24. Declaração respeitante ao artigo 2.° do Protocolo relativo às
consequências financeiras do termo de vigência do Tratado
CECA e ao Fundo de Investigação do Carvão e do Aço**

A Conferência convida o Conselho a assegurar, ao abrigo do
artigo 2.° do Protocolo e após o termo de vigência do Tratado CECA,
a manutenção do sistema estatístico da CECA até 31 de Dezembro de
2002, bem como a instar a Comissão a apresentar as recomendações
adequadas.

DECLARAÇÕES DE
QUE A CONFERÊNCIA TOMOU NOTA

1. Declaração do Luxemburgo

Sem prejuízo da decisão de 8 de Abril de 1965 e das disposições e potencialidades nela contidas no que diz respeito à sede de instituições, organismos e serviços futuros, o Governo luxemburguês compromete-se a não reivindicar a sede das câmaras de recurso do Instituto de Harmonização do Mercado Interno (Marcas, Desenhos e Modelos) que continuam instaladas em Alicante, incluindo no caso de as referidas câmaras se tornarem câmaras jurisdicionais na acepção do artigo 220.° do Tratado que institui a Comunidade Europeia.

2. Declaração da Grécia, de Espanha e de Portugal respeitante ao artigo 161.° do Tratado que institui a Comunidade Europeia

O acordo da Grécia, de Espanha e de Portugal à passagem para a maioria qualificada no artigo 161.° do Tratado que institui a Comunidade Europeia foi dado no pressuposto de que, no terceiro parágrafo, o termo "plurianuais" significa que as perspectivas financeiras aplicáveis a partir de 1 de Janeiro de 2007 e o correspondente acordo interinstitucional terão uma duração idêntica à das actuais perspectivas financeiras.

3. Declaração da Dinamarca, da Alemanha, dos Países Baixos e da Áustria respeitante ao artigo 161.° do Tratado que institui a Comunidade Europeia

No que diz respeito à declaração da Grécia, de Espanha e de Portugal respeitante ao artigo 161.° do Tratado que institui a Comunidade Europeia, a Dinamarca, a Alemanha, os Países Baixos e a Áustria consideram que a referida declaração não tem como efeito predeterminar a acção da Comissão Europeia, nomeadamente o seu direito de iniciativa.

ÍNDICE GERAL

PREFÁCIO 5

APRESENTAÇÃO 7

TRATADO DA UNIÃO EUROPEIA

PREÂMBULO 9

Tít. I	– Disposições comuns	11
Tít II	– Disposições que alteram o Tratado que institui a Comunidade Económica Europeia tendo em vista a instituição da Comunidade Europeia	16
Tít. III	– Disposições que alteram o Tratado que institui a Comunidade Europeia do Carvão e do Aço	16
Tít. IV	– Disposições que alteram o Tratado que institui a Comunidade Europeia da Energia Atómica	16
Tít. V	– Disposições relativas à política externa e de segurança comum	16
Tít. VI	– Disposições relativas à cooperação policial e judiciária em matéria penal	29
Tít. VII	– Disposições relativas à cooperação reforçada	41
Tít. VIII	– Disposições finais	44

TRATADO QUE INSTITUI A COMUNIDADE EUROPEIA

PARTE I – **Os princípios** 51

PARTE II – **A cidadania da União** 61

PARTE III – **As políticas da Comunidade** 65

Tít. I	– A livre circulação de mercadorias	65
Tít. II	– A agricultura	68
Tít. III	– A livre circulação de pessoas, de serviços e de capitais	72
Tít. IV	– Vistos, asilo, imigração e outras políticas relativas à livre circulação de pessoas	81
Tít. V	– Os transportes	87

Tít. VI	– As regras comuns relativas à concorrência, à fiscalidade e à aproximação das legislações	91
Tít. VII	– A política económica e monetária	101
Tít. VIII	– Emprego	124
Tít. IX	– A política comercial comum	127
Tít. X	– Cooperação aduaneira	130
Tít. XI	– A política social, a educação, a formação profissional e a juventude	131
Tít. XII	– A cultura	140
Tít. XIII	– A saúde pública	141
Tít. XIV	– A defesa dos consumidores	143
Tít. XV	– As redes transeuropeias	143
Tít. XVI	– A indústria	145
Tít. XVII	– A coesão económica e social	146
Tít. XVIII	– A investigação e o desenvolvimento tecnológico	149
Tít. XIX	– O ambiente	152
Tít. XX	– A cooperação no desenvolvimento	155
Tít. XXI	– Cooperação económica, financeira e técnica com países terceiros	157

PARTE IV – **A associação dos países e territórios ultramarinos** 159

PARTE V – **As instituições da Comunidade** 163

Tít. I	– Disposições institucionais	163
Tít. II	– Disposições financeiras	205

PARTE VI – **Disposições gerais e finais** 215

TRATADO DE AMESTERDÃO

PARTE I – **Alterações substantivas** 231

PARTE II – **Disposições de simplificação** 235

PARTE III – **Disposições gerais e finais** 241

ANEXO 243

PROTOCOLOS 251

ACTA FINAL 280

DECLARAÇÕES ADOPTADAS PELA CONFERÊNCIA 286

Índice

TRATADO DE NICE

PREÂMBULO 309

PARTE I – **Alterações substantivas** 311

Artigo 1.º – pontos 1 a 15 (Tratado da UE) 311
Artigo 2.º – pontos 1 a 47 (Tratado da CE) 311
Artigo 3.º – pontos 1 a 25 (Tratado CEEA) 311
Artigo 4.º – pontos 1 a 19 (Tratado CECA) 311
Artigo 5.º – Protocolo relativo aos Estatutos do SEBC e do BCE 312
Artigo 6.º – Protocolo relativo aos Privilégios e Imunidades das Comunidades 312

PARTE II – **Disposições transitórias e finais** 313

Artigo 7.º a 13.º 313

PROTOCOLOS 315

– Protocolo relativo ao alargamento da União Europeia 315
– Protocolo relativo ao Estatuto do Tribunal de Justiça 319
– Protocolo relativo às consequências financeiras do termo de vigência do Tratado CECA e ao Fundo de Investigação do Carvão e do Aço 348
– Protocolo relativo ao artigo 67.º do Tratado que institui a Comunidade Europeia 350

ACTA FINAL 351

DECLARAÇÕES ADOPTADAS PELA CONFERÊNCIA 354

DECLARAÇÕES DE QUE A CONFERÊNCIA TOMOU NOTA 365